U0566424

# 河南共享发展

## 现实与未来

杨健燕　张宝锋 等／著

社会科学文献出版社
SOCIAL SCIENCES ACADEMIC PRESS (CHINA)

# 目　录

# 第一章
# 绪　论

　　党的十八届五中全会提出了"共享发展理念"，即"树立和贯彻共享发展理念，坚持发展为了人民、发展依靠人民、发展成果由人民共享，使全体人民在共建共享发展中有更多获得感，增强发展动力，增进人民团结，朝着共同富裕方向稳步前进"。共享发展理念体现了社会主义的本质要求，反映了我们党对共产党执政规律、社会主义建设规律、人类社会发展规律认识的升华，是新形势下推动经济社会发展的基本遵循和重要指南。

　　共享是人类对理想社会的美好追求，是社会主义的真谛，也是中国特色社会主义的本质要求。共享与共同富裕一脉相承、一以贯之。一部分人先富起来，先富带动后福，最终实现共同富裕，发展的目标是为了人民，发展的保障是依靠人民，发展的目的是由人民共享成果。更进一步，共享发展，不能仅仅理解为发展后对发展成果的共享，而是把共享赋予发展的全过程，形成共享式发展。可见，共享发展理念具有深刻的理论意义、科学的现实意义、深远的战略意义和深厚的民生价值。

　　"十三五"时期，是全面建成小康社会的决胜阶段。在这样一个关键时期，我们党提出共享发展理念，意义重大而深远。全面小康就是惠及全体人民的小康，共享是发展的题中应有之意。中国特色社会主义是以人民为主体的事业，发展是为了人民，发展成果由人民共享；全面小康的目标就是让人人共享发展成果，使全体人民朝着共同富裕方向稳步前进，绝不能出现富者愈富、穷者愈穷的两极分化。共享是发展的动力源泉，只有不断做大我国经济发展的"蛋糕"，切实解决分配不公的突出问题，不断实现社会公平正义，保证人人享有发展机遇、享有发展成果，充分调动人民群众推动发展的积极性、主动性、创造性，做到人人参与、人人尽力、人人享有全面小康，才能凝心聚力，现代化建设才能获得无穷的力量源泉。我们党提出共享发展理念，最突出的特点就是要实现社会公平正义，突出人民的主体地位，做出更有效的制度安排，逐步建立以权利公平、机会公平、规则公平为主要内容的社会公平保障体系，努力营造公平的社会环境，使全体人民在共建共享发展中有更多获得感，增强发展动力，增进人民团结，朝着共同富裕方向稳步前进①。

## 第一节　共享发展理念的理论意义

马克思主义理论中蕴含着丰富的共享思想，党在革命和建设过程中也相继提出了大量关于共建共享的思想。共享发展理念正是在汲取了前人共享思想的营养后，逐步提出和确立的。由全心全意为人民服务，到提高人民生活水平，再到共享发展理念的确立，体现了党把人民置于主体地位的一贯主张。共享发展理念是我们党在不断深化对科学社会主义发展规律的认识中形成的，也是党从对中国特色社会主义经验的总结中得来的。从理论上来说，共享发展理念体现了中国特色社会主义的价值追求，是中国特色社会主义的本质要求，是对中国特色社会主义理论的坚持和发展。

### 一　深化了对执政规律的认识

执政党如何有效执政，如何确保自己的执政地位，有其内在规律性。执政规律，最根本的是人心向背定理。习近平同志指出："一个政党，一个政权，其前途和命运最终取决于人心向背。"

**（一）执政必须把人心作为最大政治**

"政之所兴在顺民心"。"人心是最大的政治"。这一语道破了千古同理、

_____

① 王彦坤：《对党的十八届五中全会共享发展理念的思考》，《共产党员（河北）》2016年第3期，第26～27页。

万国一律的道理，所有执政党概莫能外。要确保党始终成为中国特色社会主义的坚强领导核心，其政策主张就必须顺应民心，紧贴民意。执政为民、执政靠民，这是中国共产党的执政之基。紧紧围绕人民的福利，紧紧依靠人民的力量，以人民的需求为执政的方向，以人民的追求为执政的目标，急人民之所急，想人民之所想，始终保持与人民的密切关系，始终与人民心连心，始终与人民"同呼吸、共命运"。共享发展理念就是为了让人民过上更好的生活，确保"人民在共建共享中有更多获得感"而提出的。共享发展理念牢牢把握了人心这个最大政治，牢牢抓住了执政为民、执政靠民这个根本执政规律。无论是全面建成小康社会、全面深化改革，还是全面依法治国、全面从严治党，都是全心全意为人民的，都是顺民心、增民利的，都是为党和人民事业凝聚共识、凝聚人心、凝聚智慧、凝聚力量的[①]。

**（二）执政必须致力于实现人民对美好生活的向往**

"但愿苍生俱饱暖，不辞辛苦出山林"，就含有规律意蕴。"为了谁"是一个政党尤其是执政党"吾日三省吾身"的规律性课题。"中国共产党坚持执政为民，人民对美好生活的向往就是我们的奋斗目标"。习近平同志这一重要论述表明，我们党执政为了人民，为了实现人民对美好生活的向往。共享发展理念指出中国共产党的执政目的就是"为了人民""发展为了人民"。以人民对美好生活的向往作为中国共产党的奋斗目标，正体现了党的领袖情系群众、关注民生的为民情怀，也指明了新的历史条件下党对人民的责任。解决好老百姓关心关注的民生问题，使人民学习得更好、工作得更好、生活得更好，是人民的期盼，也是共享发展理念的根本要义。全心全意为人民服务是党唯一的根本宗旨。解决好人民最关切、最急需的民生问题，既是人民的事业也是党的事业。"知屋漏者在宇下，知政失者在草野"。人民群众的满意度是衡量党和政府工作的根本标准。为此，要始终把解决好人民群众最关心、最直接、最现实的利益问题放在各项工作首位，切实做到发展为了人民、发展依靠人民、发展成果由人民共享。

---

① 任理轩：《认识把握共产党执政规律的新飞跃》，《人民日报》2015年6月25日，第7版。

### （三）执政必须把根深深扎在人民沃土中

执政之基在人民，人民是执政者的最大靠山。失去人民，执政岌岌可危，这是执政铁律。"发展依靠人民"，过去、现在和将来，党的执政都要依靠人民。从人民中来，到人民中去，把执政之根深深扎在人民这片沃土中。坚持一切为了人民、依靠人民，这既是保持和发展党的先进性的根本点，也是新时期不断提高党的建设科学化水平的根本要求。得民心者得天下，失民心者失天下，人民拥护和支持是党执政的最牢固根基。人心向背关系党的生死存亡。党来自于人民、植根于人民，离开了人民群众的支持和拥护，党就失去了生存土壤和发展根基。密切联系群众，是我们党各项工作的取胜之道，是党始终保持先进性的重要法宝。能否始终保持党同人民群众的血肉联系，是对党的执政能力和执政地位的根本考验。开展党的群众路线教育实践活动，就是要把为民、务实、清廉的价值追求深深植根于全党同志的思想和行动中，夯实党的执政基础，巩固党的执政地位，增强党的创造力、凝聚力和战斗力，使保持党的先进性和纯洁性、巩固党的执政基础和执政地位具有广泛、深厚、可靠的群众基础。团结带领人民全面建设小康社会，就必须始终保持党同人民群众的血肉联系。每一个共产党员都要把人民放在心中最高位置，尊重人民主体地位，尊重人民首创精神，拜人民为师，把政治智慧的增长、执政本领的增强，深深扎根于人民的创造性实践之中。

## 二 深化了对社会主义建设规律的认识

共享发展的目标是全面建成小康社会，实现共同富裕。因而，共享发展理念的形成是建立在我党对全面建成小康社会的规律性认识不断深化的基础上的。从党的十六大到党的十八大，我们党带领人民从建设低水平和不平衡的总体小康到全面建设小康社会，再到全面建成小康社会的新要求，是党顺应时代发展和社会进步的表现。在这一背景下提出的"人人共享、人人参与"的共享发展理念，也是我们党对社会主义建设规律认识的不断深化的体现。

### （一）彰显社会主义本质

共享发展理念的本质属性是社会主义的，彰显社会主义本质，进一步解放思想、解放和发展社会生产力、解放和增强社会活力。认识把握社会主义建设规律的"总钥匙"就是辩证把握生产力与生产关系①，进一步解放社会生产力则正是不断调整两者关系的努力。发展是硬道理，发展生产力是第一要务，进一步发展社会生产力就是为了更好的发展，实现尊重经济规律、有质量、有效益、可持续的发展，实施创新驱动发展战略，促进生产力诸要素合理配置和优化组合。生产关系与生产力是否协调关键在于社会是否具有活力，进一步解放和增强社会活力就是为了迎头赶上世界新一轮科技革命和产业变革潮流，跳出条条框框限制，克服利益关系掣肘，从制度层面让一切劳动、知识、技术、管理、资本的活力竞相迸发，激发人民的激情和活力。

**（二）彰显社会主义适应性**

共享发展理念不仅体现了生产关系与生产力的适应性，也体现了上层建筑与经济基础的适应性。提高上层建筑与经济基础的适应性，建设社会主义法治体系，建设社会主义法治国家，是一场国家治理领域的深刻革命。认识把握社会主义建设规律的"总开关"，就是辩证把握经济基础与上层建筑的关系。让上层建筑与经济基础的相适应原理发挥更大的现实作用，是中国特色社会主义取得成功的重要经验乃至"诀窍"。法治建设是现代上层建筑建设的集中体现。建设中国特色社会主义法治体系，就要在法治建设上着力建立健全涵盖立法、执法、司法、守法、队伍建设、党的领导各方面的"五大法治体系"。现代国家的一个突出特征和重要标志便是法治。建设社会主义法治国家，关键在实现"一个共同推进""一个一体建设"及其有机结合。

**（三）彰显社会主义精髓要义**

共享发展理念体现了社会主义的精髓要义，即推动实现社会公平正义和共同富裕。公平正义体现人类文明进步，是社会主义核心价值观的重要内涵，是中国特色社会主义的内在要求。实现社会公平正义，是增强社会主义凝聚力、感召力、亲和力的法宝，是体现中国特色社会主义价值优势、道义优势和制度优势的原则标准。社会主义的本质要求和发展方向乃是最

---

① 任理轩：《认识把握社会主义建设规律的新飞跃》，《人民日报》2015 年 6 月 26 日，第 7 版。

终实现共同富裕。实现共同富裕正契合了共享发展理念的内在要求，小康社会就是要实现共同富裕，实现学有所教、劳有所得、病有所医、老有所养、住有所居。

## 三 深化了对人类社会发展规律的认识

共享发展理念深化了对人类社会发展规律的认识。一个国家，一个政党，只有深刻认识和把握人类社会的发展规律，才能把握时代潮流和世界变革的大趋势，才能在人类文明的大道上不断前行。人类社会走向现代化有其普遍规律，不论世界各国政治、经济、文化有何差异，人民对改善生活质量、生活水平的诉求是共通的。既然人民对美好生活的向往是人类社会的普遍追求，那么致力于人人共享发展成果的理念对人类社会来说也具有普遍的意义。人类社会是随着生活于其中的人的境遇的改善而改善的。共享发展理念坚持人的主体地位，致力于解决人民最基本、最直接、最现实的需求，致力于增进整体社会福祉，这一理念的提出牢牢把握了人类社会的发展规律。

### （一）把握社会发展阶段性规律特征

人类社会发展有其自身的规律，国家和民族发展有其自身的规律，本国本民族和世界所处历史阶段有其自身的规律。顺应历史的发展，必须充分认识人类社会发展的阶段性规律特征，必须把握当今时代的规律和特征，完成时代提出的任务和要求。社会主义是共产主义的初级阶段，而我们现在处在社会主义的初级阶段。为了能够选择正确的路线方针政策，我们必须充分认识社会主义初级阶段的规律特征。罔顾阶段性规律特征及有可能带来的颠覆性危害，一些国家实行新自由主义，而落入了"中等收入陷阱"，这充分表明罔顾社会发展阶段性规律特征、选择错误发展道路的巨大危害。

### （二）把握社会发展主要矛盾

把握事物主要矛盾，才能抓住事物发展的重点。全面深化改革体现问题导向，为此，就要正确认识矛盾、抓住主要矛盾、做出战略决策，把分析和解决矛盾与统揽全局、引领发展有机统一起来。任何社会都存在主要矛盾，存在主要矛盾的主要方面。研判社会矛盾运动的"总闸门"便是把握社会主要矛盾。分析和解决当今社会主要矛盾的"总枢纽"则是把握当今社会主要矛盾的主要方面。社会主义初级阶段的主要矛盾被确定为人民日益增长的物质文化需求同落后的社会生产之间的矛盾。解决社会主义发展中的一切问题都要从这个主要矛盾出发。解决主要矛盾对社会发展具有巨大的推动作用。

### (三) 把握现代化发展规律

实现国家现代化是中华民族的百年梦想，也是中国共产党人的崇高使命。为此，必须把握现代化发展规律的普遍性和特殊性，把握在最大发展中国家实现社会主义现代化的系统性、协调性和前瞻性，拓展当今世界认识和推进现代化的新境界。人类社会已整体进入现代化发展阶段，具有普遍规律；各国实现现代化条件和背景不同，具有特殊规律；现代化的阶段和程度不同，具有阶段性规律。为此，我们必须吸取各国现代化的经验教训，站在最广大人民的立场上把握现代化的系统性、协调性和前瞻性，针对我国发展中必须解决好的深层次矛盾和问题提出一揽子解决方案。同时，中国的发展是和平发展、共同发展、合作发展，将为人类社会发展和世界社会主义发展增添中国动力①。

## 第二节 共享发展理念的实践意义

共享发展理念体现了全面建成小康社会进程中坚持人民主体地位和共同富裕的重要指导原则，明确了"共享是中国特色社会主义的本质要求"。共享发展理念提出了新时期国家发展的核心目标是为了"使全体人民在共建共享发展中有更多获得感，增强发展动力，增进人民团结，朝着共同富裕方向稳步前进"。同时，还要保障"就业、教育、文化、社保、医疗、住房等公共服务体系更加健全，基本公共服务均等化水平稳步提高。教育现代化取得重要进展，劳动年龄人口受教育年限明显增加。收入差距缩小，中等收入人口比重上升。我国现行标准下农村贫困人口实现脱贫，贫困县全部摘帽，解决区域性整体贫困"②。作为直接指导第一个百年中国梦实

---

① 任理轩：《认识把握人类社会发展规律的新飞跃》，《人民日报》2015 年 6 月 30 日，第 7 版。

② 新华社：《"十三五"规划的指导思想、主要目标和发展理念》，新华网，http://www.gov.cn/xinwen/2016–03/05/content 5049454.htm。

践的政治方针，共享发展理念具有重大的时代创新价值和伟大的实践意义。

共享发展作为建设中国特色社会主义的核心命题，是体现社会主义优越性、维护政治合法性的要求。社会主义本质要求坚持共享发展。只有坚持发展为了人民、发展依靠人民、发展成果由人民共享，切实解决人民群众最关心、最直接、最现实的利益问题，才能切实贯彻全心全意为人民服务的宗旨，真正保证社会公平正义，真正实现最广大人民的根本利益。从而，才能维护社会秩序的稳定、社会关系的和谐，才能体现共产党的先进性、社会主义制度的优越性以及政权的合法性[1]。

## 一 共享发展理念是中国特色社会主义的本质要求

"人民对美好生活的向往，就是我们的奋斗目标。"发展中国特色社会主义的最终目的就是实现共同富裕。共同富裕必然要求共享发展，共享发展理念回答了"发展目标是什么和发展成果如何共享"的问题，再次指明了共同富裕这一社会主义本质要求[2]。这表明，共享发展理念的提出，在中国特色社会主义建设过程中具有必然性。

共享是马克思主义理论的逻辑起点。实现每个人的自由全面发展，是马克思主义理论一以贯之的最高理想、价值追求和逻辑起点。共享发展理念既体现了马克思主义指导思想在中国的与时俱进，也是国际共产主义运动在当下最生动的实践。社会主义的本质，就是要通过发展生产力，消除两极分化，最终实现共同富裕。中国特色社会主义的本质要求，就是要解决贫富分化这一问题。发展的成果普惠到每一个中国人，让每个人"都享有人生出彩的机会，都享有梦想成真的机会，都享有同祖国和时代一同成长进步的机会"，是中国特色社会主义本质特征在当下的重要体现。因此，坚持共享发展，必然要求着力增进人民福祉。把不断做大的"蛋糕"分好，让社会主义制度的优越性得到更充分体现，让人民群众有更多获得感。要

---

① 叶南客：《共享发展理念的时代创新与终极价值》，《南京社会科学》2016 年第 1 期，第 4 ~ 7 页。

② 王诗卉：《论共享是中国特色社会主义的本质要求》，《湖南师范大学社会科学学报》2016 年第 2 期，第 73 ~ 78 页。

坚持社会主义基本经济制度和分配制度，逐渐形成橄榄型分配格局，完善以税收、社会保障、转移支付等为主要手段的再分配调节机制，维护社会公平正义，解决好收入差距问题，使发展成果更多更公平地惠及全体人民。

## 二 共享发展理念是实现中国梦的重要保障

中国梦是全体人民共享社会经济发展成果与希望的梦，习近平强调，生活在我们伟大祖国和伟大时代的中国人民，共同享有人生出彩的机会，共同享有梦想成真的机会，共同享有同祖国和时代一起成长与进步的机会。可见，共享发展理念是实现中国梦的重要保障。中华民族的伟大复兴，到2020年的阶段性目标，就是要全面建成小康社会。"十三五"时期是我们全面建成小康社会的决胜阶段。全面建成小康社会，最突出的特征就是强调发展内容的全面、发展主体的全面，就是强调要实现"一个都不能少"的小康社会。在实现中国梦的过程中，共享永远都是我们最明亮的主题。

共享发展按照人人参与、人人尽力、人人享有的要求，坚守底线、突出重点、完善制度、引导预期，注重机会平等，保障基本民生，实现全体人民共同迈入全面小康社会。中国梦，从大的范围来说，是全中国的梦，但是，从小的范围来说，是中国每个公民的梦。中国梦的实现要求每个公民都要树立中国梦的理想，因为中国梦归根到底是人民的梦，必须紧紧依靠人民来实现，必须不断为人民造福。共享发展也是同样的理念，其要求每个人都要参与到中国的发展中去，每个人都要致力于中国的发展，并且做到人人共享发展成果。我们的目标是到2020年实现全面小康社会，这就要求在发展中，做到人人参与、人人尽力，这样才能实现我们的既定目标，实现中国梦，实现中华民族的伟大复兴①。

## 三 共享发展理念是全面建成小康社会的重要基石

"十三五"是实现我国全面建成小康社会战略目标的关键时期，而坚持走共享发展的道路，将是决定全面建成小康社会战略目标能否完成、完成

---

① 曹建萍：《以五大发展理念助力实现中国梦》，《产业与科技论坛》2016年第1期，第7~8页。

质量如何的一个重要基石。全面建成小康社会意味着要让社会中大多数人享受到改革与发展的成果。从人类社会发展的基本路径来看，成果分配从共享到独享再到共享的螺旋上升发展是一般规律。共享发展理念明确指出必须坚持发展为了人民、发展依靠人民、发展成果由人民共享。共享发展理念的确立，将为我国全面建成小康社会提出更明确的目标和更明确的方向。共享发展的相关具体要求，将在公共服务、脱贫、就业、教育、医疗、社会保障等方面，为全面建成小康社会做出更有效的制度安排。共享发展理念内涵丰富，既是经济成果的共享，也是社会成果和权利的共享。共享发展理念的重点是解决贫困及其他低收入等弱势群体的问题，要通过权力赋予和制度设计对弱势群体的利益进行保护。共享发展的理念及其制度性安排，将为我国经济社会长期发展增添新的动力。

总之，要按照人人参与、人人尽力、人人享有的要求，突出重点、完善制度、引导预期，注重机会公平，保障基本民生，实现全体人民共同迈入全面小康社会这一宏伟目标。如期实现全面建成小康社会奋斗目标，必须深刻把握党的十八届五中全会关于共享发展理念的深刻阐释和一系列政策措施设计，清醒地认识到共享发展是党的发展理念、发展思想的重大突破，是马克思主义发展观的重要创新，是新时期民生建设的重要探索。共享发展是与全面建成小康社会高度契合的新发展观。

## 四　共享发展理念是构建和谐社会的稳定支撑

共享发展需要社会和谐，没有社会和谐的环境载体，共享发展理念就成了不着地的空中楼阁；和谐社会也离不开共享发展理念的指引，有了共享发展的理念，共同富裕的道路才可能变得清晰，相关制度安排才不会迷失方向。共享发展理念既是和谐社会理论的延续和拓展，也是和谐社会理论的根基支撑和目标方向。按照一般政治论述，社会主义和谐社会应当是民主法治、公平正义、诚信友爱、充满活力、安定有序、人与自然和谐相处的社会。而从利益论角度来看，共享发展理念和和谐社会理论的实质都是指在面对现有的强烈利益冲突与矛盾时，必须通过有效的制度安排，借助以上措施使全体人民在共建共享中有更多获得感，使得利益均衡的可能性得以完成，达到社会整体利益和谐的目标，从而保证公民的生活水平和质量普遍提高，真正做到发展成果惠及全体人民。

共享发展理念是解决社会公平正义与和谐发展问题的思想指针。共享发展理念始终把维护最广大人民的根本利益，作为社会和谐发展的出发点和落脚点。共享发展理念始终贯穿着鲜明的百姓导向、民生导向、公益导向，反映了我们党立党为公、执政为民的根本宗旨。共享发展理念始终坚持把实现人民幸福作为发展的目的和归宿。发展速度越快、发展成果越大，越要坚持红利共享、人人有份，越要坚持全体人民共同富裕、和谐发展。

共享发展理念让人民群众有更多获得感、幸福感。全面建成小康社会的过程，实际上是增进人民福祉、促进公平正义的过程，是促进全国人民共享改革成果的过程。要全面实现这个过程，就必须依托共享理念来完成。脱贫攻坚战的战略思想就是共享理念的真实表达和充分彰显。"精准扶贫"行动就是促进全国各地同步发展，全国人民共同致富。全面解决收入差距过大、公共服务供给不足、社会保障滞后、教育和就业机会不均等突出问题，使发展更具公平性、普惠性，让人民群众有更多获得感、幸福感。真正实现资源共享、环境共享、信息共享、成果共享的"和谐社会"，这就是共享理念引领我们共同发展所带来的源源不断的动力。

## 五　共享发展理念是建设社会主义文化的有效助力

共享发展理念为社会主义文化建设提供动力。社会主义文化建设最重要的主体是人民群众。提高人民群众的素质，更好地为社会主义文化建设服务，离不开教育。人民群众在提高物质生活水平的同时，必须注重自身文化素养和精神文明建设，社会主义文化建设需要全体人民共同努力。共享发展理念提到要注重教育公平，让每个孩子都能平等地享有受教育的权利，这对促进社会公平正义具有积极意义。教育是弘扬社会主义核心价值观的重要保证。社会主义核心价值观是符合时代要求的价值观念，对我们的生活会起到积极的价值导向作用。如何将价值观念转化为人民群众的物质力量，教育是最有效的手段之一。共享发展理念强调提高教育质量、注重教育公平，因为教育是立国之本，是形成良好社会价值观念的重要助力，是弘扬社会主义核心价值观的重要手段，是社会主义文化建设不可或缺的重要法宝。

## 第三节　共享发展理念的战略意义

把共享发展理念从战略的高度提出，并作为五大发展理念的出发点和落脚点，充分彰显了以人民为中心的发展思想，体现了当代中国发展的价值追求。深刻认识并准确把握共享发展理念的战略意义，对于推动中国未来经济社会的持续发展，实现全面建成小康社会的奋斗目标，具有重大而深远的意义。

### 一　共享发展理念是对马克思主义的继承与发展

马克思主义从来就重视社会发展问题，形成了一系列重要的发展理念。在人类社会发展的客体性、主体性、活动及目的性等方面，共享发展理念与马克思主义发展观的传统是一脉相承的。马克思主义怀着对人类命运的深切关怀，用历史唯物主义的方法论证明，只有在社会主义社会，共享才能成为社会的本质要求和基本原则，从而为实现共享发展提供了科学的理论基础。

科学社会主义从诞生之日起，就以建立人人共享、共同富裕的社会为目标，实现共享是社会主义制度的内在要求。在马克思主义的著作中，类似的论述非常多，虽然没有明确提出"共享发展"的概念，但共享的思想却是科学社会主义的重要内容，蕴含在马克思主义的理论体系之中。而共享发展理念，其核心要义和理论基础正是源于马克思主义的共享思想。共享发展理念指出，要着力增进人民福祉，从增加公共服务供给、实施脱贫攻坚工程、提高教育质量、促进就业创业、缩小收入差距、建立更加公平更可持续的社会保障制度、推进健康中国建设、促进人口均衡发展八个方面展开，强调了"以人民为中心"的社会主义的本质。共享发展理念突出体现在对发展的价值性的表达，体现了对发展的本质与意义更为全面和深刻的认识。共享发展理念突出强调了社会所有阶层在享有发展成果上的整体性。共享发展是对共同富裕这一社会主义原则的坚持和丰富。

### 二　共享发展理念是党对发展规律认识的升华

共享发展理念的形成不是一蹴而就的，理论的准备和形成本身就是一个历史的过程，体现了党对社会发展规律认识的不断升华和突破。共享发展理念是对党的经济社会发展理念的创新发展，反映了党对共产党执政规律、社会主义建设规律、人类社会发展规律认识的升华，是新形势下推动经济社会发展的基本遵循和重要指南。

共享发展理念把引领中国新发展同深入探索中国特色社会主义发展规律贯通起来，凝练表述新的历史条件下党领导发展的认识和实践成果。深刻认识共享是中国特色社会主义的本质要求，着力践行以人民为中心的发展思想，坚持全民共享、全面共享、共建共享、渐进共享，不断朝着全体人民共同富裕的目标前进。有关共享发展的重要论述是对发展规律认识的升华，是中国版"发展经济学"的要义所在。共享发展理念，强调共建共享相统一等观点，是对马克思主义经典作家关于社会主义生产目的和基本经济规律理论、人的全面发展思想的继承，是对社会主义本质理论的重要发展。

共享发展理念把社会主义建设规律同人类社会发展规律统一起来，准确把握了我国经济社会发展的最新要求。中国共产党创造性地把共产党执政规律、社会主义建设规律、人类社会发展规律有机统一起来，不断形成新认识、丰富新内涵、开辟新境界。共享发展理念就是这一探索过程的最新成果，反映了时代发展的新特征新要求。着力破解发展难题，反映发展的实践要求；系统推进发展跃升，反映发展的总体要求；努力实现发展价值，反映发展的共同要求。新中国成立后，以毛泽东同志为核心的党中央带领全国人民确立了社会主义基本制度，为共享发展提供了政治前提和制度保障。改革开放以来，邓小平同志指出，发展生产力是必要手段，共同富裕是发展的最终目的，它们共同作为社会主义的本质规定是党在理论发展中的重大飞跃，也深化了共享发展的理论思想。党的十八大再次强调，在新的历史条件下夺取中国特色社会主义的新胜利，必须坚持维护公平正义，使发展成果更多更公平地惠及全体人民，朝着共同富裕方向稳步前进。至此，共享发展的思想已经逐渐成熟。

### 三　共享发展理念是对现实问题的积极主动回应

共享发展理念蕴含着深刻的问题意识，着眼于当下我国社会发展过程中的突出问题。收入分配问题、社会保障问题、教育就业问题、公共服务问题，都是关乎民生的问题。社会的发展是全面的发展，人民的需求是全面的需求。发展的全面性和人的需求的全面性，决定了人民共享的全面性。于是，共享发展理念要求把人民的关注点变为我们工作的着力点，积极解决人民群众最关心、最直接、最现实的利益问题，在解决住房、就业、孩子上学、食品安全、退休养老、医疗卫生、环境污染等重大现实问题上取得进展，不断提高人民的获得感、满意度和幸福指数。这些问题能否得到有效解决，一方面，事关社会主义制度的优越性能否得到体现，事关社会主义价值理念能否得到彰显；另一方面，也决定了我国未来经济社会能否持续健康发展。

# 第二章
# 共享发展理念的思想演进

## 第一节　乌托邦的共享思想

### 一　乌托邦思想

乌托邦思想是理想的一个完善，乌托邦的原词来自两个希腊语的词根：ou 是没有的意思，另一个说法是好的意思，topos 是地方的意思，合在一起是"没有的地方"。乌托邦（Utopia）本意为"没有的地方"或者"好地方"，延伸意为理想或者不可能完成的好事情，其中文翻译也可以理解为："乌"是没有，"托"是寄托，"邦"是国家，"乌托邦"三个字合起来的意思即为"空想的国家"。

空想社会主义的创始人托马斯·莫尔在他的名著《乌托邦》中虚构了一个航海家航行到一个奇乡异国"乌托邦"的旅行见闻。在那里，财产是公有的，人民是平等的，实行着按需分配的原则，大家穿统一的工作服，在公共餐厅就餐，官吏由秘密投票产生。他认为，私有制是万恶之源，必须消灭它。而柏拉图"创造"的《理想国》，是许多"乌托邦"思想研究者的理论根源地。在《理想国》这本书中早已经描述了一个理想化的社会模式，其模式在根本上是不能实现的。对于现实社会来说，这个理想的模式也只是探索而已。

17 世纪后，"乌托邦"逐渐开始指称某种理想社会、理想模式、理想体制的程序和平台，"乌托邦"系统与文化、政治和社会理论知识之间的界限逐日模糊。18世纪末，随着欧洲基督化日益增强的趋势，陈旧的"孤岛上的乌托邦"仍然有回流的趋势，然而分支乌托邦思想的出现更显重要，摒弃了虚拟的背景，并且打破了封闭的领域局限性。这样的理性化、体系化的乌托邦思想，其领域涉及整个世界，通往"乌托邦"的路径从冒险故事转化成政治行动。

《乌托邦思想史》具有想要重新组建理想社会的线路，以此来形成一个美好的未来社会，同时在审时度势下，来面对这个理想社会制度的不合理性。而乌托邦思想内容中的基本精神阐述现实社会是个不真实而不可靠的社会，这也是赫茨勒的主张。改造人类社会的必要性与可能性是乌托邦社会合理性的体现，也是要达到的一种美好的理想境界。乌托邦是依靠人类想象的，而且是依靠于人类一定发展阶段时的理性能力。而且，人类自身内在存在的主体性力量更多的是由乌托邦思想体现的，并不完全是以神话的方式借助神的力量而获得拯救的。即使是在奥古斯汀的《上帝之城》中所描述的理想社会，也必须依靠人与人之间的友爱才可能接近通达理想的"上帝之城"。乌托邦思想作为一个和谐的生活、理想国度的社会秩序与人类的现实社会生活的距离逐步拉近，与人的实践活动也密切相关。

**（一）乌托邦思想的历史演变**

乌托邦思想的根源可以追溯到古希腊的荷马时代，甚至更久远的希伯来人时期。美国学者乔·奥·赫茨勒将这一时期的乌托邦思想称为"伦理—宗教性"的乌托邦思想。这一时期又可分为若干个时期，即先知者时期、启示录者时期、古希腊时期和中世纪时期。每个时期又有其典型的代表人物，不同时期代表人物的言论著述又分别反映了那个时期乌托邦思想的特征。文艺复兴时期，人们在思想上开始打破宗教思想的束缚，要求改善人的精神家园，人文主义者把探险者口头的海外国家的描绘引入到自己的文学创作中，这样一幅幅完美的、富于理想化的社会制度设计开始涌现，乌托邦思想在这一时期再次恢复其不衰的活力，并在新的高度上有所创新和发展。乌托邦思想家从各自不同的角度向人们描绘了一个个完美的未来世界，在这些未来世界中，社会制度公平、民主，人们生活富足、安康，人与人之间关系和谐，没有暴政和奴役，科学技术在这里得到充分的利用，愚昧和迷信都消失了，总之，这样的未来世界，将是人们想象中最完美的国度。18世纪，空想社会主义者大多要求平等自由，甚至把平等机械地等同于平均主义。而傅立叶、圣西门和欧文看到了资本主义社会黑暗的一面，他们都希望建立一个没有剥削、人人平等的社会，他们按照自己的社会理想建立了不同的社会组织，以此来实现自己的理想。

**（二）乌托邦思想的理论内涵**

莫尔写作的《乌托邦》一书的全名是《关于最完美的国家制度和乌托邦》，他将这本书称为"新岛的既有益又有趣的金书"。莫尔以一种文学游记的形式表达了对当时社会的不满和对未来国家制度的向往。乌托邦思想包含了对过去事情的总结，并将其归纳为经验教训以供世人思考。柏拉图的《理想国》被认为是乌托邦思想的典型表现形式。乌托邦思想作为意识形态中的一种，具有意识形态所具有的作用，同样具有对现实的批判性。正如马克思主义意识形态对资本主义社会的批判，乌托邦思想在政治活动中展现了它永恒的批判力。乌托邦的只能是那样一些超越现实的取向，当它们转化为行动时，倾向于局部或全部地打破当时占优势的事物的秩序。

乌托邦思想具有反思性。乌托邦思想包含了对过去事情的总结，并将其归纳为经验教训以供世人思考。柏拉图在《理想国》中展现了人类是如何从洞穴中走向文明世界的，"哲学王"是人类最高的统治者。"哲学王"是至善的化身，包括柏拉图式的"回忆说"。人类之所以一直活在对理想王国的追忆之中，是因为这样的乌托邦世界是人类经历历史痛苦后的至善之邦。恩斯特·布洛赫在《希望原理》中解释了"小白日梦"：人类的种种希望、期待、愿望和梦想往往都在"白日梦"中以一种乌托邦的形式完美地展现出来。"白日梦"中展现的乌托邦世界正是反思的结果，驱使人们做"白日梦"的动力之一正是乌托邦思想。

乌托邦思想具有批判性。乌托邦思想在政治活动中展现了它永恒的批判力。莫尔在《乌托邦》中批判了亨利八世统治下的宗教社会，康帕内拉在《太阳城》中批判了欧洲中世纪封建主义社会。乌托邦思想正是在对现实的批判基础上构建起来的。乌托邦思想则是否定现实存在，认为存在的不一定就是合理的，它被认为是一种"不在场"的"存在"，体现了人类的自我认识和价值取向。

乌托邦思想具有超越性。犹太人遭受的民族苦难、中世纪封建教会制度的黑暗，迫使欧洲人渴望追求自由、博爱、平等的理想社会。乌托邦思想就是批判和超越现实的思想，它向人类展现一幅可望而不可即的理想的精神乐园。卡尔·曼海姆在《意识形态与乌托邦》中将乌托邦的含义限定为超越现实、打破现存秩序的终极价值诉求。

乌托邦思想具有理想性。乌托邦思想的核心就是理想主义。理想和乌托邦为人类提供的都是一种实现的可能性，都是价值诉求。乌托邦思想的最终设计蓝图虽然与理想主义不同，但在精神追求上两者并没有本质区别，理想最根本的特征就是源于现实且高于现实，它与现实是对立统一的关系，且在一定条件下可以相互转化。奥古斯汀的《上帝之城》反映了人们关于美好未来的理想愿景。乌托邦思想家都站在未来的土地上，向人类展示摆在他们面前的美好生活，使得乌托邦思想保持着永恒的驱动力。

## 二 乌托邦的共享思想

乌托邦思想闪现出"共产主义思想的微光"，对后世影响巨大。乌托邦是一种理想的社会。莫尔在《乌托邦》中描绘了一个完全理性的共和国，一个美好社会。在这个社会里，闪烁着共享理念的光芒：一切生产资料归全民所有，生活用品按需分配，人人从事生产劳动，而且有充足的时间从事科学研究和娱乐，那里没有酒店、妓院，也没有堕落和罪恶。柏拉图、希波达摩斯、亚当主义、托马斯·莫尔、美洲印第安人、拉伯雷、夏巴泰·泽维、傅立叶、曙光城、空想社会主义，还有孔子、陶渊明、洪秀全、康有为、孙中山，都在构建一种乌托邦，都体现着对理想社会的追求，都体现着一种共享发展理念。

### (一) 柏拉图的《理想国》

在《理想国》中，柏拉图精心设计了一个理想社会，其实就是早期的乌托邦思想。在那里，有三个阶层：治国者、卫国者、劳动者。人们拥有四种品质：正义、智慧、勇敢、节制。其中，哲学家擅长思考，以追求"智慧"为德，是治国者；武士富有激情，以崇尚"勇敢"为德，是卫国者；而欲望强烈，以"节制"为德的陶工、农民则是劳动者。柏拉图认为治国者应由哲学家来担任，是因为哲学家与生俱来的天赋，只有智力超群的智者，才能带领军队，共同维护国家的长治久安。柏拉图构想的乌托邦是治国者和武士这整个统治阶级共同拥有财产，但不允许阶级中的个人拥有私有财产。柏拉图提倡终身教育，课程有诗乐、体育、数学、哲学。柏拉图强调教育要成为实现理想国、培养下一代统治阶级，以及维持理想国的重要手段。

### （二）希波达摩斯的乌托邦

公元前494年，建筑师希波达摩斯应人民的要求，重建米勒这座城市。希波达摩斯设计了第一个有严谨构思的城市。除了勾画道路和房屋，希波达摩斯还考虑了社会生活。他设想出一个有10000名居民的城市，这些居民分成三个等级：手工业者、农民、士兵。

希波达摩斯设计了一个人为建造的全新的城市，中心是一个卫城，切割成12部分，路是笔直的，广场是圆的，房屋严格独立开来，以使邻里之间不会产生什么嫉妒。所有居民都一律平等，不存在奴隶，不存在艺术家，不存在穷人、单身汉和游手好闲者。希波达摩斯的设想在于使米勒城成为一个永远不会出什么问题的完美机械体制。希波达摩斯创造了"有条不紊"的新概念，有条不紊的市民在城市的指挥中，有条不紊的城市在政府的指挥中，政府自己则只能有条不紊地在宇宙的指挥中了。

### （三）亚当主义的乌托邦

1420年，波西米亚发生了胡斯党人叛乱。后来，亚当主义者不但对教会提出了质疑，而且对整个社会提出了质疑。他们认为与上帝接近的最好方式是在与亚当一样的生活条件下生活。在离布拉格不远的莫尔河中的一个岛上，他们定居下来。他们赤裸裸地共同生活着，共享所有财产，尽可能重建人间天堂的生活条件，排除社会结构，废除金钱、工作、贵族、资产阶级、政府、军队，禁止种地，吃素不吃荤，修行对上帝的直接常拜。亚当主义者的这种做法体现了共享的思想，但是，激怒了胡斯信徒，并被后者屠杀殆尽。

### （四）托马斯·莫尔的乌托邦

1516年，托马斯·莫尔创造了"乌托邦"这个词。在名叫《乌托邦》的书里，他描述了一个由他确切命名为"乌托邦"的神奇岛屿，那里发展着一个田园般的社会，不知道有税捐、苦难和偷盗，他认为乌托邦社会的优点就是"自由、民主、博爱"。托马斯·莫尔认为乌托邦是一个理想国，自由、民主、博爱，国内有长相俊美的人，能力超凡的神族，能够载人翱翔天空的物体，取之不尽、用之不竭的财富，免费的义工，免费的市场，却没有家庭主妇，没有贵族，没有仆人，没有乞丐，没有游手好闲的人。

**（五）美洲印第安人的乌托邦**

美洲印第安人把自己当作是自然不可分割的一部分，认为个人主义是耻辱的源泉，谋求自己的东西是猥亵的。大家都不拥有什么，也没有什么权力：没有世袭的权力，也没有永久的权力。孩子们实行自我教育。整个社会实行平均主义。首领只有得到人们的自发跟随，才能称之为领袖。没有职业军队，战士首先是作为猎人、耕作者、一家之主。人人平等，相互尊重。"美好生活"理念最早可以追溯自拉丁美洲印第安人的古老思想。不同印第安部族世界观的共同点就是追求美好的生活，充分地享受生活，与大地母亲、宇宙、生命、历史的周期循环同步运行、和谐共处，与一切有生命形式的存在平衡相依。

**（六）拉伯雷的乌托邦**

1532 年，弗朗梭瓦·拉伯雷在《巨人传》中提出了理想乌托邦城的看法：不要政府，只有修道院，主人都是具有良好出身、不受精神约束、受过教育、有德行、好看的男女；白天，每个人都干他想干的事情，工作、休息、吃喝玩乐、谈情说爱都是自由的，没有时间限制，而骚乱、暴力、打架是没有的。修道院包括 9332 个房间，6 个直径 60 步的圆形塔楼，没有围墙，每一个建筑物都有 10 层高；拥有一个直通河流的排污下水道、很多个藏书室，以及一个林荫交错的公园，公园中间是一道泉水。

**（七）傅立叶的乌托邦**

夏尔·傅立叶在《社会化工业化新世界》中描述了他对未来理想社会的设想。他空想着：人应该在 1600～1800 个成员的小共同体中生活，用这个被他称作法朗吉的共同体来代替家庭，没有家庭，便有更多的亲属关系，更多的权力关系；政府被缩小到最低的限度，每天大家都一起在中心广场上做重大决定；每个法朗吉都住在一个被傅立叶叫作"法伦斯泰尔"的城居中。他非常确切地描写了他理想中的城居：一个三至五层的城堡；底下的道路夏天通过洒水而凉爽，冬天通过大壁炉而暖和；在中央有一个治安塔，那里有瞭望台、排钟、查普电报、夜岗。

### （八）曙光城的黎明新村

曙光城位于印度朋迪榭里附近，是历史上几次最有意义的乌托邦公社实践地之一。1968 年，孟加拉哲学家斯里·奥罗宾多·高斯和法国女哲学家米拉·阿尔法萨（主母）着手在曙光城创建一座理想村。按他们的设计，其外形应酷似一个星系，光从中央的球状部分射出，照亮村内各处。两位哲学家等待着各国人士前来。后来，在这里生活的主要是一些寻求绝对乌托邦的欧洲人。公社里的男男女女们造起风车，盖起手工工场，开挖水渠，还建了一座砖厂和一个信息中心，并且在这个气候干燥的地方种植了农作物。

### （九）空想社会主义

16～17 世纪的空想社会主义，主要特点是：对未来的理想社会制度只是一种文学描述；提出社会主义（或共产主义）的基本原则，如公有制、人人劳动、按需分配等，但还是一个粗糙而简单的轮廓；在设计未来理想社会方案时以手工工场为原型。这时期的空想社会主义者以莫尔、闵采尔为代表。

18 世纪的空想社会主义，主要特点是：认识进入理论探讨和论证阶段，并用"法典"的形式做出明确的规定；对人类社会发展规律的探索，对私有制，特别是资本主义私有制的批判，对私有制引起的经济上的不平等，进而导致政治上的不平等的论述，对过去所有的国家制度都是建立在私有制基础上并为富人服务的分析等，已经接近历史的实际；有了初步的阶级观点，绝对平均主义的、苦修苦炼的、禁欲主义的、斯巴达式的共产主义是其突出特点；在设计未来理想社会的蓝图时，以农村公社和手工工场为原型。这时期的空想社会主义者以摩莱里、巴贝夫为代表。

19 世纪初期的空想社会主义，是发展到顶峰时期的空想社会主义，其主要特点是：批判矛头直接对准资本主义制度；理论上提出了经济状况是政治制度的基础、私有制产生阶级和阶级剥削等观点，并用这种观点去分析历史和现状，从而预测到资本主义制度的剥削本质；在设计未来社会蓝图时以大工厂为原型，完全抛弃了平均主义和苦修苦炼的禁欲主义，使社会主义成为一种具有高度物质文明和精神文明的社会。这时期的空想社会主义者以圣西门、傅立叶和欧文为代表。他们甚至进行了社会实验。1824

年欧文在美国印第安纳州买下 1214 公顷土地，开始新和谐移民区实验，但实验以失败告终，而欧文也因此破产。

**（十）孔子的大同社会**

在《礼记》"礼运"篇中，记载了孔子这样一段话："大道之行也，天下为公。选贤与能，讲信修睦，故人不独亲其亲，不独子其子；使老有所终，壮有所用，幼有所长，矜寡、孤独、废疾者皆有所养；男有分，女有归。货恶其弃于地也，不必藏于己；力恶其不出于身也，不必为己。是故谋闭而不兴，盗窃乱贼而不作。故外户而不闭，是为大同。"这段话翻译成现代的语言，便是："治理天下最理想的大道理如果实行了，就是民主的社会，人民当家做主，选出品德高尚和有能力的人来管理天下，天下人都讲信用，社会和谐，团结一致。因此，不但亲爱自己的双亲也同样地亲爱别人的双亲，不但抚养自己的孩子，也同样爱别人的孩子。老年人老有所养，青壮年各尽所能为社会服务，少年儿童受到教育，很好成长。鳏寡孤独残疾者都得到社会的供养。男子有工作，有职业，女子都能嫁出。人们不喜欢私藏财物。为社会工作的会出尽全力，不谋私利。因此，争权夺利的阴谋就没有了，盗窃的贼人也没有了，夜也不用闭户了，这就是最理想的大同社会。"

孔子对大同社会的描述，告诉人们大同社会的理想状态。第一，大公无私的行为准则。统治者应该像天地那样大公无私，行使自己的权力，为人民谋福利。第二，"选贤与能"的官吏选拔制度。任人唯贤唯能是保证权力公有的根本举措。第三，讲信修睦的人际关系。和谐的人际关系是世界大同的重要标志和内容。第四，各尽所能的劳动制度和劳动态度。不计报酬、高度自觉的劳动态度是支撑大同世界存在的必然条件，而大同世界高度民主的政治制度和切实可靠的社会保障又是这种劳动态度产生的前提和基础。第五，货"不必藏诸己"的财产观和觉悟。社会财产为全社会成员共有。第六，完美的社会保障。儿童不会失去教养，壮年都能得到职业，男女有配偶，老年都有归宿，家庭生活安定，鳏寡孤独、疾病残废，也都受到社会的保护和扶助。第七，人们高度的社会觉悟。人人敬老，人人爱幼，无处不均匀，无人不饱暖。

**（十一）陶渊明的桃花源**

《桃花源记》是东晋文人陶渊明的代表作之一，是《桃花源诗》的序言，选自《陶渊明集》。借武陵渔人行踪这一线索，把现实和理想境界联系起来，通过对桃花源的安宁和乐、自由平等生活的描绘，作者表达了追求美好生活的理想和对当时现实生活的不满。《桃花源记》寄托着陶渊明的一种政治主张和政治理想，是地道的中国版的"乌托邦"。陶渊明所描绘的是一幅理想生活图景，没有剥削、没有压迫、人人劳动、人人平等、和平、宁静、和谐、自由、尚贤尊圣、和谐田园、世外桃源。桃花源里没有阶级、没有剥削、没有战争、没有官吏和统治者。第一，创构了理想的无君社会；第二，创造出缩型的社会模式；第三，幻构出封闭型的社会；第四，追求人民的丰衣足食；第五，强调人民生活有物资保障、百姓之间和睦相处。总之，陶渊明所创构的桃花源理想社会，表现了其改造实现社会的思考，体现了其社会实践的总结，在一定程度上反映了人民的愿望和时代的要求，是自古以来人们社会理想追求中的具有划时代意义的新的理想社会，这种理想社会和以往相比，更为完善。

**（十二）洪秀全的太平天国**

洪秀全在《天朝田亩制度》中提出了人人平等博爱、天下一家、共享太平、财产归公、团结和睦等纲领。洪秀全所宣传的太平天国的大同思想也是一种空想，一种乌托邦。《天朝田亩制度》中突出反映了农民要求废除封建土地所有制的强烈愿望，是几千年来农民反封建斗争的思想结晶。它体现了绝对平均主义思想，幻想在分散的小农经济基础上实行均贫富。它无法调动人们的劳动积极性，只是空想，根本无法实现。

《天朝田亩制度》以解决农民土地问题为中心，涉及经济、政治、军事、文教和社会改革等多方面的政策和措施，绘制了一幅新型社会的蓝图。这就是以25家为基层单位，称为"两"。两个"两"，设"两司马"主持。每5家设"伍长"一人。每家出1人当兵为伍卒，"有警则首领统之为兵，杀敌捕贼，无事则首领督之为农"。每个基层单位建立一个"国库"，"凡当收成时，两司马督伍长除足其25家每人所食可接新谷外，余则归国库，凡麦、豆、苎麻、布帛、鸡、犬各物及银钱亦然"。各家遇有婚丧嫁娶和生育等事，按规定费用到"国库"领取；鳏寡孤独残废等丧失劳动能力的人，也由"国库"开支抚养。农民除耕种外，还要利用农闲时间饲养猪、鸡、蚕，从事纺织、缝衣、制作陶器、木活、打石等家庭副业和手工业生产。

### （十三）康有为的《大同书》

《大同书》充分展示了康有为的社会理想。康有为在《大同书》中阐述了大同世界的社会理想：去国界合大地，去级界平民族，去种界同人类，去形界保独立，去家界为天民，去乱界治太平，实现"无差别"的"大同"极乐世界。康有为以民主主义的平等精神和某些社会主义的空想，用他的彩笔，勾画出一幅人类未来社会的美景——大同世界的蓝图，具有进步意义和深远影响。他的大同理想，达到了中国近代空想社会主义的顶峰。

其一，他激烈反对"独尊"，诅咒专制皇帝为"民贼屠伯"。其二，重视发展生产，主张废除私有制，建立财产公有制，然后全部实行机械化、自动化和电气化，生产力高度发展。其三，特别重视教育，主张大力发展学校教育。其四，男女平等，婚姻自主。其五，主张废除国家，走向"去国界合大地"的盛世。

### （十四）孙中山的"天下为公"

孙中山把孔子的大同思想、西方的空想社会主义糅合起来，提出了"天下为公"的理想社会。他把孔子语录"天下为公"写成条幅，在他的讲话、文章中多次提到大同理想。"天下为公"是孙中山先生的指导思想，意思包括：天下是天下人的天下，为大家所共有；天子之位，传贤而不传子；只有实现天下为公，彻底铲除私天下带来的社会弊端，才能使社会充满光明，百姓得到幸福。"天下为公"后来成为一种美好社会的政治理想，也指天下公平。

孙中山天下为公的思想受到许多革命党人的推崇。"天下为公"这个词出自《礼记·礼运》："大道之行也，天下为公。"孙中山在《对驻广州湘军的演说》中说："提倡人民的权利，便是公天下的道理。公天下和家天下的道理是相反的。天下为公，人人的权利都是很平的。"天下为公到了孙中山这里，它所蕴含的意义更加深而广。孙中山将中国农民的平等思想、西方各国的民主思想和社会主义思想融合在一起，赋予了天下为公一个更加符合当时国情的概念。按照孙中山的想法，以后国家的主人将会是全体人民，国家大事的决策权在人民手中，幸福生活的主动权也在人民手中。要使全体人民过上幸福平等的生活，整个社会的贫富差距减少，不会出现富人欺负穷人的事情，做到真正意义上的"公天下"。孙中山为了实现自己天下为公的理想，提出了"三民主义"学说，用来实践天下为公中所说的大同世界。孙中山致力于革命事业四十余年，不仅仅是嘴上说要实现天下为公，而且也用行动实践着天下为公的思想。在任职期间，他颁布了一系列政策，比如保障人权、民族平等、禁止人口买卖等等，都是其致力于实现天下为公的证据。

## 第二节　马克思的共享思想

坚持马克思主义的共享发展观，就要避免"天然正义"的乌托邦倾向，虽然对于缺乏发展能力和潜力的群众，仍然要确保"低保政策兜底"和"医疗救助扶持"的方针，以体现马克思主义的人道主义精神传统。争取全人类的解放和自由全面发展是马克思主义的主旨。马克思主义理论无不处处体现着人人共享社会发展成果的思想。"共享发展理念"是马克思"人的自由而全面发展"思想体系的最新理论成果，是对马克思"人的自由而全面发展"理论的继承和创新发展。共享发展理念是全民共享、全面共享、共建共享、渐进共享的辩证统一，是马克思主义世界观和方法论在发展问题上的科学运用①。共享发展理念体现了马克思主义的基本立场，共享发展理念是中国特色社会主义的本质要求，共享发展理念是唯物辩证法在发展问题上的科学运用。

### 一　公平正义思想

马克思站在历史唯物主义的角度阐述公平正义思想。马克思认为，在一定的历史时间，做出公正还是不公正的判断，是由当时的经济关系所决定的。社会主义和共产主义是马克思毕生追求的理想，而公平正义正是这一理想的首要价值。共产主义运动的生命线就在于其突出的公平、正义与人类平等的原则。社会主义社会区别于其他一切剥削社会的根本原则就在于要实现全体人民的平等与自由发展。马克思的公平正义思想，特别体现在对一切剥削制度，特别是资本主义制度的批判上。在马克思看来，资本

---

① 董振华：《共享发展理念的马克思主义世界观方法论探析》，《哲学研究》2016 年第 6 期，第 13～18 页。

主义社会中种种不公正现象得以产生的基本根源在于私有制的存在。所以，只有通过革命，废除资本主义的私有制，消灭剥削，才能消除社会的不公正，实现人类社会的公平正义。马克思的公平正义思想集中体现在批判资本主义社会制度是剥削的制度、非正义的制度。马克思立足于全人类的解放事业，追求全人类彻底解放的正义，所追求的公平正义是人类社会的理想，即在高度发达的经济基础之上消灭一切非正义的社会现象，最终实现人的全面解放。马克思的公平正义思想不仅对人类正义事业产生了深刻的影响，而且在人类公平正义理论研究中占有独特的重要地位。它强调生产公平正义对于分配公平正义、交换公平正义的前提作用，揭示了人类对公平正义的追求由个人美德向制度伦理的发展趋势，使人类对公平正义的认识由形式公平正义进展到实质公平正义。

## 二 人本思想

马克思主义是关于无产阶级和全人类解放的科学，人的自由解放和全面发展是马克思毕生为之奋斗的理想目标。马克思为之奋斗的理想，其终极价值就是为了人类自身的解放，此乃人本主义思想的最高层次表述。人本主义是共享发展成果的重要思想要素。共享发展的目的是为了人，共享发展成果为人们所共享，关注每个人的价值和尊严，关注全体国民福祉的提高。马克思从现实的、具体的人出发，认为社会的发展是以人为本位的发展，人是社会发展的最终目的。在共产主义社会的高级阶段，所有人共同享受大家创造出来的福利，社会全体成员均得到全面发展。共享发展成果，每个人自由全面发展是社会发展的终极目标。马克思的人本思想突出人是目的，以不同的形式强调人的地位和意义，强调人的主体性、自主性、实践性和能动性，强调人在与世界的关系中的主导地位。而且，马克思的"以人为本"所理解的"现实的、具体的人"是处于社会关系中的人，在社会关系中生成和发展，是实践的人本主义。马克思在继承和批判德国古典哲学的基础上，第一次将人的本质问题置于人类社会发展的历史中来考察，使其社会化、实践化、现实化。从"人的根本就是人本身"到"自由的有意识的活动"，再到"一切社会关系的总和"，这一划时代的思想突破和理论超越，驱散了长期以来笼罩在这一问题上的层层迷雾，使人的本质问题成为可理解、可把握、可实践的关于人和社会的重大现实问题，从而实现了把"理论哲学"转变为"实践哲学"的历史性转折①。

### 三　社会分配思想

在对社会财富如何进行分配的问题上，马克思、恩格斯曾经设想，共产主义社会的第一阶段和高级阶段分别实行按劳分配和按需分配。在共产主义社会的第一阶段——社会主义社会实行按劳分配的原则。马克思、恩格斯后来根据对落后国家无产阶级运动的考察，实际上提出了共产主义第一阶段前期以按劳分配为主、各种分配方式并存的设想。对于按劳分配原则，马克思认为要想得到和各种不同的需要量相适应的产品量，就要付出各种不同的和一定量的社会总劳动量。所以，每一个生产者，在做了各项扣除以后，从社会方面正好领回他给予社会的一切。他所给予社会的，就是他个人的劳动量。生产者的权利和他们提供的劳动成比例平等，原因在于其是以同一的尺度——劳动——来计量。事实上，马克思分配理论有两个层次的公平：一是指生产资料占有意义上的公平；二是指等量劳动获得等量收入意义上的公平。劳动者只有具有同等的权利和机会占有生产资料，才能够把他的劳动力同生产资料相结合，生产属于自己所有的物质产品，才能在收入分配上彼此处于平等的地位。

### 四　社会保障思想

马克思在批判资本主义社会保障制度的基础上，阐明了他的社会保障思想，并对未来社会的社会保障思想做出原则性设想，成为中国化马克思主义社会保障思想的直接理论来源。马克思在批判资本主义社会保障思想虚伪性的基础上，阐明了未来社会社会保障的本质是促进人的自由而全面发展，这些为探讨中国化的马克思主义社会保障思想奠定了理论基础和研究方向②。马克思认为，未来社会也必须建立社会保障制度。马克思的所有制理论及提出的按劳分配、按需分配原则，为社会主义社会保障制度的建

---

① 汪克强：《马克思人本思想的重大现实意义》，《学习时报》2012年8月20日，第10版。
② 孟雪静：《马克思的社会保障思想及其在中国的发展》，硕士学位论文，石家庄铁道大学，2013。

设奠定了理论基石。马克思主张，未来社会的社会保障制度应当采取国家保险制。马克思的社会主义社会保障思想其实包含了两个方面：一是作为一般规律的社会保障必要论，即资本主义社会及社会主义社会、共产主义社会都需要有相应的社会保障，这一制度是化解相关社会矛盾并满足社会成员需要的必要举措；二是社会主义社会的社会保障制度离不开公有制基础，并需要坚持按劳分配与按需分配有机统一，它实现的应当是全体人民共享国家发展成果的实质平等[①]。

## 第三节　毛泽东的共享思想

毛泽东思想中包含着对共享发展问题的诸多论述，提出了许多有价值的观点并进而形成了其特有的共享发展思想。毛泽东共享发展思想坚持发展为了人民，提出了勤俭节约、艰苦奋斗、统筹兼顾各方利益关系和虚心学习他国有益发展经验等具体的发展原则，并对建设富强文明的社会主义国家进而最终实现共产主义这一发展目标进行了科学的设想和美好的展望。

### 一　主张人民权利

毛泽东认为，发展是人民创造历史的主体性活动，发展是为了人民的利益，发展是为了保障人民的权利。人民的基本权利首先是生存，这是最基本的权利。而劳动权是劳动者最大的权利，最根本的权利。如果没有这种权利，那么劳动者的其他权利，如工作权、休息权、受教育权等就没有保障，还将失去财产、言论、出版、集会、结社、信仰、居住等的自由权。共享发展包括权利的共享。毛泽东关于生存权、劳动权、人权及管理权的论述，都包含了共享发展成果的理念。毛泽东继承和发展了马克思、恩格斯的历史主体思想，充分肯定了人民群众创造历史的伟大功勋[②]。他指出，人民是历史活动的主体，是推动人类社会进步的根本力量，是人民而不是英雄创造了历史。毛泽东在《为人民服务》中明确指出："我们这个队伍完全

---

① 许飞琼：《论马克思的社会保障思想及其时代意义》，《政治学研究》2013 年第 3 期，第 91 ~ 102 页。

② 陆昱：《毛泽东发展思想探析》，《中共桂林市委党校学报》2016 年第 2 期，第 16 ~ 19 页。

是为着解放人民的，是彻底地为人民的利益工作的。"毛泽东把全心全意为人民服务作为毕生奋斗的目标，作为全党各项工作必须始终遵循的原则。只有始终坚持全心全意为人民服务，我们的事业才能不断获得广大人民群众的理解、支持和拥护。

## 二　提倡平等共享

追求平等是毛泽东一生的理想和奋斗目标。毛泽东反对官僚主义作风，反对形成贵族阶层、特权阶层。特权阶层享受着教育、卫生、文艺、医疗等各个方面的好处，这些部门都是为特权阶层服务的。而广大农民得不到医疗，一无医，二无药。毛泽东认为搞社会主义就是为了实现人人平等，而不能像封建社会那样，新的统治者又来压迫人民。毛泽东反对教育特权，主张废除贵族学校，使其与人民子弟学校合一。毛泽东反对医疗特权，号召"把医疗卫生工作的重点放到农村去"，从而基本上解决了农民的医疗问题。

毛泽东主张，政治上实现人民主权。毛泽东认为人民的国家才能保护人民，人民群众要平等地参与管理国家事务和社会事务，首要任务就是要在政治上实现人民主权。毛泽东主张，经济上实行生产资料公有制和供给分配制。经济平等的实质是要求生产资料占有的平等和生活资料分配机会的均等，正确解决这两大问题是实现经济平等的核心和关键。毛泽东主张，在社会生活中消除社会分工，整合社会阶层。在毛泽东看来，社会不平等的根本原因在于社会分工、阶层分化导致了人们身份、地位的差别，造成了特权阶层的产生，平等的最终目标和归宿应该是消除社会分工，整合社会阶层，使所有人在社会地位、威望和尊严等方面都享有同样的社会地位和权利。

## 三　反对平均主义

毛泽东主张共享，主张公平，但是，反对平均主义，尤其是反对绝对平均主义。过分的平均主义实质上是与公平背道而驰的。公平要求保护勤劳、合法所得，反对"搭便车""大锅饭"式的平均主义。毛泽东认为绝对平均主义包含否认价值法则、否认等价交换的思想，是不对的。毛泽东在土地革命时期就专门强调要"反对绝对平均主义思想"，当时指出的主要弊端表现在：政治上极端民主主义；物质分配上不管实际工作需要、不管职位高低，一律要求平均分配。毛泽东在古田会议上做出了"反对绝对平均主义"这一条规定并一致通过，成为古田会议决议的重要内容之一，并在以后的战斗岁月中贯彻执行。毛泽东认为："大队内部生产队与生产队之间的平均主义问题，生产队（过去小队）内部人与人之间的平均主义问题，是两个极端严重的大问题。"对于这两个平均主义，毛泽东明确反对。

## 第四节　新时期的共享思想

共享发展思想的理解始终是紧紧围绕"什么是社会主义，怎样建设社会主义"这一核心问题而展开的。早在新中国成立之初，农业合作社的发展就体现了共享的思想。毛泽东指出，党在农村工作中的最根本任务就是发展生产力，使农民能够逐步完全摆脱贫困的状况而取得共同富裕和普遍繁荣。他认为："我们建设社会主义的目的，就是要大家有事做，有饭吃，大家共同富裕。"

十一届三中全会以后，邓小平提出："社会主义的本质，是解放生产力，发展生产力，消灭剥削，消除两极化，最终达到共同富裕。"邓小平强调："贫穷不是社会主义，社会主义要消灭贫穷。""社会主义最大的优越性就是共同富裕。"实现共同富裕的路径是：允许一部分人和地区先富起来，然后先富起来的人和地区帮助后富起来的人和地区。同时，邓小平极力反对在发展过程中出现两极分化和贫富悬殊的现象。而且，共同富裕并不是平均主义。

江泽民也指出："在整个改革开放和现代化建设的过程中，都要努力使工人、农民、知识分子和其他群众共同享受到经济社会发展的成果。"江泽民提出，要正确处理初次分配和二次分配的关系，"使人民共享经济繁荣成果"。

胡锦涛则提出了"以人为本"为核心的共享思想。胡锦涛指出："坚持以人为本，就是要以实现人的全面发展为目标，从人民群众的根本利益出发谋发展、促发展，不断满足人民群众日益增长的物质文化需要，切实保障人民群众的经济、政治和文化权益，让发展的成果惠及全体人民。"

习近平指出:"广大人民群众共享改革发展成果,是社会主义的本质要求,我们追求的发展是造福人民的发展,我们追求的富裕是全体人民共同富裕。改革发展搞得成功不成功,最终的判断标准是人民是不是共同享受到了改革发展成果。"习近平认为,"让广大人民群众共享改革发展成果,是社会主义的本质要求,是社会主义制度优越性的集中体现,是我们党坚持全心全意为人民服务根本宗旨的重要体现"。

## 一　共享的主体

共享发展首先要回答的是"谁来共享"的问题。人民共享发展成果,很显然,人民才是共享的主体。人民是历史发展的动力和创造者。发展成果是由人民创造的,人民理应享有发展成果的权利。坚持共建共享发展的理念,必须坚持人民的主体性原则,即"必须坚持发展为了人民、发展依靠人民、发展成果由人民共享"。共享的主体是广大的人民群众,而不仅仅是少数人;而享受成果的主体也是广大人民群众,而不仅仅是少数人。坚持人民主体地位,才能充分发挥人民群众的主人翁精神、积极性、主动性和创造性,从而创造历史,并使中国特色社会主义释放不竭动力,不断取得胜利。坚持人民主体地位的原则体现了中国特色社会主义坚持人人参与、人人尽力、人人享有,为人民谋幸福、创实惠,实现全体人民共同迈入全面小康社会的发展观。

## 二　共享的内容

共享内容回答的是"共享什么"的问题。经济、政治、文化、社会和生态"五位一体"都是应该由人民共享的。为了实现人的自由而全面发展,共享的内容就应涉及经济、政治、文化、社会和生态等各个方面的发展成果。共享经济发展成果就是要普惠性地使人民群众的收入水平随着经济的增长而增长,形成一个合理的、优化的社会收入水平结构;共享民主政治发展成果就是要人人享有政治参与权力和享受平等的政治权利,实现权利平等和机会平等;共享文化发展成果就是要人人享受精神文明发展的成果,满足人民大众的精神文化需要,获得提高自身文明素质的资源;共享社会发展成果就是使得"学有所教、劳有所得、病有所医、老有所养、住有所居"，使得每一个人都有尊严地活着；共享生态文明发展成果就是要享有"天蓝、地绿、水清、空气清新"的优美生态环境。简言之，共享不只是理想，而有实实在在的内容，这就是以推进社会公平正义为前提，以推进扶贫脱贫、缩小收入差距为抓手，以推进区域、城乡基本公共服务均等化为保障，以推进共同富裕为目标。

### 三　共享的价值

共享的价值回答的是"共享的目的是什么"的问题，即共享所追求的社会理想。共享是中国特色社会主义的价值追求，也是社会主义本质的要求。社会主义实质上就是"建立在个人全面发展和他们共同的社会生产能力成为他们的社会财富这一基础上的自由个性"[1]。共享的价值突出表现为民生价值。共享发展理念具有深厚的民生伦理意蕴。共享发展契合了民生改善的现实诉求。共享发展创新了民生改善机制。在共享发展中推进民生改善和福祉增进：改善共享发展的生态环境，释放民生红利；推进发展机会共享，增强民生改善的自生能力；保障发展成果共享，夯实基本民生；培育共享发展的新业态，大力发展民生产业[2]。坚持共享的发展理念是国家和社会发展的最终价值目标。坚持共享发展理念，一方面，它能创造稳定和谐公平的社会环境，促进经济社会的发展；另一方面，共享理念下的发展本身又能够推动社会的公正和谐与人的全面自由发展。

### 四　共享的领导

共享的领导回答的是"谁来领导共享"的问题，即实现共享的领导力量只能是坚持中国共产党的领导。加强和改善党的领导是实现共享的坚强保证。只有坚持和改善党的领导，才可以真正实现共享。党发挥领导核心作用，提出了共享发展理念。共享发展理念的提出，反映了党坚持科学执政。党始终代表先进生产力的发展要求。贯彻共享发展理念，有利于提高发展的质量和效益，实现经济社会持续健康发展。党把增进人民福祉、促

---

[1]　启良：《马克思历史分期理论的考察》，《学习与探索》1992 年第 3 期，第 123～132 页、第 140 页。

[2]　韩喜平、孙贺：《共享发展理念的民生价值》，《红旗文稿》2016 年第 2 期，第 15～18 页。

进人的全面发展作为发展的出发点和落脚点。做到发展为了人民、发展依靠人民、发展成果由人民共享，体现了无产阶级政党的党性。习近平强调："能不能驾驭好世界第二大经济体，能不能保持经济社会持续健康发展，从根本上讲取决于党在经济社会发展中的领导核心作用发挥得好不好。"为此，要突出"加强"和"改善"，牢牢把握党领导经济社会发展的主动权；要突出"牵头"和"抓总"，牢牢把握党领导经济社会发展的关键环节；要突出"制度"和"规范"，牢牢把握党对经济社会发展的领导权[1]。

---

[1] 陈浙闽：《充分发挥党总揽全局协调各方的领导核心作用》，《求是》2016 年第 2 期。

# 第三章
# 新常态下共享发展的定位

## 第一节 共享发展的本质特征

共享发展理念是中国共产党在不断总结中国社会经济发展的成功经验和失败教训的基础上，逐步发展形成的新的发展观。《习近平总书记系列重要讲话读本（2016 年版）》中明确指出："共享是中国特色社会主义的本质要求。共享发展理念，其内涵主要有四个方面。一是全民共享，即共享发展是人人享有、各得其所，不是少数人共享、一部分人共享。二是全面共享，即共享发展就要共享国家经济、政治、文化、社会、生态文明各方面建设成果，全面保障人民在各方面的合法权益。三是共建共享，即只有共建才能共享，共建的过程也是共享的过程。四是渐进共享，即共享发展必将有一个从低级到高级、从不均衡到均衡的过程，即使达到很高的水平也会有差别。"该读本中的论述着重强调了共享发展的四个本质特征：共享主体的全民性、共性内容的全面性、共享发展的参与性和共享过程的渐进性①。

### 一 共享主体的全民性

当今社会，"发展是手段，共享是目的"已成为广泛的共识。《中共中

---

① 胡志平、甘芬：《国内共享发展若干问题研究述评》，《当代世界与社会主义》2016 年第 4 期。

央关于制定国民经济和社会发展第十三个五年规划的建议》明确指出，必须坚持"发展成果由人民共享"，要"使全体人民在共建共享发展中有更多获得感"。这说明人民是共享的主体，共享的主体应该包括全体城乡居民，不分年龄、地域、性别、信仰等。习近平总书记在中法建交五十周年纪念大会的讲话中指出："中国梦是追求幸福的梦。中国梦是中华民族的梦，也是每个中国人的梦。我们的方向就是让每个人获得发展自我和奉献社会的机会，共同享有人生出彩的机会，共同享有梦想成真的机会，保证人民平等参与、平等发展的权利，维护社会公平正义，使发展成果更多更公平地惠及全体人民，朝着共同富裕方向稳步前进。"[①] 人民创造发展成果，发展成果应该由人民共享。共享发展的目的是增加所有社会成员的获得感，提高生活质量，增加社会成员的福祉。

## 二　共享内容的全面性

共享发展，共享的是发展成果。共享发展的成果，应具有全面性。党的十八大报告着眼于全面建成小康社会、实现社会主义现代化和中华民族伟大复兴，对推进中国特色社会主义事业做出了"五位一体"（经济建设、政治建设、文化建设、社会建设、生态文明建设）的总体布局。因此，全体人民共享的发展成果，就应该包含经济、政治、文化、社会、生态等各个层面。任俊华对如何实现五大建设中的共享进行了细分：经济共享，包括个人主动共享和国家参与分配；政治共享，需要做出更有效的制度安排以及进一步推进人民当家做主；文化共享，需要人民在文化共建基础上培养共享意识并实际形成共享行动；社会共享，需要个人、社会、国家共同努力；生态共享，需要达成人与人之间、地区之间、代际之间、人与自然之间的共享关系[②]。赵振华认为共享的内容既包括狭义的发展成果（即经济发展成果，要不断提高城乡居民收入，改善城乡居民生活水平），也包括广义的发展成果（即政治发展成果，发展更加广泛、充分、健全的人民民主，让广大人民群众享受社会主义政治文明成果；文化发展成果，让亿万

---

①　赵振华：《关于共享发展的若干问题》，《理论探索》2016 年第 4 期。
②　任俊华：《五大建设视域中的共享发展》，人民网（理论版），http：//theory. people. com. cn/n1/2016/0222/c49150 - 28138314. html。

人民群众精神文化活动更加丰富多彩；社会发展成果，提高基本公共服务水平和均等化程度，享受更高水平的社会保障、教育，实现住有所居；生态文明发展成果，让广大人民群众充分享受天蓝、地绿、水清的生产生活环境）①。

### 三　共享发展的参与性

共享发展理念是中国共产党在领导人民群众全面建成小康社会、实现中华民族伟大复兴的实践中，致力构建的人人参与、人人共享的新理念。人人共享的一个前提就是在共享建设的过程中人人参与、人人尽力。共享不是等着被施舍、被照顾。"共享"源于"共建"，只有在发展过程中人人参与、人人尽力，才可能实现在发展成果上的人人共享②。参与是共享的逻辑起点，没有参与就没有共享。只有参与经济社会建设发展过程，才有权力分享发展成果。左鹏认为共建与共享是实现共享发展、保证全体人民都能实现利益分配的两个先决条件，即只有保证全体人民充分发挥个人潜力和热情参与建设，有一定的物质基础，才能分享发展成果，同时也应防止人民群众不能共享共同创造的发展成果③。共享要通过共建来实现，只有全体人民共同参与建设，创造出丰富的发展成果，才能为全体人民的共享提供坚实的基础。

### 四　共享过程的渐进性

邓小平在1992年初的南方谈话中对社会主义本质做出了极其深刻的概括："社会主义的本质，是解放生产力，发展生产力，消灭剥削，消除两极分化，最终达到共同富裕。"④ 解放和发展生产力是实现共同富裕的基本前提，共同富裕是共享的基本内容。由于各方面的原因，我国生产力水平总体还比较低，社会财富收入分配差距还比较大，还没有能够完全实现共享发展。实现共享发展，最终要落脚在发展上。要坚持发展是执政兴国的第

---

① 赵振华：《关于共享发展的若干问题》，《理论探索》2016 年第 4 期。
② 辛鸣：《论当代中国发展战略的构建》，《中国特色社会主义研究》2016 年第 1 期。
③ 左鹏：《共享发展的理论蕴涵和实践指向》，《思想理论教育导刊》2016 年第 1 期。
④ 《邓小平文选》（第 3 卷），人民出版社，1993，第 373 页。

一要务，根本原因在于我国仍然处于社会主义初级阶段的基本国情没有变、我国是世界上最大的发展中国家的地位没有变、我国社会的主要矛盾没有变（即人民群众不断增长的物质文化需要与落后的社会生产之间的矛盾）、我国仍然处于可以大有作为的重要战略机遇期的现状没有变。

共享发展的过程是一个历史过程，是一个渐进的过程。在共享发展的过程中，要处理好公平与效率之间的关系，既要反对不切实际的平均主义主张，又要防止出现贫富两极分化现象；既要大力维护公平，又要承认合理的收入差别。同时加大社会事业建设力度，采取有效措施使全体人民在共建共享发展中有更多获得感，实现共享发展理念的根本目标。

## 第二节 共享发展的核心要义

马克思主义的发展观，是以人民为中心的发展观，既要解决好发展动力、发展思路和发展布局的一般性问题，更要回答好"发展为了谁"、"发展依靠谁"和"发展成果由谁共享"的根本性问题。习近平总书记强调，"要坚持以人民为中心的发展思想，这是马克思主义政治经济学的根本立场。要坚持把增进人民福祉、促进人的全面发展、朝着共同富裕方向稳步前进作为经济发展的出发点和落脚点"[①]。《中共中央关于制定国民经济和社会发展第十三个五年规划的建议》中明确指出："人民是推动发展的根本力量，实现好、维护好、发展好最广大人民根本利益是发展的根本目的。"共享发展理念是五大发展理念的最终归宿，在发展中坚持人民主体地位的重要意义，是共享发展理念的灵魂。共享发展理念的核心要义就是，坚持人民主体地位，坚持发展为了人民、发展依靠人民、发展成果由人民共享[②]。

### 一 发展为了人民是共享发展的出发点

发展是人类社会永恒的主题，其首先要解决的问题就是出发点的问题。

---

① 《习近平在中共中央政治局第二十八次集体学习时强调：立足我国国情和我国发展实践，发展当代中国马克思主义政治经济学》，《人民日报》2015年11月25日，第1版。

② 蒋永穆、张晓磊：《共享发展与全面建成小康社会》，《思想理论教育导刊》2016年第3期。

发展的出发点问题，不仅决定着发展的基础和前提，而且决定着发展的性质和方向。这个问题在不同国家乃至同一个国家的不同历史时期，答案是不一致的，关键取决于国家的性质和执政党的宗旨。中国是社会主义国家，中国共产党是中国工人阶级的先锋队，是中国人民和中华民族的先锋队，是中国特色社会主义事业的领导核心，代表中国最广大人民的根本利益，中国共产党的宗旨就是全心全意为人民服务。这就决定了在社会主义中国，在中国共产党的领导下，共享发展的出发点是为了人民。坚持发展为了人民，是马克思主义终极价值在社会主义中国的集中体现。毛泽东多次强调为人民服务的重要性，例如："我们的共产党和共产党所领导的八路军、新四军，是革命的队伍。我们这个队伍完全是为着解放人民的，是彻底为人民的利益工作的。"[1] 这就决定了中国共产党发展的方向和制定路线、方针、政策的出发点，中国共产党和人民群众的利益高度一致，党的一切发展都是为了人民谋福利，都是为了提高人民的福祉，一切为了人民的理念贯穿党和国家发展的全过程。当前，中国处于全面建成小康社会的决胜时期，是建成社会主义现代化国家和实现中华民族伟大复兴中国梦的关键一步。目前，中国社会经济发展中面临着发展不平衡、收入分配不公、收入差距不断拉大等社会问题，这些问题处理不好，就会影响社会的稳定和谐。十八届五中全会提出的共享发展理念，正视这些社会问题，明确发展是为了人民群众，共享也是全体人民的共享。共享发展理念再一次充分肯定了人民利益的至高无上性，强调了发展的最终价值指向，也内在设定了中国共产党"奋斗为了人民"的人民情怀[2]。

## 二 发展依靠人民是共享发展的内在要求

人民群众是历史活动的主体，是推动社会进步的决定性力量；人民群众是历史的创造者，人民群众在创造历史的过程中，也在创造自身，使自身得到自由而全面的发展。从中国革命和发展的实践来看，中国共产党领导社会主义革命和建设积累的经验，最重要的就是走群众路线，一切为了

---

① 覃正爱：《关于历史唯物主义方法及其体系研究若干问题的思考》，《广东社会科学》2001年第1期。

② 渠彦超、张晓东：《共享发展理念的理论特质》，《理论月刊》2016年第5期。

群众、一切依靠群众，从群众中来、到群众中去。习近平总书记强调，"人民是历史的创造者，群众是真正的英雄。人民群众是我们力量的源泉"①。十八届五中全会提出的共享发展理念，其内在要求就是依靠人民。在共享发展理念中，"依靠人民"是人民主体的关键环节，它既是"为了人民"思想的发展和延续，又是"发展成果由人民共享"的基础。坚持发展依靠人民，最根本的就是尊重人民的主体地位，充分调动人民群众的积极性、主动性和创造性。一是要尊重和保护人民群众的劳动，注重物质利益和精神利益并重原则，调动人民群众的劳动积极性；二是要全面深化改革，重视发挥群众的主人翁作用，调动他们参与和管理国家和社会事务的主动性；三是要发挥群众的首创精神，善于从群众的实践中汲取营养、丰富智慧，总结和提炼发展经验，激发人民群众的创造性。

### 三　发展成果由人民共享是共享发展的根本目的

发展成果由人民共享指的是劳动人民通过生产劳动创造的社会财富最终归人民所有，为人民掌握。发展成果由人民共享，是共产主义价值目标的重要组成部分，也是中国特色社会主义的本质要求。它是"发展依靠人民"的必然结果，也是"发展为了人民"的最终实现。邓小平在1987年指出："社会主义发展生产力，成果是属于人民的。"② 之后，邓小平将共同富裕纳入了社会主义本质。十六大以来，"发展成果由人民共享"的提法更是频繁出现在党的重要文献中，并逐步成为建设中国特色社会主义的终极目标。党的十六大报告明确指出："不断提高人民生活水平，保证人民共享发展成果。"党的十七大报告进一步对共享发展的内涵进行了深化，提出了"发展为了人民、发展依靠人民、发展成果由人民共享"的发展原则。党的十八大报告指出要"始终把实现好、维护好最广大人民根本利益作为党和国家一切工作的出发点和落脚点，尊重人民首创精神，保障人民各项权益，不断在实现发展成果由人民共享、促进人的全面发展上取得新成效"。党的十八届五中全会提出坚持共享发展的新理念，进一步丰富和发展了具有中

---

① 《十八大以来重要文献选编》，中央文献出版社，2014，第70页。
② 《邓小平文选》（第3卷），人民出版社，1993，第255页。

国特色的发展理念①。发展成果由人民共享是社会主义公有制在发展理念上的反映，是共享发展的根本目的，也是共享发展理念的真正实现。从长远看，要实现好、维护好、发展好最广大人民的根本利益，包括经济利益、政治利益、文化利益、社会利益和生态利益；从当前看，要回应人民群众的现实需要，围绕人民群众最现实、最关心、最直接的利益，着力保障和改善民生，努力实现"学有所教、劳有所得、病有所医、老有所养、住有所居"②。

## 第三节　共享发展的主要内容

中国共产党十八届五中全会通过的《中共中央关于制定国民经济和社会发展第十三个五年规划的建议》（以下简称《建议》）中明确提出："坚持共享发展，着力增进人民福祉。"《建议》在论述共享发展时提出了八个方面的内容：增加公共服务供给、实施脱贫攻坚工程、提高教育质量、促进就业创业、缩小收入差距、建立更公平更可持续的社会保障制度、推进健康中国建设、促进人口均衡发展。2016 年 3 月 17 日发布的《中华人民共和国国民经济和社会发展第十三个五年规划纲要》中对共享发展的论述主要包含在第十三篇"全力实施脱贫攻坚"、第十四篇"提升全民教育和健康水平"和第十五篇"提高民生保障水平"中。在中国现阶段，经济发展进入新常态，共享发展的主要内容应该是改善居民生活质量、提高居民生活水平，具体应包括以下八个方面：增加公共服务供给、实施脱贫攻坚工程、实现教育均衡发展、促进就业创业提升、缩小收入分配差距、完善社会保障制度、提高居民健康水平和促进人口均衡发展。③

---

① 胡志平、甘芬：《国内共享发展若干问题研究述评》，《当代世界与社会主义》2016 年第 4 期。
② 《习近平在中共中央政治局第二十八次集体学习时强调：立足我国国情和我国发展实践，发展当代中国马克思主义政治经济学》，《人民日报》2015 年 11 月 25 日，第 1 版。
③ 《中共中央关于制定国民经济和社会发展第十三个五年规划的建议》，新华网，http：// news. cnr. cn/native/gd/20151103/t20151103_ 520379989. shtml。《中华人民共和国国民经济和社会发展第十三个五年规划纲要》，新华网，http：//www. china. com. cn/lianghui/news/ 2016－03/17/content_ 38053101. htm。

## 一 增加公共服务供给

从解决人民最关心最直接的现实利益问题入手，坚持普惠性、保基本、均等化、可持续的基本原则，以提高全体居民生活质量、社会福利水平为出发点，强化政府职责，提高公共服务的供给能力和共享水平。在中国现阶段，要集中精力解决好促进基本公共服务均等化、满足多样化公共服务需求和创新公共服务提供方式三方面的问题，努力增加义务教育、就业服务、社会保障、基本医疗和公共卫生、公共文化、环境保护等基本公共服务，并努力实现全覆盖。提高全社会公共产品和公共服务的共享水平，提高全社会的福利水平，这也是共享发展的主要目标。

## 二 实施脱贫攻坚工程

贫困人口脱贫是全面建成小康社会的最大短板，也是全面建成小康社会的最艰巨任务。贯彻精准扶贫、精准脱贫基本方略，积极推进贫富脱贫工作，坚决打赢脱贫攻坚战，实现 2020 年贫困人口全部如期脱贫，是中国"十三五"时期最基本、最重要的民生工程，也是实现共享发展的底线要求。在中国现阶段，一是积极推进精准扶贫、精准脱贫，按照扶贫对象精准、项目安排精准、资金使用精准、措施到户精准、因村派人精准、脱贫成效精准的要求，创新扶贫开发方式，健全精准扶贫工作机制，切实提高扶贫效果，稳定实现贫困人口基本生活有保障，义务教育、基本医疗和住房安全有保障。二是加大贫困地区发展的支持力度。把集中连片特殊困难地区作为脱贫攻坚重点，持续加大对集中连片特殊困难地区的扶贫投入力度，加强贫困地区基础设施建设，提高贫困地区公共服务水平。增强造血能力，实现贫困地区农民人均可支配收入增长幅度高于全国平均水平，基本公共服务主要领域指标接近全国平均水平。三是健全完善脱贫攻坚政策支撑体系。完善扶贫脱贫扶持政策，健全扶贫工作机制，创新各类扶贫模式及其考评体系，为脱贫攻坚提供强有力支撑。

## 三 实现教育均衡发展

教育是民族振兴和社会进步的基石，教育公平是社会公平的重要基础。

全面贯彻党的教育方针，落实立德树人的根本任务，全面提高教育质量，促进教育公平，培养德智体美全面发展的社会主义建设者和接班人，为经济社会发展提供强大人才保障和智力支持①，为实现共享发展提供根本动力。在我国现阶段，一是推动义务教育均衡发展，积极推动义务教育在城乡之间、区域之间均衡协调发展，促进教育公平，全面提高教育教学质量；二是促进教育公平，加快城乡义务教育公办学校标准化建设，加强教师队伍特别是乡村教师队伍建设，推进城乡教师交流，办好特殊教育；三是普及高中阶段教育，逐步分类推进中等职业教育免除学杂费；四是提升大学创新人才培养能力，建立与经济社会发展相适应的现代职业教育体系，统筹推进世界一流大学和一流学科建设。

## 四 促进就业创业提升

就业是民生之本，创业是就业之源。"十三五"时期我国每年新增城镇就业人员仍有上千万人，就业压力依然很大，结构性就业矛盾依然突出。坚持就业优先战略，实施更加积极的就业政策，创造更多就业岗位，着力解决结构性就业矛盾。完善创业扶持政策，鼓励以创业带就业，在我国现阶段，一是要积极推动实现更高质量的就业，把促进充分就业作为经济社会发展优先目标，将其放在更加突出位置，坚持分类施策，重点解决好高校毕业生、农村富余劳动力、灵活就业人员、退伍军人等特殊人群的就业问题，提高劳动参与率，稳定并扩大城镇就业规模，提高就业质量；二是努力提高公共就业创业服务能力，要完善创业扶持政策，创建众创空间，建立面向人人创业的服务平台，完善就业服务体系，提高就业服务能力。

## 五 缩小收入分配差距

正确处理公平和效率的关系，进一步深化收入分配制度改革，坚持居民收入增长和经济增长同步、劳动报酬提高和劳动生产率提高同步，提高劳动报酬在初次分配中所占的比重。持续增加城乡居民收入，规范初次分配，加大再分配调节力度，调整优化国民收入分配格局，努力缩小全社会

---

① 《习近平总书记系列重要讲话读本（2016 年版）》，人民出版社，2016，第 216 页。

收入差距。当前，我国居民收入差距比较大，基尼系数超过了国际公认的警戒线，因此要在提高居民收入水平的同时，采取多项措施，缩小贫富群体之间、城乡居民之间、不同区域之间、不同行业之间过大的收入差距，着力增加低收入劳动者收入，逐步扩大中等收入者在社会所占的比重。在我国现阶段，一是要完善初次分配制度，完善市场评价要素贡献并按贡献分配的机制，多渠道增加城乡居民财产性收入；二是要健全再分配调节机制，实行有利于缩小收入差距的政策，明显增加低收入劳动者收入，扩大中等收入者比重；三是要规范收入分配秩序，保护合法收入，规范隐性收入，遏制以权力、行政垄断等非市场因素获取收入，取缔非法收入。

## 六 完善社会保障制度

社会保障是市场经济健康运行的重要组成部分，也是保障经济社会发展的"安全网"和"稳定器"，建立完善的社会保障体系是社会主义制度的客观要求。要坚持全覆盖、保基本、多层次、可持续方针，加快推进更加公平更可持续的覆盖城乡居民的社会保障体系建设。在我国现阶段，一是要完善社会保险体系。实施全民参保计划，基本实现法定人员全覆盖。坚持精算平衡，完善筹资机制。完善统账结合的城镇职工基本养老保险制度，实现城镇职工基础养老金全国统筹。完善职工养老保险个人账户制度，建立基本养老金合理调整机制。更好发挥失业、工伤保险作用。建立更加便捷的社会保险转移接续机制。划转部分国有资本充实社保基金，拓宽社会保险基金投资渠道。二是要健全社会救助体系。统筹推进城乡社会救助体系建设，完善最低生活保障制度，推进制度整合，加强制度衔接，确保困难群众基本生活。三是要支持社会福利和慈善事业发展。健全以扶老、助残、爱幼、济困为重点的社会福利制度，大力支持专业的社会工作和慈善事业发展。

## 七 提高居民健康水平

提高居民健康水平，是全面建成小康社会的重要组成部分，更是社会主义共享发展的基本要求。在我国现阶段，一是要进一步深化医药卫生体制改革，实行"三医"（医疗、医保、医药）联动，推进医药分开，建立健全覆盖城乡居民的基本医疗卫生制度。全面推进公立医院综合改革，坚持公益属性，完善配套改革制度，切实解决群众看病难、看病贵的问题，打造健康中国。二是要完善全民医疗保障体系。健全医疗保险筹资机制和报销比例调整机制，全面实施城乡居民大病保险制度。改革医疗保险管理和支付方式，加快推进基本医疗保险异地就医结算办法，整合城乡居民医保政策和经办管理制度，合并实施生育保险和基本医疗保险，鼓励发展补充医疗保险和商业健康保险，探索建立长期护理保险制度，完善医疗责任险制度。三是要加强重大疾病防治和基本公共卫生服务。完善国家基本公共卫生服务项目和重大公共卫生服务项目，提升基层公共卫生服务能力。四是要坚持中西医并重，促进中医药、民族医药发展。五是要加强妇幼卫生保健及生育服务。

## 八　促进人口均衡发展

人口问题关系到国民经济的长期健康持续发展，人口战略是国家长期发展战略的重要组成部分，人口均衡发展是实现共享发展的关键因素。在我国现阶段，一是要促进人口均衡发展，坚持计划生育的基本国策，完善人口发展战略，建立健全人口发展综合决策机制。全面实施一对夫妇可生育两个孩子的政策。提高生殖健康、妇幼保健、托幼等公共服务水平。完善存在特殊困难的计划生育家庭的帮扶政策。二是要健全养老服务体系，积极开展应对人口老龄化的行动。建立以居家为基础、社区为依托、机构为补充的多层次养老服务体系，统筹规划建设公益性养老服务设施，推动医疗卫生和养老服务结合制度建设，全面放开养老服务市场，通过购买服务、股权合作等方式支持各类市场主体增加养老服务和产品供给，加强老年人权益保护。三是坚持男女平等基本国策，保障妇女和未成年人权益，支持残疾人事业发展，健全扶残助残服务体系。

# 第四章

# 共享河南公共服务：实现区域均等化发展

基本公共服务是由政府提供的保障全体社会成员基本生存权和发展权所必需的最低程度的公共服务。基本公共服务均等化是优化区域和城乡之间的公共资源配置，确保全体居民生存和发展的起点平等、机会均等的基本要求。实现基本公共服务均等化，是党中央做出的重大战略决策。近年来，河南省委省政府认真贯彻落实党的十七大和十八大精神，把不断增加公共服务供给，稳步推进河南城乡基本公共服务均等化作为各级地方政府履行社会服务职责、保障和改善民生以及全面建设小康社会的重要抓手，给予了高度重视。

## 第一节 公共服务均等化的概念界定及理论基础

### 一 公共服务均等化的概念界定

公共服务与公共物品在概念上有近似的定义，通常指政府、非政府公共组织，以及非公共组织为社会公共提供的、基本的、非营利性的服务。也有学者提出公共服务主要指由法律授权的政府和非政府公共组织以及有关工商企业在纯粹公共物品、混合性公共物品以及特定私人物品的生产和供给中所承担的职责①。笔者认为公共服务是指能使公民及其组织的某种直

---

① 马庆钰：《公共服务的几个基本理论问题》，《中共中央党校学报》2005 年第 2 期。

接需求得到满足，同时在某种程度上使用了公共权力或公共资源的公共物品。为此，公共服务的内涵体现为：公共服务是大众化的服务，面向的对象是地区内的所有居民；公共服务是基本服务，内容非常丰富。其中，政府体现和行使的是公共权力，公共资源则是指国家所有的各种资源和资金。如果一个社会生产过程中有政府以某种方式的介入，如财政资金、产权或特许等，并在某种程度上贯彻着国家意志，那么其就属于公共服务。比如，不仅政府和公立机构提供的教育是公共服务，民间教育机构如果有政府特许或者使用了公共资源，那么也是在提供公共服务。提供公共服务是政府的责任，必须有政府介入，但并不一定须由政府直接提供。

公共服务的供给是政府治理领域中的一项核心内容，有效的公共服务供给往往被视为"善治"的表现。在强调公共服务重要性的今天，加强公共服务的供给也是完善公共服务体系的一项重要内容。公共服务供给可以从两个层面理解，一是从主体结构层面，这是讨论由谁来供给的问题，它表明多个主体及其之间的合作和竞争关系；二是从提供过程的层面，这是讨论怎样供给的问题，表明公共服务提供是一个动态的过程①。

## 二　理论基础

### （一）福利经济学：区域公共服务均等化的理论依据

"区域公共服务均等化"的理念和原则源于西方，实现区域基本公共服务均等化是西方政府公共管理的主要目标之一，福利经济学较早地对此展开了研究。

福利经济学秉承边际学说传统，以研究如何使社会福利达到最大化为宗旨，在发展中又有旧派与新派之分。英国改良主义经济学家霍布森早在1902年出版的《帝国主义》一书中就提出了经济学应该以社会福利为研究中心的观点，认为经济学应该是现行社会制度下财富分配所依据的原则，提出改进财富分配以消除现行制度下分配不均等的办法。受其影响，英国经济学家庇古于1920年出版了《福利经济学》一书，并由此开创了福利经

---

① 唐娟：《公共服务供给的多元模式分析》，《华中师范大学学报》（人文社科版）2004 年第 3 期。

济学的完整体系。以庇古为主要代表学者的旧福利经济学派以基数效用论为基础，运用边际分析法，提出了一整套理论和主张。为了区分一定增量（边际）投资对私人和社会的不同后果，庇古以外溢性概念为中心提出了"边际私人纯产值"和"边际社会纯产值"这两个概念，指出有的产业活动对私人有利而对社会无益甚至有害，有些活动的效果则恰恰相反。

庇古主张收入均等化，并以边际效用递减规律为根据论证了通过税收和补贴等措施将富人的部分收入转入穷人手中将增加社会福利。他还把戈森第Ⅱ定理扩及生产资源的配置中，认为只有当各种生产资源在各种用途中的社会边际纯产值相等时，才可从中得到最大化的福利。换言之，为实现福利最大化的目标，庇古考虑到两个问题：一是个人实际收入的增加会使其满足程度增大，二是转移富人的货币收入给穷人会使社会总体满足程度增大。据此，他提出了两个重要的福利概念：首先是国民收入极大化命题，即国民收入总量越大，社会经济福利就越大；其次是收入分配均等化命题，即国民收入分配越是均等化，社会经济福利也就越大。将这两个福利经济学命题结合可得出这样的结论：增进全社会的福利不仅需要增加国民收入，同时还需要消除国民收入分配不均等状况。庇古的这一观点首次将社会福利问题与国家干预分配问题结合起来作为一个重要的专门领域加以研究，从而对基本公共服务均等化起到了基础性的影响。公共服务由国民收入形成，伴随政府财政收入占 GDP 比例的提高，公共服务的分配对国民收入的分配起到了重要作用，从而增进了社会福利，提高了全社会的幸福指数。公共服务资源一般由政府掌握，主要由政府通过财政支出等手段予以配置，如果出现配置失当的情况仍然要由政府自身来纠正。庇古的国民收入均等化思想具有的启示性意义在于，揭示政府应当通过公共服务均等化来实现全社会的福利最大化。

新福利经济学则以序数效用论为基础，并以"帕累托最适度原理"为出发点。勒纳认为，按照"帕累托最适度原理"，社会最适宜状态应是这样一种状态：在该状态下没有一个人能够改善其福利，除非别人境况变坏。米香还将上述最适度的实现条件加以具体化，分别说明了交换的、生产的和最高水平适度的条件，这些条件都是以往已经出现的生产和消费边际分析的运用。新福利经济学者在修正"帕累托最适度原理"过程中还分别提出过"补偿原理"和社会福利函数，力图使其福利标准的选择更加切合实际。所有这些论述都是在边际主义的基本原则范围内进行的。

### （二）罗尔斯正义论：公共服务均等化的思想渊源

1971年美国著名政治哲学家和伦理家约翰·罗尔斯出版了其扛鼎之作《正义论》。罗尔斯在这部制度正义的集成大作里提出了两个基本原则："第一个原则：每个人都应有一种平等的权利。第二个原则：社会的和经济的不平等应这样安排，使它们①在与正义的储存原则一致的情况下，适合于最少受惠者的最大利益；②依系于在机会公平的条件下的职务和地位向所有人开放。"[①] 第一原则的实质是自由平等问题，主要针对政治领域，意指公民享有言论自由、集会自由等政治自由，旨在保障公民的政治权利和自由。第二原则又分为"差别原则"和"机会公平平等原则"，其实质是民主和机会平等问题，主要针对经济和社会领域，旨在保障在经济和社会利益分配格局中处于不平等的个人能够得到公平竞争机会，从而促进人们通过自身的努力减少不平等的差距。从当前我国社会民生领域的现实问题来看，罗尔斯第二原则的"差别原则"和"机会公平平等原则"对我国推进基本公共服务均等化具有十分重要的启示意义。

罗尔斯非常重视"机会公平平等原则"，他在第二原则的优先排序上，将"机会公平平等原则"置于"差别原则"之前。这在一定程度上说明罗尔斯的"机会公平平等原则"的逻辑前提基于"差别原则"的基础之上。事实上，罗尔斯也认识到，自然因素，或个人的出身，或自身禀赋，或社会基本制度设计的不平等，导致人与人之间存在差距，而且这种差距与生俱来。无论是自然因素还是社会因素，有些因素在一定程度上可以通过社会制度和措施来加以消除，但有些无法消除，从而使得社会上产生了"最少受惠者"，亦即我们说过的弱势群体。"差别原则"很好地印证了当前我国明显存在的贫富分化社会结构以及数量庞大的弱势群体。在承认差别的基础上，罗尔斯提出了"机会公平平等原则"，主张在"应该有利于社会之最不利成员的最大利益"[②] 的前提下，通过"平等分配"方式，促使

---

① 〔美〕约翰·罗尔斯：《正义论》，何怀宏等译，中国社会科学出版社，1988，第56页。

② 〔美〕约翰·罗尔斯：《作为公平的正义：正义新论》，姚大志译，上海三联书店，2002，第70页。

社会每个成员都能够享受到实际利益。当然，罗尔斯强调的平等分配绝不是平均分配，也不是"劫富济贫"，正如他所言："差别原则并不要求社会去努力抹平障碍，仿佛所有人都被期望在同样的竞赛中在同一公平的基础上竞争。"① 而是要让他们实现自身发展起点上的机会平等。通过推进基本公共服务均等化以消除贫富分化以及达成弱势群体的起点公平，这正是本书的逻辑起点。可见，罗尔斯正义论的第二原则是本书开展研究的理论基点。

那么，通过什么途径来尽可能消除社会差别以及实现机会平等呢？罗尔斯摒弃了以往学者"个人正义"的传统研究路径，将"正义"理念引入到对社会制度的评价之中来，"更注重发掘正义与制度之间的内在联系"②。他认为："正义是社会制度的首要价值，正像真理是思想体系的首要价值一样。一定的社会和法律制度，无论多么有效率和有序化，只要不公正，就必须予以改革和废除。"③ 罗尔斯将"社会的基本结构"作为正义的关注焦点，"对我们来说，正义的主要问题是社会的基本结构，或更准确地说，是社会主要制度分配基本权利和义务，决定由社会合作产生的利益之划分的方式。所谓主要制度，我的理解是政治结构和主要的经济和社会安排。"④ 在罗尔斯看来，包括政治、经济以及社会在内的制度设计是否合理、是否公正，直接关系到不同社会地位的人们的生活前景状况，他说，"这种基本结构包含着不同的社会地位，生于不同地位的人们有着不同的生活前景，这些前景部分是由政治体制和经济、社会条件决定的。"⑤ 罗尔斯的敏锐洞察力就在于，那些所谓的"先天的毋庸置疑的合理性"并非理所当然地具备正当性，现实合理性并非必定意味着道德上的正当性。因此，"我们在进行制度安排时，必须要考虑到影响社会不平等的各种偶然因素：阶级、社会地位、经济地位、天资、机遇等。"⑥ 这恰恰是本书研究的重要思想渊源。

---

① 〔美〕约翰·罗尔斯：《正义论》，何怀宏等译，中国社会科学出版社，1988，第101页。
② 〔美〕约翰·罗尔斯：《正义论》，何怀宏等译，中国社会科学出版社，1988，第1页。
③ 〔美〕约翰·罗尔斯：《正义论》，何怀宏等译，中国社会科学出版社，1988，第3页。
④ 〔美〕约翰·罗尔斯：《正义论》，何怀宏等译，中国社会科学出版社，1988，第5页。
⑤ 〔美〕约翰·罗尔斯：《正义论》，何怀宏等译，中国社会科学出版社，1988，第5页。
⑥ 段红波：《正义何以优先于效率——兼论罗尔斯的"正义原则"对我国制度改革的启示》，《华东师范大学学报》2006年第3期，第80~85页。

新中国成立以来，我国长期践履的传统公共服务制度，是在特殊国情背景下的一种理性的、非正义的制度选择。随着当前国家经济社会发展程度的稳步提升，以及民主程度的逐步提高，这种传统的公共服务制度，特别是有关基本公共服务的制度安排，应该被扬弃或者被重构。而且，在扬弃和重构过程中，必须始终贯彻"公平正义"这条核心主线。

## 第二节　河南省推进基本公共服务均等化面临的突出问题

公共服务作为城乡居民生产生活不可或缺的基本条件，具有非排他性和非竞争性特征，大致均等地享受政府提供的公共服务是每一个公民的基本权利。但由于种种原因，我国政府并未很好履行其应有的公共职责，公共服务供给不足，财政剩余各地不一，生活在同一片土地上的人们，财政待遇迥然不同。这使得我国社会的贫富差距突破了合理限度，不少人，尤其是农民没有很好地享受到发展的成果。正如世界银行行长沃尔夫威茨在分析我国贫富差距扩大的原因时所说的那样："首先是教育、医疗保障、其他资产和机会分配的不公平，才导致了收入差距的增大。"因此，本书认为，增加公共服务供给、实现公共服务均等化是促进经济社会均衡发展的主要手段。

根据国家的发展战略和河南省的经济发展状况，同时为了适应经济体制的转轨，对于公共服务供给制度，河南省现行的是在延续旧体制（即人民公社时期的公共服务供给制度和家庭联产承包责任制下的供给制度）的基础上发展而来的尝试偏向性的供给制度。正是这种城市偏向型的公共服务供给制度，使得河南省基本公共服务供给严重不足，且城乡、区域在公共服务供给规模和供给质量方面存在明显的差距。

### 一　公共服务供给总体水平还有提升空间

河南省公共服务财政支出呈现逐年增加的趋势（见表4-1），但是基本公共服务支出占财政支出的比重却呈现出下降态势。2011～2015年，河南省公共服务财政支出由559.02亿元增加到700.71亿元，年均增长率为8%；公共服务支出占财政支出的比重由13.16%下降为11.62%，下降了1.54个百分点。从公共服务支出情况来看，河南省公共服务支出只占全国公共服务支出的 5.6% 左右，但是从公共服务支出占财政支出的比重来看，河南省公共服务支出占财政支出的比重都要高于全国。因此，河南省公共服务供给水平还有很大的提升空间。

表 4 - 1　2011～2014 年基本公共服务供给总体水平比较

单位：亿元,%

| 年　份 | 全　国 | | | 河　南 | | |
|---|---|---|---|---|---|---|
| | 地方财政一般预算支出 | 地方财政一般公共服务支出 | 公共服务支出占预算财政的比重 | 地方财政一般预算支出 | 地方财政一般公共服务支出 | 公共服务支出占预算财政的比重 |
| 2011 | 92733.68 | 10084.77 | 10.87 | 4248.82 | 559.02 | 13.16 |
| 2012 | 107188.34 | 11702.14 | 10.92 | 5006.40 | 663.07 | 13.24 |
| 2013 | 119740.34 | 12753.67 | 10.65 | 5582.31 | 733.21 | 13.13 |
| 2014 | 129215.49 | 12217.07 | 9.45 | 6028.69 | 700.71 | 11.62 |

资料来源：《中国统计年鉴》（2015），《河南统计年鉴》（2015）。

## 二　公共服务供给结构不合理

本书主要以基础教育、医疗卫生、社会保障和就业这三类公共服务项目为例进行分析。从 2011～2014 年基础教育、医疗卫生、社会保障和就业这三类公共服务项目的支出情况来看，基础教育支出较多，为 4336.551 亿元，占财政支出的比重为 20.78%；社会保障和就业次之，支出额和占财政支出的比重分别为 2701.85 亿元和 12.95%；医疗卫生最少，上述这两个指标分别为 1882.9 亿元和 9.02%。由此可见，河南省公共服务供给结构并不是很合理。

首先，基础教育。教育是民族振兴的基石，经济社会的持续稳定健康发展是以基础教育为基础的，基础教育的重要作用在社会主义和谐社会构建中得到了很好的体现。发展教育，以及要有高质量的教育水平，经费是前提条件，即要保证充足的经费支出。如表 4 - 2 所示，2011～2014 年，河南省教育经费支出呈现出逐年增加的趋势，由 857.14 亿元增加到 1201.38 亿元，年均增长率为 12%。虽然河南省教育经费支出呈现出逐年增加的趋势，但是与实际需求相比，还显得不足。因此，一方面，河南省还需进一步加大对教育的投入力度，尤其是对农村基础教育的投入力度；另一方面，需要提高教育经费支出占 GDP 的比重，否则会加重居民的家庭经济负担。这样的结果必然会损害基础教育的福利性和公平性，严重的则会致使部分农民子女无法接受到基本的教育。

表 4 - 2    2011～2014 年河南省部分公共服务财政支出情况

单位：亿元，%

| 年份 | 财政支出 | 教育支出 | 医疗卫生支出 | 社保和就业支出 | 教育支出比重 | 医疗卫生支出比重 | 社保和就业支出比重 |
|------|----------|----------|--------------|----------------|--------------|------------------|--------------------|
| 2011 | 4248.82 | 857.14 | 361.48 | 547.96 | 20.17 | 8.51 | 12.9 |
| 2012 | 5006.40 | 1106.51 | 425.99 | 631.61 | 22.1 | 8.51 | 12.62 |
| 2013 | 5582.31 | 1171.52 | 492.48 | 731.41 | 20.98 | 8.82 | 13.1 |
| 2014 | 6028.69 | 1201.38 | 602.95 | 790.87 | 19.93 | 10.0 | 13.1 |

资料来源：《河南统计年鉴》（2015）。

其次，医疗卫生。医疗卫生保健服务作为公共服务的重要构成部分之一，直接关系到人们的生命健康，也成为制约经济社会发展的主要影响因素之一。2011～2014 年，河南省医疗卫生支出及其占财政总支出的比重都呈现出逐年增加的趋势，医疗卫生支出由 361.48 亿元增加到 602.95 亿元，年均增长率为 19%，增长速度很快；医疗卫生支出占财政总支出的比重由 8.51% 上升到 10.0%，上升了 1.49 个百分点（见表 4 - 2）。虽然河南省医疗卫生支出及其占财政总支出的比重均呈现出逐年增加的趋势，这主要是与国家出台的一系列惠民政策有关，在一定程度上缓解了人们"看病难""看病贵"的问题，但是与实际需求相比，政府财政支出水平相对还过于偏低，患者看病的方式主要以自费医疗为主，同时伴随有市场化机制的导向，加重了居民的家庭经济负担，这就使得居民收入增长缓慢与医疗卫生费用增长过快之间的矛盾无法得到缓解。于是，各级财政还需进一步加大对医疗卫生的支出力度，促进医疗卫生事业的不断发展，真正减轻居民的家庭经济负担，从根本上解决居民"看病难""看病贵"的问题。

最后，社会保障和就业。社会保障制度对于稳定社会发展，缓解贫困、失业，促进农民增收等具有重要的作用，可谓是在社会经济发展中发挥着

"稳定器"与"调节器"的作用。2011～2014年，河南省社会保障和就业支出呈现出逐年增加的趋势，由547.96亿元增加到790.87亿元，年均增长率为13%，其增长速度慢于医疗卫生的增长速度。虽然河南省社会保障支出呈现出逐年增加的趋势，且其占财政总支出的比重基本持平，但是整体来看，随着经济社会的不断发展，居民对社会保障的重视程度越来越高，从而使社会保障支出占财政支出的比重，与社会发展、解决贫困问题的需求相比，还显得偏低。

由此可知，河南省公共服务供给结构还存在诸多不合理，需要不断调整并优化公共服务供给结构，提高公共服务供给水平，不断满足居民日益增长的需求。

### 三 区域间公共服务供给差异较大

由于地理历史文化、人口结构、经济发展水平等的差异，各地区公共服务水平也存在较大的差距，不仅表现在总量上，人均水平上也存在巨大差异。同样以基础教育、医疗卫生、社会保障和就业这三类公共服务项目为例进行分析。

首先，从投入总量上来看，2012年郑州市一般公共服务财政支出水平居于首位，为827634万元，而济源市的一般公共服务财政支出最少，仅为63535万元，仅为郑州市的7.68%；郑州市的教育、医疗卫生、社会保障和就业支出也是列于第一位，分别为1240176万元、460530万元、557360万元，济源市的这三类公共服务财政支出排于最后，分别为96060万元、39608万元、44804万元，分别仅为郑州市的7.75%、8.6%、8.04%。可见，河南省各地区之间公共服务供给水平在总量上存在巨大的差异。其次，从人均供给水平上来看，2012年郑州市的人均一般公共服务财政支出、人均教育支出、人均医疗卫生支出、人均社会保障和就业支出均居于首位，是河南省各市中人均水平最高的，这四项指标分别为1116.92元/人、1673.65元/人、621.5元/人、752.17元/人。人均一般公共服务财政支出最低的是濮阳市，为357.49元/人，比郑州市人均水平低759.43元/人，郑州市人均水平是濮阳市的3.12倍；人均教育支出最低的是开封市，为658.92元/人，比郑州市人均水平低1014.73元/人，郑州市人均水平是开封市的 2.54 倍；人均医疗卫生支出最低的是信阳市，为 283.68 元/人，比郑州市人均水平低 337.82 元/人，郑州市人均水平是信阳市的 2.19 倍；人均社会保障和就业支出最低的是安阳市，为 321.44 元/人，比郑州市人均水平低 430.73 元/人，郑州市人均水平是安阳市的 2.34 倍。由此可见，河南省各地区之间公共服务供给水平无论是从供给总量来看，还是从人均供给水平来看，均存在较大的差异。因此，需进一步加大对经济发展水平较低地区的公共服务投入力度，也可以通过财政转移支付手段寻求帮助（主要是经济发展水平高的地区如郑州市可以向经济发展水平较低的地区提供财政帮助），提升经济发展水平较低地区的财政实力，进而不断提高其公共服务的供给水平，不断缩小地区差距，促进区域经济社会的协调发展。

## 四　城乡公共服务供给水平存在较大差异

由于城乡二元经济结构体制的影响，以往实行的"优先发展工业、优先发展城市"的倾斜型发展战略与政策，造成了河南省公共服务投资制度的城乡差异化，最终致使农村和城市在公共服务供给上存在较大差距，即农村居民和城市居民享受着不同层次、不同级别的公共服务。现实中，现行的城市偏向型的公共服务供给制度，使得河南省城乡公共服务供给在规模、质量方面均存在较大的差异。城市公共服务主要由政府来提供，而农村公共服务实际上主要由农民自己来提供（乡镇政府财力有限，不能有效提供基本公共服务）。城乡公共服务供给体制的差异性造成了城市和农村在供给数量和供给水平上均存在明显的差距，使得城乡公共服务非均等化供给问题突出。于是，在此我们主要以医疗卫生和社会保障为例对城乡基本公共服务供给水平进行分析。

第一，医疗卫生。从城乡卫生人员情况来看，城市要远多于农村，并且有进一步扩大的趋势。城市卫生人员数呈现逐年增加的趋势，并且占到总卫生人员数的 80% 左右，而农村卫生人员数无大的变化，甚至有减少的趋势，仅占总卫生人员数的 20% 左右。如表 4-3 所示，城市卫生人员数由 2011 年的 49 万人增加到 2014 年的 62.59 万人，年均增长率为 8.5%；而农村医生和卫生人员数 2011 年为 13.24 万人，2014 年为 11.93 万人，总体上有减少的趋势。

表4-3 城乡卫生人员情况比较

| 年 份 | 卫生人员数（万人） | 城乡医生和卫生人员数（万人） | | 城乡医生和卫生人员数占总卫生人员数的比重（%） | |
|---|---|---|---|---|---|
| | | 城 市 | 农 村 | 城 市 | 农 村 |
| 2011 | 62.24 | 49.00 | 13.24 | 78.73 | 21.27 |
| 2012 | 65.30 | 52.88 | 12.42 | 80.98 | 19.02 |
| 2013 | 71.72 | 59.59 | 12.13 | 83.09 | 16.91 |
| 2014 | 74.52 | 62.59 | 11.93 | 83.99 | 16.01 |

资料来源：《河南统计年鉴》（2015）。

从城乡医疗机构床位数情况来看，城市也要高于农村。2011年，城市和农村医疗机构床位数分别为34.9万张和8.5万张，农村仅为城市水平的24%；2012年，城市和农村所拥有的医疗机构床位数分别为39.23万张和9.13万张，农村仅为城市水平的23%。乡镇卫生院床位数呈现出逐年增长的趋势，但是其占卫生机构床位数的比重总体上呈现下降趋势。如表4-4所示，2011～2015年，乡镇卫生院床位数由8.5万张增加到9.81万张，但是同期其占卫生机构床位数的比重却由32%下降到了25%，下降了7个百分点。

表4-4 乡镇卫生机构床位数情况

| 床位情况 | 2011年 | 2012年 | 2013年 | 2014年 | 2015年 |
|---|---|---|---|---|---|
| 卫生机构床位数（万张） | 34.9 | 39.23 | 42.77 | 45.96 | 48.96 |
| 乡镇卫生院床位数（万张） | 8.5 | 9.13 | 9.37 | 9.58 | 9.81 |
| 比重（%） | 32 | 30 | 28 | 26 | 25 |

资料来源：《河南统计公报》（2011～2015）。

第二，社会保障。从最低生活保障平均标准和支出水平来看，城市均要高于农村。2010年，城市和农村最低生活保障平均标准分别为202元/人月和85元/人月，城市最低生活保障平均标准是农村的2.38倍；城市和农村最低生活保障支出水平分别为153元/人月和64元/人月，城市最低生活保障支出水平为农村的2.4倍。从城乡养老保险的基金收入、基金支出、累计结余情况来看，城市均要远高于农村。如表4-5所示，2010年，城市和农村养老保险基金支出分别为420.3亿元和16.2亿元，农村仅为城市的

3.85%，2010 年城市和农村养老保险基金累计结余分别为 499 亿元和 23.18 亿元，农村仅为城市的 4.65%；2011 年，城市和农村养老保险基金支出分别为 506.29 亿元和 30.24 亿元，农村仅为城市的 5.97%，比 2010 年高出 2.12 个百分点，2011 年城市和农村养老保险基金累计结余分别为 600.95 亿元和 62.82 亿元，农村仅为城市的 10.45%，比 2010 年高出 5.8 个百分点。由此可见，城市社会保障水平要高于农村，但城市和农村之间的差距有不断缩小的趋势。

表 4 - 5　河南省城乡养老保险比较

单位：万人，亿元

| 年　份 | 城镇基本养老保险 | | | | 新型农村社会养老保险 | | | |
|---|---|---|---|---|---|---|---|---|
| | 参保人数 | 基金收入 | 基金支出 | 累计结余 | 参保人数 | 基金收入 | 基金支出 | 累计结余 |
| 2010 | 1079.3 | 519.8 | 420.3 | 499 | 1211.77 | 46.57 | 16.2 | 23.18 |
| 2011 | 1168.38 | 608.21 | 506.29 | 600.95 | 3305.95 | 59.55 | 30.24 | 62.82 |

资料来源：《河南统计年鉴》（2013）。

## 五　公共服务的供给与需求脱节

首先，"自上而下"的单向决策机制忽视了农民的需求。笔者在进行调研访谈时，不少农民反映政府在提供公共文化和体育服务时，没有充分倾听农民的心声、考虑农民的需求，现实中往往是上级政府代替乡镇政府决策、乡镇政府代替村委会决策、乡镇政府和村委会代替农民决策，而农民处于被动接受的地位。随着改革开放和市场经济体制的建立，许多农民纷纷外出打工，经济条件日益改善的农民有着强烈提高自己生活质量的愿望，同时，农民的精神文化体育需要开始呈现多层次、多方面的特点，即由过去单纯追求"娱乐性"转向"娱乐性、发展性、知识性、技术性"并重。

以农村文化体育设施为例，从调研的统计数据来看，政府供给的文化体育设施与农民的文化体育活动需求之间基本一致，但也存在一定程度的差距。政府提供的文化和体育设施排在前 5 位的分别为："公共图书室""有线广播""有线电视/电视差转站（台）""老年活动室""篮球、乒乓球等体育设施"，而在实地调查中通过与农民的接触以及与乡镇干部的访谈，调研员发现大多数被访农民的需求则依次为："农民技术学校/培训班""文化活动室""老年活动室""电影放映室/电影院""青少年活动中心"等。但在现实中，农民迫切需要的"农村技术学校/培训班"，政府提供得非常少，同样，"农村电影放映室/电影院"与"青少年活动中心（馆）"的数量也严重不足，政府的供给与农民需求脱节的现象较为严重。

从调查的统计结果来看，目前政府提供的"有线电视/电视差转台"普及率已经非常高，农民对这一设施的需求也相应地降低，从而导致农民文化和体育需求中有线电视等设施的排名比较靠后，但这并不等于农民不需要电视服务。在访谈中，不少农民希望政府能够降低有线电视的收视费用，并提供更多面向广大农民的电视节目。此外，调查问卷的统计结果显示不同文化程度的农民对文化设施的需求相似，但不同年龄段的农民对于文化设施的需求则有很大的差异，这就需要政府在提供公共文化和体育服务时，要充分考虑不同年龄段的农民间需求的差异。

其次，农村公共文化和体育服务评估标准单一，反馈机制缺乏。当前河南省农村公共文化和体育服务评估工作机制不健全，评价标准单一。对公共文体设施的评价标准就是多少平方米的建筑面积、多少本藏书、多少盘光碟、多少台电视、有无正式的规章制度等，很少涉及"农民是否满意"的各项指标。当前的农村公共文化和体育评估一般都是一次性评估，缺乏事后的反馈监控机制，也没有将农民的意见采纳进去，造成一些已建成的农村文化设施因与农民需求脱节而很难得到有效使用，造成一定的资源浪费。长期以来，政府对农村公共文化和体育的投入大多局限于县乡文化馆、站及乡镇体育活动广场的建设，以致政府供给的公共文化和体育资源主要集中在乡镇政府所在地和城镇，主要服务于城镇居民和干部，而没有惠及广大农民群众。由于河南省农村具有地域广阔、农民居住分散等特点，而且农村内部呈现非均衡状态，因此调研组深入农村基层调研时发现与农民群众日常生活相联系、能够被农民所享受的农村公共文化和体育资源不但数量极为有限，而且缺乏多样性。农村文化和体育设施供给与农民需求不协调，导致农民对政府农村文化和体育服务情况的满意度不高。

综上所述，进入21世纪，政府加大了对农村公共服务的投入力度，使农村公共服务得到了长足的发展。但是由于长期受到历史和现实条件的双重约束，城乡在公共服务供给数量和供给水平上仍存在较大的差距。城乡二元结构体制是造成河南省公共服务非均等供给的根本原因。

## 第三节　制约河南省推进基本公共服务均等化的原因剖析

公共服务的水平取决于两个因素：一是经济能力，二是制度安排。就经济能力而言，改革开放以来，河南省财政收入呈现出较大幅度的增长。但是经济能力的迅速提高并没有缓解公共服务的供求矛盾，相反公共服务的供求矛盾更加突出。这表明公共服务领域的问题根源并不仅仅在于提供公共服务的财政能力，而且在于缺乏合理的公共服务制度安排。首先，对于财政能力来说，河南省位于我国中部地区，是全国的交通枢纽，经济总量虽处于全国前列，可是按人均经济总量看却处于全国中下游水平，并且地区差异较大，特别是各地区财政能力水平差异巨大。分税制改革以来，河南省财政能力（财政收入和支出）实现了较大幅度的增长，财政能力的迅速增长并没有解决长期以来公共服务供求之间的矛盾，这表明公共服务供给问题的根源不仅仅在于财政能力，更为重要的则在于公共服务的供给制度安排。其次，对于公共服务供给制度安排，基层政府在职能转变上没有实现由经济建设型向公共服务型职能的转变，即基层政府职能转变的滞后，导致基层政府没有履行其职责——提供基本公共服务，而是将其主要精力和财力放在了上级政府下达的各项政治事务和各项经济指标上，从而造成农村公共服务供给严重不足、供需矛盾日益突出。财政职能决定于政府职能，而政府职能的错位、越位等必然导致财权问题。现行的这种城市偏向型的公共服务供给制度，使得基层政府很少去关注民生问题，而是更多地关注经济指标（主要是由于政府常以国内生产总值、财政收入等硬性指标为业绩考核标准），这阻碍了经济的发展，同时也为公共服务的非均等化提供了可能和基础。具体而言，影响和制约河南省推进基本公共服务均等化的因素有下述几个方面。

### 一　城乡二元结构阻碍了基本公共服务均等化的推进

城乡基本公共服务供给存在巨大差异的根本原因是城乡二元结构。我国以法律形式确立的城乡二元户籍制度衍生出了就业、税收、教育、医疗、社保、电力、土地、用水、金融等诸多二元制度。由户籍制度演化而成的"城乡分治，一城两策，一地两民，一事两制"的管理体制，阻碍了经济社会的良性运行，制约了城市化和城乡一体化进程。在二元结构的城乡基本公共服务供给制度下，基本公共服务供给以城市工业发展为重点，城市得到了较多的公共财政资源支持，这也导致城乡在基本公共服务供给上存在众多差异，农村公共服务供给相对短缺和不足，以及城乡间基本公共服务水平差距不断拉大。当前，除国防外交这类全国性的公共品收益能够大致在城乡居民间均衡分享外，其余的公共品均采取城乡分割、分享制度，其城乡居民享受到的公共服务的范围和数量存在较大差异。基本公共服务制度设计的缺陷导致农民享有的基本公共服务缺乏保障和面临风险，例如，在义务教育方面，近几年风行的"择校费"人为地进一步拉大了城乡学校办学水平的差距，客观上推动了基层政府和社会各界对原有基础较好的学校予以重点关注，从而为其带来更多经济收益。同时，一些财力雄厚的城市学校通过高薪聘用优秀教师的手段，吸引优质人才流进，致使城乡师资配置更加失衡。在社会保障方面，就农村居民而言，政府没有能够针对市场的缺陷制定并完善相应的农村社会保障制度，例如，长期以来，在制度设计上，城镇企业职工由政府负责养老保险；在农村，农民只能靠承包土地养老。随着城镇化速度的加快、失地农民的增多，以及农民的养老保险制度的缺失，农民面临着"老无所养"的风险。

## 二 公共财政体制的不完善制约了农村基本公共服务的供给

公共财政是基本公共服务的供给保障，但是公共财政管理体制的建立也离不开基本公共服务均等化的推动。长期以来，受经济发展水平制约，河南省很多地方没有建立健全公共财政制度，特别是没有建立健全覆盖农村的公共财政制度，这就难以有效地解决城乡基本公共服务不均衡问题。

### （一）财政分权的不合理成为阻碍公共支出有效性的重要因素

目前，按照现行财政管理体制，各级政府间财政关系的特点是分权程度相对较高且不平衡。这种体制下，支出决策的分权程度大大高于税收收入，地方政府在制定税率方面没有自主权，却被赋予大量民生领域的事权。

中央政府和省级政府为了解决地区间的财政收入差距造成的提供公共服务能力水平不均衡的问题，安排了大量的转移支付。然而，这种转移支付并没有有效解决地方公共支出的严重不平衡的问题，其根本原因就在于地方政府所承担的责任和拥有的财权不对称，地方政府承担着没有资金来源的财政支出责任。中央政府和省级政府把基本公共服务职能过多地下放给地方政府，降低了财政分权本来可以带来的效率。同时，政府的行政管理层级过多，导致行政事业经费成为财政沉重的负担。基层政府，如乡镇一级，规模又太小，直接导致了基层政府因可用于基本公共服务领域的财政资金不足而无法有效提供基本公共服务，尤其是农村的基本公共服务。

**（二）地方可支配财政收入不足制约了基本公共服务均等化的推进**

当前，基层政府的可支配财政收入水平与公共服务供给构成了极大的矛盾。河南省面向落后农村的基本医疗保障、基本养老保险、义务教育经费等都是通过转移支付方式，由省财政承担大半比例，而市县（镇）需在自身财政中各承担一部分。但是相当一部分地方的经费来源中，只有省级财政资金能够到位，地方配套资金往往不能保证到位。

**（三）公共服务管理体制的碎片化影响了公共服务资源的最优配置**

以社会保障为例，在现行的行政管理体制下，社会保障的公共服务职能分散在政府各职能部门，导致社会保障服务运行效率偏低、行政成本偏高，例如，社会保障中的医疗保障、由卫生部门负责的新型农村合作医疗保险、由人力资源与社会保障部门负责的城镇居民医疗保险、由民政部门负责的大病救助等。在统一的医疗保险框架下，各部门制定的保障标准互不衔接，缺乏对整个医疗保障资金运用的通盘考虑。同时，每个部门都有一套人马、一套计算机系统，使政府行政成本大大增加，降低运行效率，影响资源的最优配置。另外，面向城镇居民、城镇职工和农村居民的医疗保险之间未建立起有效的转换机制，致使民众在转换城乡居民身份后保险接续困难。

## 三　推进基本公共服务均等化的体制机制尚不完善

当前的制度背景下，推进河南省基本公共服务均等化的体制、机制尚不完善，这影响着基本公共服务均等化的进程，具体表现在以下两个方面。

## （一） 基本公共服务的供给和管理体制不健全

基本公共服务管理体制涉及不同层级的政府之间、政府与公共服务部门之间以及不同层级的公共服务部门之间的结构性关系。目前河南省农村地区的基本公共服务仍然实行的是"部门化"供给模式，县、乡两级政府和公共服务部门是农村基本公共服务的主要供给者。由于20世纪80年代县级政府对乡镇事业站所实行"三权下放"，因此事业站所的人事权、财权、物权由乡镇政府直接管理，县级部门和对口的乡镇站所之间只有业务指导关系。这种"条块"分割的管理体制，一方面，导致乡镇政府为了开展具有硬性约束的"中心工作"，往往把乡镇事业站所的工作人员抽调到其他业务上来，造成乡镇服务机构虚置；另一方面，导致县级主管部门很难对乡镇公共服务部门进行有效的指导、监管和约束，直接弱化了乡镇公共服务部门开展基本公共服务的能力。

河南省城乡基本公共服务的供给机制也有诸多需要改进之处。在用人机制上，河南省绝大部分农村地区的公共服务岗位依然是"铁饭碗"，缺乏合理的激励机制和人才流动机制。在资金投入机制上，由于没有建立起明确的基本公共服务权责关系，财权和事权不对称，因此无法形成明确的基本公共服务问责制，基本公共服务的财政资金投入缺乏最基本的制度保障。而且，在缺乏民主的决策机制的情况下，基本公共服务供给的种类、数量和空间布局往往由政府主导，基本公共服务内容往往与居民的现实需求相脱节。

## （二） 相关干部考核机制和群众参与机制缺乏

政府是城乡基本公共服务供给的主体，但在实践过程中必须通过制度建设来保障这一现代政治理念的实施。从短期来看，在缺乏城乡居民民主压力的条件下，政府必须把改善公共服务、提高城乡基本公共服务的均等化水平纳入各级领导干部的政绩考核指标体系，对各级政府官员形成政绩考核和问责压力；从长远来看，政府必须在官员选拔和流动过程中充分发挥民意的作用，建立起基本公共服务的公众参与机制。长期以来，各级政府对官员政绩的评价标准是以经济发展为导向，而非以提高公共服务水平、推进城乡基本公共服务均等化为导向。在没有建立起以提高公共服务水平、推进城乡基本公共服务均等化为重要内容的领导干部问责制的情况下，各级政府缺乏提高基本公共服务水平、推进城乡基本公共服务均等化的内在动力，这也是造成城乡基本公共服务失衡的一个重要原因。

## 第四节　推进河南基本公共服务均等化的政策建议

我们在全面分析调查资料的基础上，针对前述突出问题及其成因，经过认真研究，认为进一步推进河南省城乡基本公共服务均等化，需要根据深入贯彻落实科学发展观和包容性增长的要求，按照"符合省情、比较完整、覆盖城乡、可持续发展"的方针，遵循"出台行动纲领、改革户籍制度、增强保障能力、实施绩效考核、改革管理体制、引导多元参与"的思路，总体设计方案，联动配套机制，分步组织实施。主要政策建议有以下六个方面，共计十六条。

### 一　在中部地区率先出台省级政府推进城乡基本公共服务均等化的纲领性文件

建议之一：出台省级政府推进城乡基本公共服务均等化的纲领性文件

在党的十六届六中全会明确提出要"完善公共财政制度，逐步实现基本公共服务均等化"之后，浙江和广东两省相继出台了基本公共服务发展纲领性文件，明确了推进基本公共服务均等化的指导思想、发展目标、实施路径和保障机制等，清晰界定了政府职能部门和各级地方政府在推进基本公共服务均等化进程中应承担的责任①。实践证明，浙、粤两省省级基本公共服务发展纲领性文件的贯彻与实施，为两省政府顺利推进城乡基本公共服务均等化提供了有力的制度保障。河南作为"中部崛起"的重要增长极，除了需要实现经济发展上的"率先崛起"，还应当在城乡基本公共服务均等化方面走在中部地区的前列。编制和实施《河南省基本公共服务均等化行动纲要》（暂定名，以下简称《纲要》），对于指导河南省政府职能部门和各级地方政府积极提高自身公共服务水平，使基本公共服务更加全面平

---

① 浙江省于 2008 年 8 月出台了《基本公共服务均等化行动计划（2008～2012 年）》，广东省于 2009 年 12 月出台了《基本公共服务均等化规划纲要（2009～2020 年）》。

等地惠及全省人民，使广大人民群众尤其是农村居民更好地共享发展成果，具有重大而深远的政治、经济和社会意义，对于中部其他省份推进城乡基本公共服务均等化也具有重要的示范意义。

制定《纲要》时应把握好以下五个方面的原则精神：一是要明确《纲要》规划的时间范围，使《纲要》的目标和内容与河南省"十二五"和"十三五"期间的经济社会发展规划相衔接，建议将河南省《纲要》的规划时间范围确定为从2011年到2020年，《纲要》的基本公共服务均等化发展目标可分为短期、中期、长期三个时段，制定《纲要》时要注重明确短期的均等化目标和实施内容；二是要注重基本公共服务的事权与财力相协调；三是要注重解决目前河南省财政管理体制与公共服务均等化目标不相适应的问题，特别是要把《纲要》的实施与完全意义上的省直管县改革进程结合起来；四是要注重根据现阶段河南省区域间经济发展不平衡的状况来构建横向援助机制；五是要注重基本公共服务均等化与河南省主体功能区的规划发展战略的结合。

建议之二：组建河南省基本公共服务均等化工作领导小组

由于城乡基本公共服务均等化的具体工作往往涉及多个政府部门，例如，实施全省社会保障均等化就需要省人力资源和社会保障厅、省民政厅、省教育厅、省卫生厅、省司法厅等厅（局）协同合作。如果各部门在工作中不能协调一致、各自为政，则可能导致全省各领域的城乡基本公共服务均等化工作难以有效推进。因此，制定《纲要》时必须集思广益，综合考虑省政府各职能部门的相关意见。建议省委、省政府授权省发改委和省财政厅牵头，成立由省人力资源和社会保障厅、省教育厅、省卫生厅、省民政厅、省交通厅、省水利厅、省住房和城乡建设厅、省文化厅、省体育局等省政府职能部门参加的河南省基本公共服务均等化工作领导小组（以下简称"小组"），专职负责《纲要》的编制工作。《纲要》编制完成并由省政府正式颁布实施后，小组则应承担起落实《纲要》精神的跨部门组织协调工作。具体而言，小组应根据《纲要》规定在每年年底制定次年《纲要》的年度实施计划，明确各政府职能部门和各级地方政府应承担的年度任务，并在次年年初对前一年各部门年度任务的完成情况进行考核和问责。

## 二 在郑州都市圈进行统筹城乡户籍制度改革试点，逐步建立省域内城乡人口和资源要素自由流动的制度体系

建议之三：按照宽严有度、分级承接的原则，科学设定主城、区县城和乡镇三个层级的落户条件

郑州都市圈，又称大郑州，范围包括郑州市区及其紧密联系的卫星城市，基本思想是催育大郑州，强化核心城市的地位、职能和经济的空间组织作用，以发展成国家区域性中心城市为目标，以建设郑东新区为契机，着力发展"三港五区"，使其城市人口逐步增加到 500 万。河南省应抓住郑州都市圈强劲发展的历史机遇，在推进城乡户籍制度改革方面先行先试，为逐步建立省域内城乡人口和资源要素自由流动的户籍制度体系积累经验。根据规划，2020 年，郑州都市圈人口规模将达到 1000 万~1200 万人，中心市区人口超过 500 万人，市区面积 500 平方公里。届时会有大量人口涌入城市的主城区，必将造成城市圈城镇人口区域布局的失衡。建议省政府在制定郑州都市圈统筹城乡户籍制度改革试点方案时，按照主城、区县城和乡镇三个层级设定农村居民的转户门槛，适度放宽主城，进一步开放县城，全面放开乡镇的落户条件，形成较为合理的郑州都市圈城镇人口布局。

建议之四：全面推进与重点突破相结合，重点引导农民工入城定居，妥善解决历史遗留问题

郑州都市圈的户籍制度改革应在坚持全面推进的基础上，重点解决三类人群的户籍转换问题。一是在城镇有稳定收入和固定住所的农民工及其家属。这是转户的主体，这部分群体长期在城市打工，已成为城市建设发展不可或缺的产业工人，在城市的就业、住房、社会保障等方面已有较好基础，已基本具备在城市生活的条件。二是农村籍大中专学生。这一群体属于农民工新生代，许多在农村土地第二轮承包时还未出生，也没有农村承包地。按现行制度，农村孩子读大学能将户口转入城市，但读中专、技校的农村孩子却不能，他们毕业后在城市没有固定工作就无法获得城市户口。要通过户籍制度改革让农村孩子一入校就成为城镇人口，摆脱无地、无业、无社会保障的窘境。三是历史遗留问题人群，包括征地拆迁中产生的失地农民、城中村居民等。这类人群因承包地和宅基地在城市化过程中

被政府征收或征用，而失去生活来源。对于这类弱势群体，当地政府应该尽快解决其城镇户籍问题，让他们享受与城镇居民同等的基本社会公共服务。

建议之五：建立完善户籍制度改革的配套机制，逐步实现城乡户籍待遇均等化，促进城乡户籍融合

河南省应结合户籍制度改革，系统建立转户农村居民的基本公共服务支撑保障机制。一是建立农村宅基地和承包地转户有偿退出机制。对于转户农村居民退出的宅基地，当地政府应参照周边国有建设用地出让价格和土地评估价格给予补偿；对于流转的承包农用地，应按本轮土地承包期内剩余年限和同类土地的平均流转收益给予合理补偿。二是将转户农村居民纳入城镇公共租赁房、廉租房等住房保障范围，改善稳定就业农民工、新毕业农村籍大中专生、新退役农村籍士兵等无房或住房困难人员的居住条件。积极规划建设转户农村居民集中居住小区，并比照廉租房、棚户区改造、公共租赁房等保障性住房，给予此类小区建设项目免交各项行政事业性收费及政府性基金等相关政策优惠。三是将转户农村居民纳入城镇居民或城镇职工的养老保险和医疗保险体系，使他们老有所养、病有所医。四是改善转户居民子女接受义务教育条件，按照就近入学的原则就读，享受与现有城镇学生的同等待遇；建立武汉城市圈中小学生学籍自由流动机制，使转户农村居民子女能方便地在城市圈内城镇中小学转学就读。五是积极为转户农村居民提供就业保障服务。对于有一技之长的转户农村居民，通过开展职业指导和职业介绍，提供有针对性的就业信息，帮助其通过市场竞争实现就业；对于就业困难人员，通过开展"一对一"的帮扶、开发公益性岗位托底安置，以及提供免费的就业培训等帮助其尽快就业。

## 三　建立以城乡基本公共服务均等化为取向的公共财政体系，提高基本公共服务的财政保障能力

建议之六：调整财政支出结构，把更多的财政资金投向基本公共服务领域

经过20多年的市场化改革，河南省财政体制正逐步由计划经济时期的"建设型财政"向"公共服务型财政"转变。但是，目前河南省财政的经济建设职能仍然偏重，财政支出结构还保留着计划经济的部分特征，财政支

出还存在一些"越位"和"缺位"问题①。按照公共财政要求，进一步优化河南省财政支出结构，应从以下四个方面着力：一是在《纲要》中明确短期、中期和长期基本公共服务领域的财政支出占全省一般预算支出应达到的比例，建议用于基本公共服务的财政支出占地方政府一般预算支出的比例逐年递增，形成刚性增长机制；二是结合行政管理体制改革，控制行政事业经费占财政支出的比例，使之保持在合理的水平上；三是减少财政资金对企业尤其是国有企业的支持力度，引导企业更多地通过股票、债券、信托、贷款等市场化渠道融资；四是认真清理不透明的经济建设费，凡是可以由企业自主投资的一般建设项目，财政投资不应涉足，财政资金只应承担必须由政府承担的公共性支出，如大病救治、抢险救灾等。

建议之七：扩大公共财政对农村的覆盖范围，建立农村公共服务体系建设的财政支撑体系

扩大公共财政对农村的覆盖范围可以从以下几个方面入手。一是切实增加公共财政对农村公共服务设施和服务体系建设的投入，增加农村公共财政支出在整个财政资金中所占的比重，把农村公共基础设施建设和农村公益事业发展逐步纳入公共财政的支出范围。同时，充分发挥财政资金的导向作用，通过财政杠杆引导更多的社会资金参与投资农村公共服务体系建设。二是合理界定省、市、县各级政府的责任，完善省市县三级的事权财力划分，合理界定各级政府的基本公共服务支出责任、管理责任和监督责任，调整和理顺各级政府间的财政分配关系。三是深化省直管县的财政体制改革，积极推进镇（乡）财政和村级财务管理方式改革，努力增强基层政府提供公共服务的财政能力，特别在当前要切实增加一般性转移支付规模和比例，加大公共服务领域投入，纵向转移支付以保障政权运作基本财力需要为主，横向转移支付以逐步实现基本公共服务均等化为主。四是各级政府要在经济发展和财力增加的基础上，不断增强市县政府提供公共产品和公共服务的能力，逐步缩小城乡间基本公共服务的差距。

---

① 这里的"越位"主要指对企业（尤其是国有企业）的资金投入、各种补贴过多，行政性支出范围过宽；这里的"缺位"主要指用于基本公共服务、调节地区差距和收入分配差距，以及发展公益性事业的投入不足。

建议之八：深化县乡财政体制和行政体制改革，切实提高基层政府公共服务能力

深化县乡财政体制和行政体制改革，应当把握和体现以下三项原则要求。一是应以城乡基本公共服务均等化为目标来推进县乡财政体制改革。加快推进省直接管县、乡镇财政管理体制改革试点等县乡财政管理体制改革，提高基层政府的基本公共服务能力。增强省级财政对市县级财政的指导和协调功能，逐步形成合理、平衡的纵向与横向财力分布格局，逐步强化基层政府供给基本公共服务的体制保障能力。二是应以为农民提供基本而有保障的公共服务为目标，解决乡镇政府职能定位问题。乡镇政府作为与农民最接近的一级政府，是公共服务的执行者和社会事务的管理者，应当把为农民提供基本而有保障的公共服务作为其主要职能。三是应从优化农村公共资源的角度出发，上下联动，整体设计乡镇机构改革。从近几年的改革实践看，乡镇机构的改革需要有县乃至省、市行政管理体制改革的跟进，需要推进与乡镇对接部门的职能转变和机构调整。可以采取"分步走"的改革战略，由省委、省政府统一制定规划，结合各地实际情况有序推进。

## 四　加快建立以基本公共服务为导向的政府绩效考评指标体系，实施严格的基本公共服务绩效考核制度

建议之九：建立科学的基本公共服务均等化考评指标体系

以基本公共服务为导向的政府绩效考评指标体系，是推进基本公共服务均等化的重要组成部分和制度性保障措施。完善的政府绩效考评体系可以对公共部门的行为起到规范约束和引导作用，有助于提高政府推进基本公共服务的效率和质量，也是实行基本公共服务行政问责制的重要基础。科学的基本公共服务均等化考评指标的建立应遵循以下三项基本原则：一是导向性原则，即整体指标最终的指向是绩效，突出反映人民生活水平的变化和政府基本公共服务能力的高低，引导各级政府工作向提高基本公共服务能力和绩效水平方向发展；二是整体性原则，即设定的各类各项指标在系统化的管理体系内，既各自独成一体又相互联动支撑，反映基本公共服务均等化推进过程与结果的全面性和协调性；三是客观性原则，即各项

指标的指向为实际可考核评价的客观事实及相关数据。

建议之十：建立和实施科学、严格的基本公共服务绩效考核制度

建立和实施科学、严格的基本公共服务绩效考核制度，应把握好以下四个要领。一是明确界定绩效考评的主体及其职责。省、市、县各级政府及其职能部门，要组建与推进基本公共服务均等化，组织、领导与机构相匹配的绩效考评工作机构，并明确各自的职责、任务和要求，确保绩效考评工作与基本公共服务均等化推进过程同步展开并跟进到位。二是科学制定绩效考评标准。考评标准应与考评指标相联结，构成绩效考评的规范性依据体系。要依据政策、法律和政策，结合河南省的现状和发展趋势，借鉴相关领域的国际标准和行业规范，参考相关统计资料、部门职能、发展规划、年度计划及其完成情况，探索制定基本公共服务均等化过程管理标准和服务水平标准，逐步建立完善基本公共服务均等化的绩效考评标准体系。三是严格执行绩效考评及报告审核制度。各级政府部门要围绕推进基本公共服务均等化的进程及目标要求，制定行业、部门、单位的年度或时段的绩效考评计划，严格组织绩效自评和重点考评，建立和坚持绩效考评工作报告及其审核制度，确保绩效考评的严肃性和权威性。四是建立和实施严格的绩效考评结果应用制度。主要是将绩效考评的结果应用到省委省政府的决策层面，不断促进基本公共服务均等化的科学决策；应用到协调各部门、各地方的工作中，促进基本公共服务均等化的统筹规划和有序推进；应用到基本公共服务均等化的监督管理中，促进改善管理、强化责任；应用到政府公共资源的配置方面，建立以目标为导向，并根据基本公共服务绩效配置公共财政资源的机制；应用到领导干部政绩考评中，不断优化以基本公共服务均等化为导向的政府服务行为。

## 五 不断深化以增强基本公共服务能力为目标的各项体制改革，推动政府职能向提供优质高效的基本公共服务转变

建议之十一：整合有利于基本公共服务一体化管理的行政资源

积极整合有利于推进河南省城乡基本公共服务均等的一体化管理的各种行政资源。建议组建隶属于省政府管理的社会保障事务局，统筹管理城乡养老保险、医疗保险、大病救助、最低生活保障、社会救济、老龄服务

等社会保障事务。社会保障事务局应承担起整合资金资源、人力资源、信息网络资源，构建一体化的省级社会保障管理平台的职责，科学设定城乡统一的、可衔接的保障标准，努力实现社会保障全民覆盖。在居民饮水方面，建议将全省水源、供水、用水、节水、排水、污水处理，以及农村水电等所有涉水事务的管理权限集中到省水利厅，实行城乡统一管理，建立一种综合性、全局性、系统性的城乡一体化水务管理新体制。在农村客运方面，可以实行城乡统一管理、税费政策城乡统一，由省交通运输厅作为行业主管部门，统一领导，统一建设，统一管理。

建议之十二：变"以钱养人、养机构"为"以钱养事"

调整事业单位经费供养方式，变"以钱养人、养机构"为"以钱养事"，可以在制度上有效地增强事业单位的约束性，从总体上降低基本公共服务成本，提高投入产出效率。要改革对事业单位的投入方式，建立对事业单位规范的业绩评估和激励约束机制，促使其降低服务成本，提高服务质量，保障公益性。对事业单位的公益性进行定期评估，按照公益性的大小确定财政对事业单位的支持力度，加大对公益性强的事业单位的支持力度，对失去公益性的事业单位减少支持或不予支持。探索采取政府购买服务、合同委托、服务承包等多种方式支持事业单位发展，取代"以钱养人、养机构"的做法。

建议之十三：积极推进公共服务组织的分类改革

目前，公立服务组织如学校、医院等都是以事业单位的形式存在。改革开放以来，河南省财政公共服务支出的绝对量是逐渐增加的，但支出的增加速度赶不上物价上涨的速度。不少公共服务组织仅靠财政拨款难以维持自身运转。一些公共服务组织通过自筹资金、收取费用维持生存和发展，产生了大量的趋利性行为，这背离了政府必须提供基本公共服务的职责要求，因此，应尽快实施公共服务组织分类改革。通过分类改革，完全承担行政职能的单位，应被转为行政机构或将行政职能划归行政机构；从事生产经营活动的单位，应被转为企业，从而净化事业单位的组织体系；保留的公益性事业单位应该强化公益属性，应被细化为若干类型并分别采取不同的改革和管理措施，其中多数单位应当成为具有法人地位、独立核算的法人型事业单位。

## 六 建立基本公共服务均等化的多元参与机制，实现城乡基本公共服务供给主体多元化

建议之十四：建立健全有利于城乡居民参与基本公共服务决策、执行、监督和评估的机制

建立健全有利于城乡居民参与基本公共服务决策、执行、监督和评估的机制，是提高基本公共服务供给信度和效度的重要保障。为此，需要从以下两个方面努力：一是改革基本公共服务决策机制，即要变现行的"自上而下"的公共服务决策为"自下而上"的公共服务决策，建立能够充分有效反映城乡居民真实偏好需求的表达机制，创造条件让城乡居民参与基本公共服务供给决策（如城乡居民可以通过"社委会"或者"村委会"对本辖区内公益事业建设项目进行投票表决等），形成政府机关与城乡居民共同决策的格局；二是优化基本公共服务执行、监督和评估机制，即要通过信息公开、民主监督等制度的建立和实施，变现行"封闭式"的基本公共服务执行、监督和评估为"开放式"的基本公共服务执行、监督和评估，从而使政府所提供的基本公共服务能够得到城乡居民的充分理解、真心支持和满意回馈。

建议之十五：充分发挥非政府组织在基本公共服务供给中的积极作用[①]

应当肯定，向城乡居民提供基本公共服务时政府应尽职责，但这并不意味着政府无需利用非政府组织等社会资源；相反地，随着经济体制改革的深入和社会事业的发展，政府在发挥基本公共服务主导作用的同时，还应当探索建立基本公共服务社会参与机制，充分发挥非政府组织在基本公共服务供给中的积极作用。因为非政府组织具有创新性、灵活性强，与基层联系密切，了解基层实际情况，以及运营成本低、工作效率高等优势。这些优势使得非政府组织在满足困难群体的需求、解决社会问题方面具有政府与市场不可替代的作用。具体地说，充分发挥非政府组织在基本公共

---

① 非政府组织（NGO）是指不以营利为目的，主要开展各种志愿性的公益或互益活动的非政府的社会组织，主要包括社会团体（互益性社会中介组织）与民办非企业单位（公益性服务实体、社会中介组织）。

服务供给中的积极作用需要从以下三个方面着手。一是积极推进社会组织管理制度改革。通过降低社会组织的登记门槛，规范管理各类社会组织，促进社会组织健康有序发展。二是建立健全政府向社会组织适当转移职能和购买公共服务的制度。政府及其部门要逐步将市场机制可以调节、社会组织能够解决的公共管理和公共服务事项转移出去，通过授权、委托及其他适当方式依法转移给社会组织。政府购买社会组织服务的经费应纳入年度财政预算。三是出台扶持社会组织发展的配套政策，增强社会组织参与公共管理和公共服务的能力，加强政府和社会组织在公共服务领域的合作关系，提高社会组织对基本公共服务的参与程度。

建议之十六：建立多元化的城乡基础设施投入新机制

在纯公共产品的供给方面，如城市道路、水利设施等大型资本密集型项目，可以通过公开招标，运用BT（建设—移交）、BOT（建设—运营—移交）等融资方式，实行委托供给制度。在准公共产品的供给方面，如水源工程、管道煤气、地下管网、城乡公共交通等，可以采取投资主体多元化的方式拓宽供给渠道，政府可以运用特许经营、签约外包、服务购买契约、财政补贴或价格补贴等手段，引导社会资本参与供给，努力探索既能减轻财政压力和群众负担，又能提高公共基础设施质量的新路子。

# 第五章

# 共享河南经济发展：实施扶贫脱贫攻坚

## 第一节　扶贫脱贫攻坚的相关理论

### 一　贫困的内涵

贫困是社会上存在的一种客观的生活状态，是全世界发展的普遍性难题。世界银行在《1981 年世界发展报告》中提出：当某些人、某些家庭或者某些群体没有足够的资源去获取社会公认的、一般能够享受到的饮食、生活条件、舒适和参加某些活动的机会，就表示其处于贫困状态。到 1990年，世行报告认为"缺少达到最低生活水准的能力"就是贫困。这种最低生活水准是得到社会公认的、开出最低生活需求"清单"的贫困。同时，这种"缺少"，表面上表现为缺少物质和服务，实质上是缺乏有效的脱贫手段和机会，且与自身能力相关。2000 年，《世界发展报告》又明确了贫困的评价因素，除了在物质、健康、教育上缺乏，在自我调控风险、表达诉求方面都有标准。联合国开发计划署专门对"21 世纪贫困"进行了定义，贫困远不止通常说的"收入不足"，实质是人类发展必需的机会和选择权的被排斥，恰恰是这些要素把人们引向长期、健康和创造性的生活。1989 年，欧共体对贫困进行了定义："贫困应该被理解为个人、家庭和群体的资源——包括物质的、文化的和社会的——如此有限，以至于他们被排除在他们所处的国家可以接受的最低限度的生活方式之外。"

国内关于贫困的理论和实践，大都是从经济视角出发，强调的是经济意义上的贫困，是一种绝对贫困。1989 年，国家统计局农调总队将"贫困"定义为：个人或家庭依靠劳动所得和其他合法收入不能维持其基本的生存需求。林闽钢（1994）则认为贫困是经济、社会、文化落后等状况的总称，是由于低收入而造成的基本物质、基本服务相对缺乏或绝对缺乏，乃至缺少发展机会和手段的一种状况。国家"八七"扶贫攻坚计划制定的消灭农村绝对贫困的标准为：解决温饱问题，按照 1990 年不变价格计算，贫困户年人均纯收入达到 500 元以上。到 2000 年底，除了少数社会保障对象和生活在自然环境恶劣地区的特困人口，以及部分残疾人以外，我国农村贫困人口的温饱问题已经基本解决，国家"八七"扶贫攻坚计划所确定的战略目标基本实现。《中国农村扶贫开发纲要（2001～2010 年）》提出的奋斗目标是：尽快解决少数贫困人口温饱问题，进一步改善贫困地区的基本生产生活条件，巩固温饱成果，提高贫困人口的生活质量和综合素质，加强贫困乡村的基础设施建设，改善生态环境，逐步改变贫困地区经济、社会、文化的落后状况。可见，随着国家经济的发展，对于贫困的定义从基本生活物质条件，到生活质量和综合素质的提升，乃至地区经济社会文化的总体进步都被列入其中。所以，贫困的概念外延广阔，既有物质生活条件的满足，也有包括人际交往、精神生活和政治参与在内的社会活动。同时，贫困又是一个绝对和相对的概念。绝对贫困就是基本生存需要难以满足，生命的延续受到威胁。相对贫困是随着社会经济发展贫困线不断提高而产生的贫困，也是同一时期，不同地区之间、各个阶层之间和各个阶层内部不同成员之间收入差别而产生的贫困。世界银行认为，收入低于平均收入 1/3 的社会成员可以视为处于相对贫困状态。当然，也有因为自然灾害、病痛而导致的暂时性贫困。

另外，还有一些专家学者对贫困进行了定义：1998 年，阿马蒂亚·森（印度籍经济学家）在《作为能力剥夺的贫困》一书中对贫困进行了描述："贫困必须被视为是一种对基本能力的剥夺，而不仅仅是收入低下。"英国学者奥本海姆在《贫困的真相》中指出："贫困指物质上、社会上和情感上的匮乏。它意味着在食物、保暖和衣着方面的开支少于平均水平。"英国学者汤森在《英国的贫困：家庭财产和生活标准的测量》一书中认为贫困是："所有居民中那些缺乏获得各种食物、参加社会活动和最起码的生活和社交条件的资源的个人、家庭和群体就是所谓贫困的。"美国的劳埃德·雷诺兹在《微观经济学》一书中说："所谓贫困问题，是说在美国有许多家庭，没有足够的收入可以使之有起码的生活水平。"

综合国内、国外和官方专家对贫困的定义，可以看出，因研究的方向不一样，研究的侧重点不同，贫困被赋予了不同的定义，但有一个特点是始终没变的，贫困是与富裕相对比形成的。贫困的存在是相对的，它可以逐渐减少，但要彻底消除很难。

## 二 扶贫的含义及有关理论

国际上通常把消除贫困称作反贫困，针对的是对贫困现象的消灭。在特有的国情基础上，我国把反贫困称之为扶贫，更加强调扶贫的主体，强调政府的行为。在词语意义上，我们能看出，扶贫更加突出贫困治理的具体行为，它表示通过政府的具体治理，通过资金援助、政策扶持、人力智力支援等手段，对贫困人口进行帮扶，从而实现贫困人口脱贫的目标。国外学者对扶贫开发问题的研究早于我国，经过半个多世纪的发展，形成了较为完善的理论系统。

1. 纳克斯提出的"贫困恶性循环"理论

哥伦比亚大学教授纳克斯（Nurkse）在他的《不发达国家资本的形成》一书中认为，发展中国家贫困的主要原因是经济中存在两个恶性循环：一个是因为低收入而导致低储蓄、低资本形成、低生产率、低产出，再到低收入；另一个是低收入导致低购买、低投资、低资本形成、低生产率、低产出，再到低收入。这两个循环相互作用，阻碍了经济发展，使得发展中国家一直处于经济缓慢发展和难以摆脱贫困的境地。纳克斯认为发展中国家要发展经济，走出贫困，就一定要加大投资力度，提高国民储蓄能力，进而促进资本的积累与形成。该理论指出了发展中国家贫困的主要原因，也为这些国家摆脱贫困指明了方法，但由于过于强调储蓄和资本在经济发展中的功用而受到非议。

2. 纳尔逊的"低水平均衡陷阱"理论

美国经济学家纳尔逊认为，发展中国家的人均收入基本处在维持生命或者接近这一水平的均衡状态，也就是所谓的"低水平均衡陷阱"。他认为当人均收入低于人均收入这一理论值时，国民经济收入的增长就会被比国民经济收入增长更快的人口增长所抵消，从而使得人均收入倒回到维持生命的阶段；而当人均收入大于人均收入这一理论值时，国民经济收入增长又超过了人口增长，人均收入就会相应增加；然而一旦国民经济收入水平下降到与人口增长水平一致，这两者之间就会达到一种新的均衡。故在最低人均收入水平增长到与人口增长率相等之时，就存在所谓的"低水平均衡陷阱"。该理论分析了资本不足、人口增长过快对经济增长的阻碍，强调了资本积累和形成对摆脱"低水平均衡陷阱"的决定性作用。

3. 舒尔茨的"促进人力资本形成"理论

1960 年舒尔茨在著名的《人力资本投资——一个经济的观点》的演说中提出："经济发展受诸多因素的影响，但最重要的是人的因素。"他还认为人的质量水平决定了经济的发展水平，而贫困国家经济落后的根本原因就在于人力资本的缺乏和对人力资本投资的漠视，而自 20 世纪 50 年代起，促进美国农业生产产量和生产率提高的主要因素就是人的能力和技术水平的提高。他还认为在现代经济中，人的知识、能力和综合素质等人力资本的提高，对于经济增长的贡献远远比物质资本和劳动力数量的增加更为重要。

4. "循环积累因果关系"理论

这是 1957 年由缪尔达尔提出，后来经过卡尔多、迪克逊和瑟尔沃尔等人发展并具体化的理论体系。缪尔达尔认为低收入是政治、经济、社会等多种因素综合作用的结果，但最重要的因素是资本缺乏、资本形成不足和社会分配制度不合理，因而他主张从权力关系、土地制度、教育制度等方面进行改革，进而实现收入平等，增加贫困人口的消费能力，不断提高投资引诱，此外他还主张通过发达地区的优先发展来带动其他地区的发展。

## 三　国内外扶贫模式和扶贫政策

1. 国内外典型扶贫模式

国外比较成熟的扶贫模式分为三类：以巴西、墨西哥扶贫模式为代表的"发展极"模式；以印度、斯里兰卡扶贫模式为代表的"满足基本需求"模式；以欧美国家为代表的"社会保障方案"模式（王卓，2004）。"发展极"（Development Pole）模式是法国经济学家 Perroux（1955）提出的，就是基于不发达地区资源贫乏状况和非均衡经济发展规律，由主导部门和有创新能力的企业在某些地区或大城市聚集发展而形成经济活动中心，这些中心具有生产、贸易、金融、信息等多种中心功能，并对周围产生吸引和辐射的作用，促进自身并推动其他部门和地区经济的增长。巴西基于"发展极战略"的反贫困战略模型，对确定的目标"发展极"给予重点支持，包括建立专门开发机构指导、组织、实施落后地区开发，并形成自上而下的国家干预体系；制定并推行各类落后地区开发计划；实行各类鼓励政策，促进"发展极"建设。"满足基本需求"模式，由美国经济学家 Paul Steretein 提出，认为该模式是把经济增长作为通过就业和再分配衡量发展的主要标准到满足基本需求的演进，是从抽象目标到具体目标，从重视手段到重新认识结果，以及从双重否定到肯定的演进。1962 年，印度政府提出在一定时期内保障贫困人口享有一个最低生活水平以满足其最低需要的政策。通过这种"满足基本需求"战略的实施，印度贫困得到一定程度的缓解。"社会保障方案"模式是国家通过财政手段实行的国民收入再分配方案。通过政府针对贫困人口的低收入和低水平生活状况，直接对穷人提供营养、基本的卫生和教育保障及其他生活补助，满足贫困人口的家庭需要。

波特教授从 1989 年开始，先后对新西兰、加拿大、葡萄牙、瑞典、丹麦、德国等 10 个国家和地区进行了调查研究，并在此基础上提出了"钻石理论"（Diamond Theory），试图在"理论与实务的鸿沟间架起一座桥梁"。他认为，钻石模型主要由生产要素、需求条件、企业战略结构与竞争、相关及支持性产业四个基本要素和机会、政府两个辅助要素组成。生产要素是一个国家或地区在特定的产业竞争中关于生产方面的表现，包括人力资源、自然资源、知识资源、资本资源和基础设施。生产要素对产业的国际竞争力的决定会产生重要的影响。需求条件是本国市场中某产业、产品或服务的需求，包含需求结构、市场规模和国内需求增长率。地区内所具有的多样性、高标准的需求，刺激企业不断创新，以适应高标准的产品特征、产品质量和服务。相关及支持性产业是一个国家或地区在竞争中，通过产业链条或者产业的网络化转移风险、提高效率的过程。企业的战略结构和组织管理，是决定其竞争力的关键因素。竞争引导企业努力寻求提高生产和经营效率的途径，给企业带来创新、改进质量、降低成本、通过投资提升高级生产要素等一系列压力，从而促使企业更具竞争力。机会是外部环境的一种表征，一些特殊的时间可以帮助提升产业的竞争优势，发明创造活动、重大的技术非连续性进展、生产成本的突然变化等都是一个地区发展的挑战或机遇。政府与其他关键要素之间具有互动关系，一方面，一些政策的调整，会间接影响其他因素的变化，政府通过创造一个创新和发展的环境，使企业获得竞争优势；另一方面，政府的政策也会受到关键因素的影响，政策导向会使得个体或企业更多地集中于某一个行业，影响资金和人力资源的流向。主导产业部门的选择不仅与工业化阶段和产业结构的演进有着紧密的联系，也是企业规模化发展过程中的选择要素，特别需要综合考虑企业发展所需的自然资源条件、交通运输条件、劳动力资源等因素，通过空间条件的整合对产业发展形成推动力。对于贫困地区来说，随着资源、环境对区域发展约束作用的增强，产业定量选择特别是基于大企业、大项目带动型的产业选择就成为产业结构优化分析的核心。贫困地区主导产业选择既要遵循产业选择的一般性原则，同时又要充分考虑资源、环境对区域和产业发展的约束作用，特别是要以人口要素、自然资源和生态环境的可持续性为先导，在区域资源环境承载力范围内，尽可能多地将可持续发展指标引入区域经济发展和调整的程序。与此同时，贫困地区由于受财力、人力和物力等多方面资源的限制，市场经济往往发展不够完善，主导产业的发展和大企业大项目的选择不能仅依赖市场的积极作用，同时更要发挥地方政府的主动性。

林毅夫（2004）通过研究贫苦人口的教育水平及就业状况，发现贫困人口陷入贫困的重要原因在于缺乏就业机会。胡平（2006）认为，我国体制改革和制度创新过程中的扶贫开发机制、扶贫投入机制不健全，扶贫开发效率过低，非政府组织在反贫困中的作用未发挥都是我国贫困问题的重要原因。朱海俊（2007）将解决贫困问题的根本出路定位为全新的制度设计，为农村提供反贫困的社会政策保障。康晓光（2008）从贫困成因的角度提出了反制度性贫困、反区域性贫困和反阶层性贫困三种反贫困战略。龚娜、龚晓宽（2010）将我国扶贫的模式总结为八种：财政扶贫模式、以工代贩扶贫模式、"温饱工程"模式、产业开发模式、对口帮扶模式、旅游扶贫模式、生态建设模式和移民搬迁模式。陈凌建（2009）认为我国贫困地区扶贫模式包括："公司＋农户"、参与式、"乡村银行"的小额信贷、异地开发、产业扶贫模式、劳务扶贫模式、科学扶贫模式、乡村旅游扶贫模式等。李甫春（2000）针对广西大量的扶贫开发实例，总结了10种具体的扶贫开发模式：发挥亚热带优势，发展蔗糖产业；发挥山区优势，发展林业经济；发展生态农业，实现良性循环；发挥水电资源优势，振兴民族经济；发挥社会主义优势，建设新家园；发挥人力资源优势，组织劳务输出；发挥山水风光、民族民情优势，发展旅游业；发挥边疆优势，发展边境贸易；发挥地域优势，发展经济作物；发挥矿产资源优势，推动地方经济发展。关于云南旅游扶贫模式，胡锡茹（2003）总结了3种模式：生态旅游扶贫模式、民族文化旅游扶贫模式和边境旅游扶贫模式。

2. 扶贫政策

目前国际普遍采用的扶贫政策实践包括以下几类：①直接增加生产投入要素的政策，包括人力资本政策、土地改革政策、鼓励技术进步的政策、人口与移民政策等；②完善市场的政策，包括贸易开放政策、金融发展政策等；③完善生产生活条件的政策，如公共基础设施投资政策、生态环境保护政策；④旨在降低经济生活不确定性的政策，如社会安全网政策；⑤再分配政策，如财政和公共支出政策；⑥公共治理的政策，如扩大参与和赋权、政治和社会基本制度改革等；⑦国际减贫协调与合作政策，如结构调整政策（Structural Adjustment Policy，SAP）和PRSP；⑧农业现代化政策、城市化政策和农村工业化政策等。在实际操作过程中，这些政策往往叠加使用，实现复合型功能和目标。

关于公共基础设施建设的政策措施，多位学者分别从农业生产、经济增长和减贫的重要性等多个方面进行强调和阐述（Binswanger，1993；Fan，1999；Jacoby，2000；Jalan and Ravallion，2002）。从发展中国家的实践看，公共基础设施建设，特别是在贫困地区，对贫困人口的影响主要包括几个方面（Songco，2002；Diop，2005；Chatter Jee，2004；Van De Walle，2002）：公路、水利、电力、通信等基础设施建设将增加贫苦人群进入市场和开展贸易的机会，节省交易成本；基础设施的改善将促进生产率的提高，降低生产风险，同时促进非农产业的发展，扩展就业机会；公共基础设施建设将直接为贫困人口提供工作机会，增加经济收入（朱玲等，1994；张伟新，2000）；基础设施的改善将扩展穷人获得教育和卫生保健的机会，增加其人力资本（Fan and Chan - Kang，2005）；基础设施的改善有助于使穷人获得更多非经济性的福利，促进性别平等，增加社会流动性，改变生活方式等。Fan和Chan - Kang（2005）通过对我国道路建设减贫影响的数据分析，发现西北地区和东北地区的道路建设对城市减贫效果明显，西北和西南地区的道路建设对农村的减贫有着显著的作用。综合考虑，在这个过程中，一些大型工程建设会导致部分农民失去土地，在迁移过程中造成福利损失（Songco，2002），基础设施改善带动的农业现代化和非农产业发展可能导致经济不平衡性进一步扩大。同时，基础设施作用的发挥还取决于教育、电力、医疗、卫生、公共文化服务等其他方面的基础设施投资。

关于人力资本投资方面，基础教育投资一般被认为在人力资本投资中具有优先权，且在发展中国家对基础教育进行投资，通常能够获得较高的收益回报率（World Bank，1995，1999，2002，1999）。农业部政策研究中心（2001）的一项研究也表明，教育成就对农民收入增长具有积极的影响。Fan（2003）也认为，在农业研发、水利、道路、教育、电力和通信六项投资支出中，教育对减贫的影响最大。健康是度量贫困的一个维度，也是当前我国很多地区收入贫困或者返贫问题突出的重要原因之一。2003 年开始的"新型合作医疗制度"改革，参保人员比例稳步提高，覆盖面不断扩大，报补比例进一步提升，有效解决了农村居民特别是贫困人口"看病难"的问题。

在发展中国家，居民家庭特别是农村地区的贫困居民由于缺乏有效的抵押品和担保，加上经济生活中的不确定性，无法获得充分的正规金融服务，物质资本和人力资本积累缓慢（Besley，1995；Morduch，1999）。小额信贷作为一种有效的扶贫方式和金融创新，在我国经历了近 20 年的实验、示范和推广过程。最初一批从事小额信贷实验的国内小额信贷机构大部分是依靠国际组织援助和当地政府支持建立起来的一种非政府、非营利的组织。随着组织体系的完善和国家对小额信贷工作体制机制的不断创新，小额信贷逐渐成为专门针对贫困、低收入人群和微型企业提供信贷服务的金融工具，并将业务拓展到包括储蓄、汇款和保险在内的微型金融领域，小额信贷机构的数量正在不断扩张，服务的人数不断增多，总贷款的规模不断扩大，还款表现不断优化。与此同时，在小额信贷对贫困居民经济与社会生活的实际影响方面，学术研究领域却存在一定的差异。Khandker（1998），Pitt 和 Khandker（1998）利用世界银行的联合调查数据，对小额信贷的影响进行了较为严格的检验，发现小额信贷项目对于促进穷人消费平滑和资产积累具有积极作用，特别有助于提高妇女的福利。而 Morduch（1998）利用和 Khandker（1998）相同的数据进行的分析表明，小额信贷项目对减贫的长期影响很小。总之，对于大多数小额信贷组织而言，虽然发展中面临主动问题和压力，但与我国 2010 年成立的中国小额信贷联盟相似，这些组织正在为没有享受金融服务的贫困和低收入人口提供普惠性金融服务，小额信贷的减贫效应也在这个过程中得到释放。

在当前国际扶贫政策实践中，分权与扩大参与作为政策目标之一，也成为其他扶贫政策的规范性要求，成为有关政策制定的依据，在世界银行、国际货币基金会等各类组织的政策安排中表现得尤为明显。分权的基本类型包括行政分权、政治分权和财政分权。财政分权是上级政府授予下级政府财政事务的决策权力。财政分权对减贫的促进作用往往通过地方政府提供和传递的教育、医疗卫生等公共服务，而对地方信息了解得更清楚，并了解贫困人群的需求和偏好，提高实施利贫的公共政策的能力（Rao，2005；UNESC，2005；Boex，2005）。现行扶贫政策对扩大参与的强调反映在各个层次上，包括一个国家或地区减贫战略报告的制定、社区公共发展规划、个人层面的参与式贫困评估。参与式发展能够让贫困人口分享到更多发展成果（Karl，2000；LNESC，2005），提高减贫项目的持续性、有效性和效率（Pretty，1995；Karl，2000；Beresford and Hoban，2005），最终实现贫困人口可持续的脱贫（Beresfor and Hoban，2005）。但就参与方法的实际操作来看，却存在深化"赋权"、扩大"参与"等多方面的问题。

## 第二节　河南扶贫脱贫攻坚的现实发展情况

### 一　河南农村贫困地区的贫困现状与特征

河南是全国第一农业大省、农业人口大省，也是农村贫困人口大省。截至 2014 年底，全省还有 53 个贫困县、8103 个贫困村、576 万贫困人口。河南农村贫困人口超过全国农村贫困人口的1/10，占全省农村人口近10%左右。

当前，河南农村贫困地区人口数量不仅多，而且贫困人口温饱问题没有根本解决，贫困地区贫困人口的自我发展能力较弱，贫困农村落后面貌还没有根本改变，返贫率高，消除贫困的难度相当大，突出体现在以下几个方面。

1. 贫困问题区域化趋势明显

农村贫困人口大多生活在传统的平原农区、黄河滩区、豫西深山和石山区以及革命老区。由于这些区域远离城市和交通干线，地理位置和自然资源条件较差、土地贫瘠、可耕地少、干旱缺水、气象灾害多，加之贫困人口受教育程度低、市场化程度弱等条件所限，贫困问题区域化突出体现为过度依赖农业特别是种植业、土地资源少、劳动力过多，这造成种植业生产率与收入比较低。又由于这些区域农产品商品化、市场化程度不高，基础设施建设投入大，进展较缓慢，所以贫困的区域化趋势表现明显。

2. 基础生产条件落后，抗御自然灾害能力差

贫困地区生产条件普遍落后。河南扶贫开发工作重点县中已通公路、通电、通电话、能接收电视节目、有合格卫生员的行政村个数占全部行政村个数的比重依然较低。河南相当一部分县、乡财政入不敷出，对农田基础设施缺乏投入，农业基础设施脆弱，不少地方靠天吃饭的局面未能从根本上得到改变。扶贫工作在与自然环境的抗争中艰难前行。

3. 收入水平与全国平均水平相比仍有较大差距

2014年，全国农民人均纯收入达5919元，河南全年城镇居民人均可支配收入为15930.26元，农民人均纯收入为5523.73元。与全国农民人均纯收入相比，河南农民人均纯收入要少395.27元，低6.7%；与河南城镇居民人均可支配收入相比，河南农民人均可支配收入约为其1/3。河南农村贫困地区贫困人口的收入水平与全省平均水平相比，差距更大。

4. 资源约束，限制了进一步发展的空间，农民增收后劲不足

河南农村贫困人口和农业剩余劳动力较多，人均占有资源尤其是土地资源的数量较少，因而土地报酬递减的趋势十分明显。尽管政府取消农业税，实行粮食直补，但农业生产资料价格的持续上涨使农民生产成本迅速增加，农产品提价给农民带来的收益被农业生产资料的涨价所抵消。

5. 贫困地区农村公共服务依然落后

农村贫困地区的公共服务包括公路、水利、电力、通信及产业规划、文化教育、卫生、社会保障等公共服务领域。由于建设成本高、覆盖面广，加之公共服务体系建设刚起步，故供给总量不足、供给结构不合理、供给效益较低的情况比较明显。

6. 贫困地区农民整体素质依然较低

随着越来越多的贫困地区青壮年劳动力向城镇转移，留守贫困农村的农民素质明显较低，许多人缺乏就业技能与掌握农业技术的能力，这增大了贫困地区脱贫致富的难度。许多贫困县、乡自然条件恶劣，生产条件艰苦。不少农村贫困地区的留守妇女、儿童、老人、残疾人群身体素质较差，患有地方病以及痴呆、病残人口比例较高。农村普通初中、高中一般不开设农业专业课程，许多贫困农民由于文化程度较低，又无一技之长，对新知识、新技术不知不懂、不学不用，因此无法有效地掌握科学种田的知识和技能。同时，由于长期受计划经济等诸多因素的影响，许多贫困农民市场意识淡薄，信息接受与反馈能力差，不了解现代农业生产经营管理的基本知识，经营、管理、组织、协调能力不强，习惯于跟着别人干，因此无法适应农业现代化大生产的需要。

7. 贫困地区农村医疗卫生基础比较薄弱

河南农村卫生体制改革相对滞后，资金投入不足，卫生人才匮乏，基础设施落后，导致农民因病致贫、返贫问题比较突出。尽管河南农民医疗保健支出占生活消费支出的比重呈逐年上升的趋势，新型农村合作医疗工作已经开始，但由于农村合作医疗要求看病到定点医院及报销的比例较小，因此农民实际看病的大部分费用还是自己支出。同时，受政府投入不足及农村预防保健机构服务能力的限制，目前河南农村公共预防保健服务还十分薄弱。

## 二 河南扶贫脱贫的发展现状

"十二五"期间，河南省委、省政府认真贯彻落实中央决策部署，全面落实习近平总书记等中央领导关于扶贫开发工作的一系列重要指示，始终把脱贫攻坚作为重大政治责任、摆在突出位置，把稳定解决扶贫对象温饱、尽快实现脱贫致富作为首要任务，坚持区域发展与精准扶贫相结合，注重突出重点、分类施策，整合资源、凝聚合力，创新机制、提升水平，初步探索出了一条具有河南特点的扶贫开发之路，为"十三五"打赢脱贫攻坚战奠定了牢固基础。

河南省委书记郭庚茂指出，扶贫归根结底是要增强贫困劳动力和人口的劳动致富能力，这是问题的根本。没有劳动致富能力，光靠输血是不行的。

变"输血"为"输血与造血"并重，着力增强贫困地区的自我发展能力，这是扶贫的出发点和落脚点。找准着力点，提高针对性，会起到事半功倍的效果。"十二五"期间，省委、省政府把"三山一滩"确定为新阶段扶贫开发的重点区域，坚持区域发展与精准扶贫相结合，突出"转、调、搬、改"的扶贫举措，同步实施农村低保、医疗救助、生态建设和环境保护，大力实施扶贫攻坚。

——转。即通过技术培训就业服务，把贫困劳动力转移到第二、三产业就业，这是最快也最有效的途径。全省坚持多年的"阳光工程""雨露计划"等针对具有劳动能力和劳动愿望的贫困劳动力开展的技能培训项目，为贫困人口脱贫发挥了极大的作用。

例如，新县依托国家"雨露计划""阳光工程"等政策，大力开展农村贫困劳动力涉外技能培训，形成了"职业培训＋国外就业＋回国创业"新模式。全县有3000多人回乡创业，带动5.7万名农村富余劳动力就业，成为带动群众脱贫致富的生力军；洛阳市强力实施扶贫开发"雨露计划"，通过资助贫困地区职业教育、培训农村劳动力等，让数以万计的贫困地区劳动力掌握一技之长、端起"金饭碗"；驻马店市以实施"雨露计划"为抓手扶持贫困家庭，坚持凡农村建档立卡贫困家庭中的子女接受中、高等职业教育，经过自愿申请，均可享受每生每年2000元的扶贫助学补助……

河南全省深入实施全民技能振兴工程和职教攻坚二期工程，持续加大人社、教育、农业、民政、扶贫、残联等部门"六路并进"培训工作力度，创新扶贫"雨露计划"培训方式，将扶贫资金补贴范围扩大到全省参加中高职教育的贫困学生，将职业教育和短期技能培训补贴由以往培训基地统一申报领取变为学员申请、县乡村逐级审核后发放到人，力推精准培训，促使贫困人口就业方式由体力型向技能型转变，促进其向非农产业转移、向城镇转移、向市民转变。

2011 年以来，河南全省大力实施"雨露计划"，深化产教融合、校企合作，加大定向、定岗培训力度，培训贫困家庭劳动力 20.211 万人，专项培训贫困村负责人和致富带头人 2900 名。2014 年全省启动扶贫创业致富带头人培训工程，计划于 2015～2017 年，为每个建档立卡贫困村平均培养 3～5 名扶贫创业致富带头人，全省累计培训 2.92 万人以上，每人带动 3 户以上贫困户，实现约 35 万贫困人口的增收脱贫。

——调。即通过扶持农业特色产业，加快贫困人口增收致富。产业是扶贫的主要手段和治本之策，选准主导产业，做大做强特色产业，有利于贫困地区的发展。

2014 年，河南省委省政府出台了《关于创新机制扎实推进农村扶贫开发工作的实施意见》，明确提出，结合交通基础设施建设、农村危房改造、农村环境综合整治、生态搬迁、特色景观旅游名镇名村、历史文化名镇名村和传统村落及古民居保护等项目建设，加大政策、资金扶持力度，促进贫困地区休闲农业与乡村旅游业发展，促进贫困地区群众脱贫致富。

河南全省农村贫困人口多，短期内不可能全部实现农村剩余劳动力的转移。考虑到这一点，河南省委书记谢伏瞻指出，"要把精准扶贫作为新阶段扶贫开发的主攻方向，瞄准最贫困的乡村、最困难的群体、最急需解决的问题，坚持因人因地施策、因致贫原因施策、因贫困类型施策"。正因为如此，全省各地探索出不少具有特色的产业扶贫项目。

例如，被誉为"中国羽绒之乡"的台前县，大力发展羽绒和汽配两个基础产业，以此为依托拉长产业链条，推动产业从"地头"走向云端，实现了以主导产业精准扶贫。2013 年以来，全县每年平均约 1 万人实现脱贫；香菇、猕猴桃、山茱萸，三大"农字号"产业方阵，成为西峡发展农村经济、促进农民脱贫致富的"强力引擎"。2014 年，西峡香菇出口创汇 6.5 亿美元，猕猴桃系列产品成功打入国外市场。全县农民人均纯收入的 80% 来自三大主导产业，全县贫困人口减少 11927 人。光山县在历史上曾有种植油茶的习惯，县委县政府把大力发展油茶产业作为富民强县的支柱产业和改善生态环境的绿色环保产业来抓，目前已经走出了一条"公司＋基地＋农户"的发展路子。栾川县探索旅游扶贫发展模式，并逐渐形成以旅游发展带动群众脱贫致富的"栾川模式"。目前栾川县旅游景区有 30 多家，数量居全国县级第二⋯⋯

2011～2014 年，河南全省累计实现 550 多万农村贫困人口稳定脱贫，实现脱贫人口过半的目标。2014 年，全省 53 个贫困县农民人均纯收入为 8071 元，比 2010 年的 4553 元增长了 77.27%，年均增速 15.39%，高于全省年均水平 1.13 个百分点。

——搬。即把没有生存条件或者发展成本太高的贫困地区，通过易地搬迁解决贫困问题。

对"三山"贫困地区的扶贫工作，河南省委一直高度重视，把实施"三山一滩"贫困群众脱贫工程作为"三农"工作"四大工程"之一，专门出台了《河南省大别山伏牛山太行山贫困地区群众脱贫工程规划（2014～2020 年)》，明确提出对"三山"深石山区条件恶劣、改善基础设施和公共服务成本太高的贫困群众，集中力量实施扶贫搬迁。

河南全省把易地搬迁扶贫作为跳出"贫困陷阱"的主要抓手，聚合各方资源，按照"搬得出、稳得住、兴产业、可致富"的要求，与产业集聚区建设、新型城镇化建设、新农村建设、生态环境建设、贫困地区产业发展、贫困群众转移就业相结合，对深石山区生存条件恶劣、世代延续贫困、难以就地脱贫的贫困群众，加大了易地搬迁扶贫力度。

除了"三山"深山贫困区的搬迁扶贫，黄河滩区贫困群众的搬迁也是河南全省扶贫开发的重点。2015 年 8 月 5 日，黄河滩区第一批迁建试点村——封丘县李庄镇贯台村正式启动。按照黄河滩区居民迁建试点方案，各级、各有关部门采取得力措施，兰考、封丘、范县的 4 个乡（镇）的安置区建设快速推进，安置区基础设施、公共服务设施设计工作已全部完成，专项资金及整合资金已落实到位。

2011～2014 年，河南全省共有 18.35 万名深石山区贫困群众实施搬迁扶贫，贫困村道路、安全饮水、农田水利、电力、住房等基础设施显著改善，教育、文化、医疗卫生、广播电视、移动通信、宽带网络、社会保障等公共服务水平明显提高，一大批贫困村成为新农村建设示范村。2015 年，全省对 5 万多名深石山区群众实施搬迁，完成 1.67 万名黄河滩区群众的迁建入住。

——改。即通过改善贫困村的生产生活条件，夯实发展的基础。整村推进是"改"的最主要的形式之一。整村推进主要是按照"五规合一"的原则，统筹聚合涉农部门项目，整合各个部门资源和社会力量，帮扶贫困村脱贫致富，重点实施水、电、路、讯、房、环境改善到农家、农户的增收致富的"'六到''一增'"工程，改善贫困村生产生活条件。

2011 年，河南全省进入扶贫开发新阶段以来，省委省政府每年对 1000 多个贫困村着力实施整村推进项目，目前已在 4350 个村实施了整村推进扶贫开发。一批科学规划引领好、支柱产业发展好、工程建设标准高、示范引导作用强的整村推进示范村也在全省涌现，台前县夹河乡姚邵村等 100 个脱贫致富效果好的村，被评为"2014 年整村推进示范村"。

为保证贫困地区经济较快增长，河南全省还通过优化生产力布局、统筹城乡发展、推进产业集聚区建设、发展特色优势产业等措施，使一些贫困地区发生了"脱胎换骨"的变化。例如，素有"银太康"之称的太康县，过去是以棉花种植面积超百万亩而著称的农业贫困大县，现在依靠产业集聚发展，已成为有名的纺织工业大县和全国最大的民用锅炉压力容器生产基地，在全国民用锅炉市场中占据超过 1/4 的份额；地处黄河故道的民权县，2006 年县财政收入在全省 100 多个县排倒数第一，如今已从传统农区蝶变成"中国冷谷"，在全国冷柜销量前二十名的企业中有 6 家企业已落户民权，市场占有率达 32.7%……

## 第三节　河南扶贫脱贫攻坚的未来路径选择

河南省扶贫脱贫攻坚要按照习近平总书记提出的"坚持实事求是、因地制宜、分类指导、精准扶贫"原则，顺应当前我国农村贫困对象发展生产、脱贫致富的现实需求，着眼瞄准农村贫困对象，推进传统的农村扶贫开发政策制度改革创新，探索多样化的扶贫脱贫路径和政策。

### 一　河南扶贫脱贫攻坚的基本路径

#### （一）落实精准扶贫方略，确保贫困人口精准脱贫

1. 健全精准扶贫工作机制

抓好精准识别、建档立卡这个关键环节，为打赢脱贫攻坚战打好基础，

为推进城乡发展一体化、逐步实现基本公共服务均等化创造条件。按照精准扶贫的要求，使建档立卡贫困人口中的300多万人通过产业扶持、转移就业、易地搬迁、教育支持、医疗救助等措施实现脱贫，其他完全或部分丧失劳动能力的200多万贫困人口，实行社保政策兜底脱贫。对建档立卡贫困村、贫困户和贫困人口定期全面核查，建立精准扶贫台账，实行有进有出的动态管理，将符合条件的残疾人贫困户全部纳入建档立卡范围。建立贫困户脱贫认定机制，对已经脱贫的农户，在一定时期内让其继续享受扶贫相关政策，避免出现边脱贫、边返贫现象，切实做到应进则进、应扶则扶、应退则退。严格按照脱贫标准和脱贫任务进行精准考核，脱贫一个，验收一个，销号一个，定期公开信息，接受社会监督。贫困户脱贫的由村民小组提名、村级评议、乡级初核，县里组织考核审定；贫困村脱贫的由村级申请、乡级评议、县级初核后，市里组织考核审定；贫困县脱贫的由县级申请、市级初核后，省里组织考核审定，并报中央备案。贫困县退出后，在攻坚期内国家和省原有扶贫政策保持不变，并对率先脱贫的贫困县给予奖励，具体奖励办法、标准另行制定。加强对扶贫工作绩效的社会监督，开展贫困地区群众扶贫满意度调查，实行对扶贫政策落实情况和扶贫成效的第三方评估机制。评价精准扶贫成效，既要看减贫数量，更要看脱贫质量，不提不切实际的指标，对弄虚作假搞"数字脱贫"的，要严肃追究责任。

2. 制定精准脱贫攻坚规划

河南各级党委要按照2020年全面脱贫的目标进行总体谋划，出台脱贫攻坚的政策意见。各级政府要在国民经济和社会发展"十三五"规划中，把扶贫开发列为一号专项规划，突出精准扶贫、精准脱贫工作，明确各自扶贫开发的任务书、时间表、路线图。全省53个贫困县要按照精准脱贫标准算好明细账，倒排工期，细化措施，落实任务。8103个贫困村要按照精准脱贫标准，与新农村建设相结合，与产业扶贫结合，坚持"五规合一"，因地制宜，找对路子，制定分期分批脱贫规划。要明确各部门、各单位的任务与责任，按照精准扶贫措施和脱贫规划，主动做好行业发展规划与脱贫规划的衔接，制定分年度的帮扶计划、项目安排、资金投放规模、脱贫成效目标等具体措施。对非贫困县中的贫困村、非贫困村中的贫困人口实行同样的脱贫扶持政策，做到应扶尽扶。各级政府要充分运用贫困人口建档立卡成果，研究编制贫困人口分类扶持规划和年度实施计划，根据规划和年度实施计划及相关政策足额安排落实财政资金。

3. 落实"六个精准"要求

扶持对象精准，聚焦建档立卡的贫困村、贫困户，实行精准化管理，通过建档立卡对贫困村、贫困户精准识别，做到户有卡、村有册、乡有簿、省市县有信息平台，建设全省扶贫开发信息系统，完善精准扶贫基础数据库，实现网络数据对接共享，做到贫困底数清、致贫原因清、帮扶措施清、脱贫责任清、脱贫进度清。项目安排精准，坚持问题导向，实事求是，因地制宜，贫困户、贫困村、贫困县脱贫需要什么样的项目就安排什么样的项目。资金使用精准，资金跟着项目走，规划好的扶贫项目要有资金保障，要及时足量，不能搞半拉子工程和"胡子"工程，要加强资金使用管理，专项专用，专资专审，专户专管，跟踪问责，避免"跑冒滴漏"。措施到户精准，坚持因户施策，因贫困原因和贫困类型施策，扶贫措施要符合贫困户的实际情况，增强针对性和实效性。因村派人精准，坚决克服形式主义和官僚主义，派驻的扶贫工作队和第一书记要具备完成扶贫脱贫任务的能力素质，对不能胜任工作任务的要及时调整更换，不能滥竽充数、贻误战机，不能挂名扶贫。脱贫成效精准，要在精准脱贫上下功夫、想办法，出实招、见实效，真正让贫困群众有实实在在的获得感、认同感，力戒"数字脱贫"。

**（二）加强转移就业脱贫**

贫困地区要围绕脱贫攻坚谋划发展，把扶贫开发与推进工业化、新型城镇化结合起来，通过承接产业转移、鼓励群众创业、提升产业集聚区等发展载体支撑能力，创造更多的就业岗位，把更多的贫困劳动力转移到第二、三产业就业，转移到城镇落户，实现稳定脱贫。加大劳务输出培训投入，统筹使用各类培训资源，以就业为导向，提高培训的针对性和实效性。加大职业技能提升计划和贫困户教育培训工程实施力度，引导企业扶贫与职业教育相结合，鼓励贫困家庭子女积极就读职业院校和技工学校，确保贫困家庭劳动力至少掌握一门致富技能，实现靠技能脱贫。进一步加大就业专项资金向贫困地区转移支付力度。支持贫困地区建设县乡基层劳动就业和社会保障服务平台，加大贫困地区与城市地区产业对接力度，引导和支持用人企业建立劳务培训基地，开展国内劳务和外派劳务。鼓励市县对跨区域务工的农村贫困人口适当给予交通补助。大力支持家政服务、物流配送、养老服务等现代服务业发展，拓展贫困地区劳动力外出就业空间。加大对贫困地区农民工返乡创业政策扶持力度。对在城镇工作生活一年以上的农村贫困人口，输入地政府要承担相应的帮扶责任，并优先提供基本公共服务，促进有能力在城镇稳定就业和生活的农村贫困人口有序实现市民化。

### （三）发展特色优势产业脱贫

把扶贫开发与推进农业现代化结合起来，与发掘农村资源、发展特色优势产业结合起来，使农村劳动力就地转化为新型职业农民。在稳定粮食生产的前提下，积极引进龙头企业，推动农产品加工业向种养基地靠近、劳动密集型产业向剩余劳动力富集地靠近、特色优势产业向具备优势资源和相应产业基础的地方靠近。培育发展特色产业集群、特色经济园区。制定贫困地区特色产业发展规划。出台专项政策，统筹使用涉农资金，重点支持贫困村、贫困户因地制宜发展种养业和加工业等。实施贫困村"一村一品"产业推进行动，扶持建设一批贫困人口参与度高的特色农业基地。加强贫困地区农民合作社、家庭农场、农村残疾人扶贫基地、龙头企业等新型经营主体培育，发挥其对贫困人口的组织和带动作用，强化其与贫困户的利益联结机制。促进贫困地区第一、二、三产业融合发展，让贫困户更多分享农业全产业链和价值链增值收益。加大对贫困地区农产品品牌推介营销力度。依托贫困地区特有的自然人文资源，深入实施乡村旅游扶贫工程。引导国有企业、民营企业分别设立贫困地区产业投资基金，采取市场化运作方式，主要用于吸引企业到贫困地区从事资源开发、产业园区建设、新型城镇化发展等。

### （四）实施易地搬迁脱贫

对居住在生存条件差、自然灾害频发、就地脱贫难度大的大别山、伏牛山、太行山地区的43万农村贫困人口，要加快实施易地扶贫搬迁工程。加快推进黄河滩区居民迁建安居工程。坚持群众自愿、积极稳妥的原则，因地制宜地选择搬迁安置方式，合理确定住房建设标准，完善搬迁后继扶持政策，确保搬迁对象有业可就、稳定脱贫，做到搬得出、稳得住、能发展、可致富。紧密结合推进新型城镇化，编制实施易地扶贫搬迁规划，鼓励有条件的地方依托小城镇、工业园区安置搬迁群众，帮助其尽快实现转移就业，使其享有与当地群众同等的基本公共服务。争取中央预算内投资，加大各级政府投入力度，创新投融资机制，拓宽资金来源渠道，提高补助标准，为符合条件的搬迁户提供建房、生产、创业贴息贷款支持，解决群众想搬却搬不起的问题。积极整合交通建设、农田水利、土地整治、地质灾害防治、林业生态等支农资金和社会资金，支持安置区配套公共设施建设和迁出区生态修复。利用城乡建设用地增减挂钩政策支持易地扶贫搬迁。支持搬迁安置点发展物业经济，增加搬迁户财产性收入。探索利用农民进城落户后自愿有偿退出的农村空置房屋和土地安置易地搬迁农户。

**（五）结合生态保护脱贫**

加大贫困地区生态保护修复力度，按照国家实施的退耕还林、天然林保护、重点公益林保护、防护林建设、防沙治沙、自然保护区和湿地保护与恢复等重大林业生态工程规划，结合省级重点林业生态工程的实施，对贫困地区的森林资源培育、森林资源保护、林业产业发展等方面加大资金支持力度。合理调整贫困地区基本农田保有指标，对符合国家退耕还林政策要求的贫困地区，加快推进新一轮退耕还林工作。结合国家公园体制的建立，统筹生态资金使用，利用生态补偿和生态保护工程资金使当地有劳动能力的部分贫困人口转为护林员等生态保护人员。积极推进贫困地区生态综合补偿试点，健全公益林补偿标准动态调整机制，落实好地区横向生态补偿制度。在贫困地区的生态脆弱区，积极实施易地搬迁扶贫。结合集体林权制度改革后续政策，完善贫困地区的森林资源流转机制，健全林业社会化服务体系，创新林业融资方式，积极推进林权抵押贷款，加快贫困地区林业产业发展。

**（六）着力加强教育脱贫**

完善教育扶贫的政策措施，加快实施教育扶贫工程，让贫困家庭子女都能接受公平有质量的教育，阻断贫困代际传递。教育经费进一步向贫困地区、基础教育和职业教育倾斜。健全学前教育资助制度，帮助农村贫困家庭幼儿接受学前教育。实施好贫困地区农村义务教育阶段学生营养改善计划。加大对乡村教师队伍建设的支持力度，特岗计划、国培计划向贫困地区基层倾斜，为贫困地区乡村学校定向培养留得下、稳得住的一专多能教师，制定符合基层实际的教师招聘引进办法，完善省级统筹乡村教师补充机制，推动城乡教师合理流动和对口支援，培育一批乡村学校名师、骨干教师。全面落实连片特困地区乡村教师生活补助政策，实行乡村教师荣誉制度。合理布局贫困地区农村中小学校，改善基本办学条件，加快标准化建设，加强寄宿制学校建设，提高义务教育巩固率。普及高中阶段教育，率先对建档立卡的家庭经济困难学生实施普通高中免除学杂费、中等职业教育免除学杂费，让未升入普通高中的初中毕业生都能接受中等职业教育。加强有专业特色并适应市场需求的中等职业学校建设，提高中等职业教育国家助学金资助标准。办好贫困地区特殊教育和远程教育。完善保障农村和贫困地区学生上重点高校的长效机制，加大对贫困家庭大学生的救助力度，出台具体的资助政策。对贫困家庭离校未就业的高校毕业生提供就业支持。实施教育扶贫结对帮扶行动计划。

**（七）开展医疗保险和医疗救助脱贫**

实施健康扶贫工程，保障贫困人口享有基本医疗卫生服务，努力防止因病致贫、因病返贫。贫困人口参加新型农村合作医疗个人缴费部分，由财政给予补贴。新型农村合作医疗和大病保险制度对贫困人口实行政策倾斜，门诊统筹率先覆盖所有贫困地区，降低贫困人口大病费用实际支出，对新型农村合作医疗和大病保险支付后自负费用仍有困难的，加大医疗救助、临时救助、慈善救助等帮扶力度，将贫困人口全部纳入重特大疾病救助范围，使贫困人口大病医治得到有效保障。加大农村贫困残疾人康复服务和医疗救助力度，扩大纳入基本医疗保险范围的残疾人医疗康复项目。建立贫困人口健康卡。对贫困人口大病实行分类救治和先诊疗后付费的结算机制。落实全国三级医院（含军队和武警部队医院）与连片特困地区县和国家扶贫开发工作重点县内的县级医院建立稳定持续的一对一帮扶关系。广泛推进残疾预防行动计划。完成贫困地区县乡村三级医疗卫生服务网络标准化建设，积极促进远程医疗诊治和保健咨询服务向贫困地区延伸。为贫困地区县乡医疗卫生机构订单定向免费培养医学类本专科学生，支持贫困地区实施全科医生和专科医生特设岗位计划，制定符合基层实际的人才招聘引进办法。支持和引导符合条件的贫困地区乡村医生按规定参加城镇职工基本养老保险。采取针对性措施，加强贫困地区传染病、地方病、慢性病等防治工作。全面实施贫困地区儿童营养改善、新生儿疾病免费筛查、妇女"两癌"免费筛查、孕前优生健康免费检查等重大公共卫生项目。加强贫困地区计划生育服务管理工作。

**（八）实行农村最低生活保障制度兜底脱贫**

完善农村最低生活保障制度，对200多万名无法依靠产业扶持和就业帮助脱贫的人口实行政策性保障兜底。加大农村低保省级统筹力度，低保标准较低的地方要在三年内逐步达到国家扶贫标准。制定落实农村最低生活保障制度与扶贫开发政策有效衔接的实施方案。进一步加强农村低保申请家庭经济状况核查工作，将所有符合条件的贫困家庭纳入低保范围，做到应保尽保。将靠家庭成员供养的参与社会生活和自理困难的重度残疾人，按规定纳入最低生活保障范围，按照当地城乡低保最高补差予以救助。提高农村特困人员供养水平，改善供养条件。建立农村低保和扶贫开发的数据互通、资源共享信息平台，实现动态监测管理、工作机制有效衔接。加快完善城乡居民基本养老保险制度，适时提高基础养老金标准，引导农村贫困人口积极参保续保，逐步提高保障水平。

**（九）积极探索资产收益等扶贫新模式**

在不改变用途的情况下，财政专项扶贫资金和其他涉农资金投入农业、养殖、光伏、水电、乡村旅游等项目设施形成的资产，具备条件的可折股量化给贫困村和贫困户，尤其是丧失劳动能力的贫困户或贫困残疾人。资产可由村集体、合作社或其他经营主体统一经营。积极探索合作扶贫新模式，建立农业产业化龙头企业、农民专业合作社、电商企业、流通组织、新型农民等市场主体与贫困户的利益联结机制，实现农户分散生产和社会化大市场的有效对接。要强化监督管理，明确资产运营方对财政资金形成资产的保值增值责任，建立健全收益分配机制，确保资产收益及时回馈持股贫困户。支持农民合作社和其他经营主体通过土地托管、牲畜托养和吸收农民土地经营权入股等方式，带动贫困户增收。贫困地区水电、矿产等资源开发，赋予土地被占用的村集体股权，让贫困人口分享资源开发收益。按照精准扶贫、精准脱贫的原则，创新扶贫开发工作机制，把电子商务纳入扶贫开发工作体系。积极推进电商扶贫工程，鼓励引导易地扶贫搬迁安置区和搬迁人口发展电子商务。鼓励引导电商企业开辟贫困老区特色农产品网上销售平台，与合作社、种养大户建立直采直供关系。

**（十）做好临时救助扶危济困脱贫，健全留守儿童、留守妇女、留守老人和残疾人关爱服务体系**

加大临时救助制度落实力度，对那些遇到突发灾祸可能返贫致贫的群众，按照规定程序及时给予临时救济和社会救济，帮助他们渡过难关。对农村"三留守"人员和残疾人全面摸底排查，建立详实完备、动态更新的信息管理系统。加强儿童福利院、救助保护机构、特困人员供养机构、残疾人康复托养机构、社区儿童之家等服务设施和队伍的建设，不断提高管理服务水平。建立家庭、学校、基层组织、政府和社会力量相衔接的留守儿童关爱服务网络。加强对未成年人的监护。健全孤儿、事实无人抚养儿童、低收入家庭重病重残等困境儿童的福利保障体系。健全发现报告、应急处置、帮扶干预机制，帮助特殊贫困家庭解决实际困难。加大贫困残疾人康复工程、特殊教育、技能培训、托养服务实施力度。针对残疾人的特殊困难，全面建立困难残疾人生活补贴和重度残疾人护理补贴制度。对低保家庭中的老年人、未成年人、重度残疾人等重点救助对象，提高救助水平，确保其基本生活需求。引导和鼓励社会力量参与特殊群体关爱服务工作。

## 二　加强基础设施建设，破除制约发展瓶颈

### 1. 加快交通、水利、电力等基础设施建设

推动国家铁路网、高速公路网连接全省贫困地区的重大交通项目建设，推进普通干线公路升级改造。积极争取中央投资投入全省贫困地区和革命老区的铁路、公路建设，提高补助标准支持集中连片特困地区、国家级扶贫开发重点县和大别山革命老区县符合国家规划的公路项目建设，加强农村公路安全防护和危桥改造，推进"渡改桥"等民生工程建设，推动有条件的贫困县农村公路向自然村延伸。加强贫困地区重大水利工程、病险水库水闸除险加固、灌区续建配套与节水改造等水利项目建设。实施农村饮水安全巩固提升工程，全面解决贫困人口饮水安全问题。小型农田水利、"五小水利"工程等建设要向贫困村倾斜。对贫困地区农村公益性基础设施

管理养护给予支持。加大对贫困地区抗旱水源建设、中小河流治理、水土流失综合治理力度。加强山洪和地质灾害防治体系建设。加强贫困地区农村气象为农服务体系和灾害防御体系建设。加快推进贫困地区农网改造升级，全面提升农网供电能力和供电质量，制定贫困村通动力电规划，提升贫困地区电力普遍服务水平。加快推进光伏扶贫工程，支持光伏发电设施接入电网运行，发展光伏农业。

2. 加大"互联网＋"扶贫力度

完善电信普遍服务补偿机制，加快推进宽带网络覆盖贫困村，加快实施数字广播电视入户工程。深入开展电子商务进农村综合示范，实施电商扶贫工程。加快贫困地区物流配送体系建设，支持邮政、供销合作等系统在贫困乡村建立服务网点。支持电商企业拓展农村业务，加强贫困地区农产品网上销售平台建设。加强贫困地区农村电商人才培训。对贫困家庭开设网店给予网络资费补助、小额信贷等支持。开展互联网为农便民服务，提升贫困地区农村互联网金融服务水平，扩大信息进村入户覆盖面。

3. 加快农村危房改造和人居环境整治

加快推进贫困地区农村危房改造，统筹开展农房抗震改造，把建档立卡贫困户放在优先位置，提高补助标准，探索采用贷款贴息等多种形式，切实保障贫困户基本住房安全。以整村推进为平台，加快改善贫困村生产生活条件，扎实推进美丽宜居乡村建设。加大贫困村生活垃圾处理、污水治理、改厕和村庄绿化美化力度。加大贫困地区传统村落保护力度。继续推进贫困地区农村环境连片整治。加大贫困地区以工代赈投入力度，支持农村山水田林路建设和小流域综合治理。财政支持的微小型建设项目，涉及贫困村的，允许按照一事一议方式直接委托村级组织自建自管。

4. 重点支持革命老区、少数民族聚居地区和"三山一滩"地区脱贫攻坚

出台加大脱贫攻坚力度支持革命老区开发建设实施意见，加快实施新县等重点贫困革命老区振兴发展规划，扩大革命老区财政转移支付规模，出台差别化政策加快推动全省少数民族聚居地区脱贫步伐。用足、用活、用好国家重点支持集中连片特困地区的政策措施，坚持区域发展与精准扶贫相结合，强力推进《河南省大别山、伏牛山、太行山贫困地区群众脱贫

工程规划（2014~2020年）》《河南省黄河滩区居民迁建试点方案》实施，切实加大"三山一滩"地区基础设施建设力度，提高公共服务水平，提升特色产业发展能力，确保"三山一滩"扶贫开发攻坚取得实效。加强少数民族特色村镇的保护与发展。

### 三　强化政策保障，健全脱贫攻坚支撑体系

#### 1. 加大财政扶贫投入力度

发挥政府投入在扶贫开发中的主体和主导作用，积极开辟扶贫开发新的资金渠道，确保政府扶贫投入力度与脱贫攻坚任务相适应。继续加大对贫困地区的转移支付力度，省财政专项扶贫资金规模要实现较大幅度增长，一般性转移支付资金、各类涉及民生的专项转移支付资金和财政预算内投资进一步向贫困地区和贫困人口倾斜。对全省8103个贫困村中符合农业综合开发、农村综合改革转移支付涉农项目资金安排条件的，按照应扶尽扶的要求，三年内落实完成。各部门安排的各项惠民政策、项目和工程，要最大限度地向贫困地区、贫困村、贫困人口倾斜。各市县要根据本地脱贫攻坚需要，积极调整本级财政支出结构，切实加大扶贫资金投入。从2017年起通过争取中央和地方扩大财政支出规模，增加对贫困地区水、电、路、气、网等基础设施建设和提高基本公共服务水平的投入。建立健全脱贫攻坚多规划衔接、多部门协调长效机制，省里相关部门牵头研究出台具体办法，整合目标相近、方向类同的涉农资金。按照权责一致原则，支持连片特困地区县、国家和省扶贫开发工作重点县围绕本县突出问题，以扶贫规划为引领，以重点扶贫项目为平台，把专项扶贫资金、相关涉农资金和社会帮扶资金捆绑集中使用。严格落实国家在贫困地区安排的公益性建设项目取消县级和市级配套资金的政策，并加大省级财政投资补助比重。在扶贫开发中推广政府与社会资本合作、政府购买服务等模式。加强财政监督检查和审计、稽查等工作，建立扶贫资金违规使用责任追究制度。纪检监察机关对扶贫领域虚报冒领、截留私分、贪污挪用、挥霍浪费等违法违规问题，坚决从严惩处。推进扶贫开发领域反腐倡廉建设，集中整治和加强预防扶贫领域职务犯罪工作。要建立扶贫公告公示制度，强化社会监督，保障资金在阳光下运行。

**2. 加大金融扶贫力度**

积极争取商业性、政策性、开发性、合作性等各类金融机构加大对扶贫开发的金融支持。中国农业银行、国家开发银行、中国农业发展银行、邮政储蓄银行、农村信用社等在河南的金融机构要延伸服务网络，创新金融产品，增加贫困地区信贷投放。对有稳定还款来源的扶贫项目，允许采用过桥贷款方式，撬动信贷资金投入。按照省负总责的要求，建立和完善省级扶贫开发投融资主体，成立河南省扶贫开发投资有限公司，将政府与市场的作用相结合，更好地解决搬迁扶贫、基础设施扶贫和产业扶贫资金不足的难题。支持农村信用社、村镇银行等金融机构为贫困户提供免抵押、免担保扶贫小额信贷，由财政按基础利率贴息。加大创业担保贷款、助学贷款、妇女小额贷款、康复扶贫贷款的实施力度。支持在贫困地区设立村镇银行、小额贷款公司等机构。支持贫困地区培育发展农民资金互助组织，开展农民合作社信用合作试点。支持贫困地区设立扶贫贷款风险补偿基金。支持贫困地区设立政府出资的融资担保机构，重点开展扶贫担保业务。支持贫困地区利用资本市场直接融资，鼓励上市企业到贫困地区投资建厂、并购企业、合作开发，探索信托扶贫开发基金化改革。积极发展扶贫小额贷款保证保险，对贫困户保证保险保费予以补助。建立完善针对贫困人口的健康保险和养老保险制度。扩大农业保险覆盖面积，通过财政以奖代补等支持贫困地区特色农产品保险发展。加强贫困地区金融服务基础设施建设，优化金融生态环境。支持贫困地区开展特色农产品价格保险，有条件的地方可给予一定保费补贴。有效拓宽贫困地区抵押物担保范围。

**3. 完善扶贫开发用地政策**

支持贫困地区根据第二次全国土地调查及最新年度变更调查成果，调整完善土地利用总体规划。新增建设用地计划指标优先保障扶贫开发用地需要，专项安排国家和省扶贫开发工作重点县年度新增建设用地计划指标。在安排土地整治工程和项目、分配下达高标准基本农田建设规划和补助资金时，要向贫困地区倾斜。在列入国家集中连片特困地区和片区外国家扶贫开发工作重点县开展易地扶贫搬迁，允许将城乡建设用地增减挂钩节余指标在省域内使用。在有条件的贫困地区，支持向国家申报国土资源管理制度改革试点，支持开展历史遗留工矿废弃地复垦利用、城镇低效用地再开发和低丘缓坡荒滩等未利用地开发利用试点。

4. 发挥科技、人才支撑作用

加大科技扶贫力度，解决贫困地区特色产业发展和生态建设中的关键技术问题。加大相关科技计划对科技扶贫的支持，鼓励科研院所、高等院校等统筹资源设立专项成果转化资金，鼓励科技人员进行科技成果转化，加快先进实用技术成果在贫困地区的转化。积极推进贫困地区农村信息化建设，培育一批农村信息化站点。推行科技特派员制度，支持科技特派员开展创业式扶贫服务。强化贫困地区基层农技推广体系建设，加强新型职业农民培训。加大政策激励力度，鼓励各类人才扎根贫困地区基层建功立业，对表现优秀的人员在职称评聘等方面给予倾斜。大力实施偏远贫困地区、革命老区人才支持计划与贫困地区本土人才培养计划。积极实施贫困村创业致富带头人培训工程。

# 第六章

# 共享河南教育发展：实现基础教育均衡

河南省"十三五"规划明确指出："坚持教育优先发展战略，深化教育领域综合改革，全面实施素质教育，促进教育公平，推动我省由教育大省向教育强省转变。"实现基础教育均衡发展是促进教育公平的重要环节，是共享河南教育发展的重要内容。

## 第一节　基础教育均衡发展的内涵及理论基础

### 一　基础教育均衡发展的内涵

相对于高等教育而言，基础教育的公共属性更为突出，实现教育的均衡发展，我们更多的是阐释基础教育的均衡发展。如何定位教育均衡发展，是开展该研究首先应思考和解决的问题，围绕此问题我国学界展开了对教育均等化本质属性的研究。对于教育均等化本质属性的论述主要聚焦于"均等化"的研究上。目前，国内对这一概念的阐释有以下几个视角。

第一，教育均等实现过程的视角。有的学者认为，教育均等可分为起点均等、过程均等和结果均等。起点均等指受教育者权利和受教育机会公平，过程均等指公共教育资源配置公平，结果均等指教育质量公平。起点均等是教育均等的前提，过程均等是教育均等的条件和保证，结果均等是教育均等的目标[1]。

---

① 王善迈：《教育公平的分析框架和评价指标》，《北京师范大学学报》2008年第3期。

也有学者更具体地指出，起点均等，即就学机会与求学条件均等；过程均等，即教学内容与师生互动均等；结果均等，即学业成就、最终所获学历及教育对日后生活影响的均等①。

而有的学者以此视角为出发点，却给出了不同的观点，把教育均等界定为教育起点均等和教育过程均等，没有把教育结果均等列入教育均等的范围，认为教育结果均等是不可能实现的②。无独有偶，有学者指出，教育均等特指学生平等地享有接受学校教育的机会。入学机会平等和存留平等是审视教育机会平等的两大重要指标。入学机会平等是指人们接受教育权利的平等；存留平等是指人们在学校教育过程中接受教育以达到特定教育程度的成功教育机会平等③。

第二，教育均等多学科背景的视角。有学者认为，教育均等是一个涉及伦理学、法学、经济学、社会学和教育学等多学科的重要问题，只有运用多学科的观点对其进行综合研究，才能获得较为完整的认识。同时，进一步指出，"法学的观点：受教育权利的平等实现；经济学的观点：教育资源的公平配置；社会学的观点：社会分层与教育机会均等；教育学的观点：创造公平的学校和教室；伦理学的观点：罗尔斯的正义原则对教育公平的启示"。④ 也有学者从教育公平角度对此进行描述，指出教育公平是一种复合形态，从伦理学的角度看，主要包括教育系统外部的公平即社会性教育公平和教育系统内部的公平即道德性教育公平这两个方面。社会性教育公平包括教育权利的公平和教育机会的公平；道德性教育公平包括课程设置的公平、课堂教学的公平、教育评价的公平⑤。

第三，教育均等不同对象的视角。有学者认为，教育均等既包括学生受教育权利和机会的平等，也包括教师的物质待遇和工作条件的平等。教师的物质待遇和工作条件的平等既是教育公平所要追求的目标和重要组成

---

① 刘向荣、刘旭辉：《科南特教育机会均等思想述评》，《河北大学学报》（哲学社会科学版）
2006 年第 2 期。

② 褚宏启：《关于教育公平的几个基本理论问题》，《中国教育学刊》2006 年第 12 期。

③ 卢乃桂、许庆豫：《我国 90 年代教育机会不平等现象分析》，《华东师范大学学报》（教育科学版）2001 年第 4 期。

④ 安晓敏、邬志辉：《教育公平研究：多学科的观点》，《上海教育科研》2007 年第 10 期。

⑤ 张冬毛：《教育公平基本理论的伦理视角》，《作家杂志》2007 年第 12 期。

部分，同时也是教育公平的现实基础；教师的物质待遇和工作条件的不平等以及由此带来的地区间、校际间师资数量和质量的不均衡是教育不均等现象产生的一个重要因素①。

笔者认为，教育均等既是我们追求的一种现实状态，又是一个历史的过程。1986 年颁布、2006 年修订通过的《中华人民共和国教育法》保证了教育权利的平等，同时，使教育机会均等成为下一阶段追求的目标。教育均等应该包括起点均等、过程均等和结果均等，其中结果均等是教育均等化实现的最终目标，教育结果均等的本质，"是指将教育无法控制的那部分变量排除了之后，只考虑教育系统自身的变量对教育结果所造成的影响是平等的，这部分的平等才是真正意义上的教育结果的均等"②。

## 二　基础教育均衡发展的理论基础

### （一）公共产品理论

本书研究基础教育均衡发展问题，那么在基础教育均衡发展进程中，政府应当扮演什么样的角色？是否理所当然的主体？该进程中是否存在市场发挥效用的空间？政府和市场各自应该如何定位？要解决上述问题，证实本书开展研究的逻辑前提成立，首先应弄明白基础教育的产品属性问题。

学界对产品属性的界定一般建立在公共产品理论的基础之上。公共产品理论将人们的消费品分为三类：公共产品、私人产品和准公共产品。保罗·A·萨缪尔森（1954）③ 最早在《公共支出的纯粹理论》（The Pure Theory of Public Expenditure）一文中给出了公共产品的定义："将该商品的效用扩展于他人的成本为零；无法排除他人参与分享。"之后，学界普遍把非排他性和非竞争性作为判定公共产品的特征。所谓非排他性是指一个人对该物品的消费并不能排除其他人对该产品的消费；非竞争性是指一个人对该

①　林永柏：《关于教育公平的含义及其特征的再思考》，《辽宁教育研究》2006 年第 12 期。

②　辛涛、黄宁：《教育公平的终极目标：教育结果公平——对教育结果公平的重新定义》，《教育研究》2009 年第 8 期。

③　〔美〕保罗·A·萨缪尔森、威廉·D·诺德豪斯著《经济学》，萧琛主译，人民邮电出版社，2004，第 29 页。

物品的消费不影响其他人对该物品的消费。如国防作为一种公共产品，要阻止任何一个人享用其收益是不可能的，同时，当一个人享用其效用时他并不减少其他任何人享受国防的收益。与之相对，具有排他性和竞争性的产品为私人产品。如面包作为私人产品，因为可以阻止一个人吃面包——你只要不把面包给他就行了，而具有排他性，同时，你吃了面包，另一个人就不可能再吃到它，证明其有竞争性。在现实生活中，除了公共产品和私人产品外还有大量的消费品并不同时具备非排他性和非竞争性的特征，有的只具备一个特征，有的虽然两个特征都不完全具备但具有较强的外部性特征，这种位于公共产品和私人产品之间的消费品属于准公共产品。

虽然以萨缪尔森对公共产品的定义为判定标准[①]，但国内外学界关于基础教育产品属性的界定却没有达成共识，甚至存在截然相反的认识，归纳起来有以下三种观点：第一种观点认为基础教育属公共产品[②]；第二种观点认为基础教育属准公共产品[③]；第三种观点认为基础教育属私人产品[④]。同样以公共产品理论为基础，学者们对基础教育产品属性的界定却没有得出相同的结论，分析其中原因可以看出，之所以意见各异是因为学者们从不同的角度关注基础教育的不同特征。有的从基础教育的提供主体进行判定，有的从基础教育的消费特征来进行辨别，还有学者从基础教育的历史性特征给出结论。笔者以上述分析为基础，以萨缪尔森对公共产品的定义为标准，认为基础教育当属准公共产品，分析如下。

首先，基础教育不属于私人产品。强制性是基础教育的本质属性，各

---

① 有学者认为依据萨缪尔森提出的"非竞争性"和"非排他性"标准对义务教育的产品属性进行界定本身就是一种错误，认为"萨氏标准"是一种纯技术性指标，而义务教育的产品属性属于社会属性，用技术指标来分析界定教育产品的社会属性，方法使用错误。参见顾笑然《教育产品属性发凡——基于公共产品理论的批判与思考》，《中国成人教育》2007年第12期。本书依照当前学界的通行做法，依然采取萨缪尔森对公共产品的定义为标准。

② 厉以宁：《关于教育产品的性质和对教育的经营》，《教育发展研究》1999年第10期；王善迈：《关于教育产业化的讨论》，《北京师范大学学报》（人文社会科学版）2000年第1期；劳凯声：《社会转型与教育的重新定位》，《教育研究》2002年第2期。

③ 袁连生：《论教育的产品属性、学校的市场化运作及教育市场化》，《教育与经济》2003年第1期；张学敏：《义务教育的融合产品属性》，《西南师范大学学报》（人文社会科学版）2003年第4期；宋小川：《教育的经济属性》，《经济学动态》2009年第2期。

④ 〔英〕安东尼·B·阿特金森、〔美〕约瑟夫·E·斯蒂格利茨：《公共经济学》，蔡江南译，上海三联书店，1992，第624、637页。

国的基础教育相关法律中都规定适龄儿童有被迫入学的义务。因此，历史上由私人提供少数人享受的教育产品不属于基础教育，基础教育从诞生之日起就有着公共性。阿特金森、斯蒂格利茨等学者从教育的消费特征来判定其属性，指出教育是"公共供应的私人产品"，其中的教育产品更偏重于高等教育等非基础教育，强调教育的个人收益。教育产品包括基础教育在内都存在个人收益和社会收益，个人收益的效用独享具有竞争性和排他性，而基础教育之所以由政府免费提供，且具有强制性，其关键在于基础教育这种产品的社会效益远远大于个人效益，具有非排他性和非竞争性特征的社会效益的存在是基础教育产品的核心效用所在，且外部性特征较为明显。因此，无论从基础教育的强制性内涵而言，还是从基础教育的核心消费效用而言，基础教育都不应该属于私人产品。

其次，基础教育亦不属于纯公共产品。纯公共产品如国防，具有典型的非竞争性和非排他性，效用不可分割，无法排除其他人消费。基础教育亦是如此吗？答案显然是否定的。对于基础教育这种产品而言，可以用很低的制度成本来阻止一部分人享用，"择校热"和流动人口入学难等现实情况很好地对此进行了证明，同时，增加一名学生对其的消费，并非如国防那样不会导致成本的增加（班级的容量毕竟有限），也并非不影响其他人对其的消费（教师的精力毕竟有限），因此，基础教育从非竞争性和非排他性特征而言，不完全具备纯公共产品的性质。如前所述，有学者认为基础教育由政府提供，完全免费，当属公共产品。对此观点，本书认为除了依据提供方式来判断产品属性不准确外，还混淆了基础教育的制度安排。基础教育本身并非纯公共产品，只不过由于其明显的社会效益的存在，政府通过免费提供这种制度安排来加强基础教育的社会效益，就如同政府为强民健身，每天免费定量为公民提供牛奶，但并不能说明牛奶这种产品就是纯公共产品，对于多于政府供应量需求的或更高质量需求的牛奶，依旧可以通过市场来实现。

因此，根据公共产品理论对产品的分类，基础教育不属于公共产品，亦不属于私人产品，而应当归属介于公共产品和私人产品之间的准公共产品。准公共产品的公共性有强弱之分，对于基础教育而言，由于其明显的社会效益，产品的公共性较强，因此属于偏位于纯公共产品的准公共产品。

私人产品则可以依据市场价格进行有效配置，不需要政府提供。准公共产品因为有一定的效用外溢性，不能完全由市场提供，所以应由政府参与提供。公共产品的属性，决定了其必须由公共部门来提供。公共财政学是以公共产品理论为核心的，公共产品理论为政府教育投入尤其是基础教育投入规模和投入目标的选择提供了理论基础。

### （二）人力资本理论

人力资本是为提高人的能力而投入的一种资本，是西方教育经济学中的一个基本概念，这一理论的创始人是美国芝加哥大学教授、1979年诺贝尔经济学奖获得者西奥多·舒尔茨（Theodore W. Schultz），其代表著作是《人力资本投资——教育和研究的作用》。从20世纪80年代后期开始，特别是进入90年代以来，人力资本理论步入较热研究时期。经过研究，人们逐渐认识到，决定一个国家和民族国际竞争力最基础、最重要的因素是人力资本，人力资本经济是重要的新经济。在人力资本理论的形成过程中，舒尔茨最早提出了人力资本理论体系，其主要内容可以概括为以下几点。一是人力资本积累是经济增长的重要源泉。高素质的劳动力是推动经济增长和现代社会进步发展的主要动力，因为他们具有较高的劳动生产水平，他们身上凝聚的知识和技能越来越成为决定生产能力大小和效率高低的重要因素。二是劳动者素质能力的提高是教育促进经济增长的重要方式。教育提高了劳动者的知识和技能，劳动者素质的提高必然会带来劳动生产率的提高，教育以这样一种间接方式促进了经济增长和社会进步。三是教育是使劳动者收入分配更加趋于平等的重要力量。劳动者通过教育不但提高了知识和技能，提高了劳动生产率，促进了经济增长，而且通过教育提升了自己的社会地位，增加了获得更多劳动收入的可能，逐步减少了社会贫困现象，使劳动者的收入分配更加趋于公平合理。因此，舒尔茨指出："对于经济增长、工资结构和收入分配这三项中的任何一项来说，都可以用教育的多寡作为说明问题的重要可变因素。"[①]

人力资本理论为西方教育经济学奠定了重要的理论基础，并成为许多国家制定教育发展政策的理论基础。人力资本理论说明，教育具有重要的

---

① 翟博：《教育均衡论》，人民教育出版社，2008，第89页。

经济价值，大力发展教育正成为缩小劳动者收入差别、促进社会公平的重要途径。教育经济学的一个重要问题就是教育均衡发展问题：政府应如何通过改变资源配置、实现资源配置最优的方式促进基础教育均衡发展，从而提升劳动者素质，增加其收入，使社会收入分配更加趋于合理，实现社会公平正义。按照人力资本理论，当前大力解决我国区域内教育资源尤其是城乡之间基础教育资源配置的不均衡，应是制定公共教育政策的主要价值取向。

（三）新制度主义

新制度主义的"新"是相对于旧制度而言的，"新制度主义大旗下，都存在旧制度主义的事实"①。要缕析新制度主义的核心特征，有必要厘清旧制度主义的范式特征。旧制度主义尽管被一些学者批评为"反理论的、描述性的"②，但他们的研究依然蕴含着一些可循的理论基础，其特征可以概括为以下几点。第一，律法主义。旧制度主义将制度的范围限定于正式制度层面，关注法律以及法律在治理中的核心地位，认为法律既构成了公共部门自身的框架，也是政府影响公民行为的主要方式，关心政治制度就是关心法律。第二，结构主义。旧制度主义者认为结构决定行为（这成为后来的行为主义者反对的基本目标之一），研究者只要能够辨别组织结构的特征，就能对组织行为做出"预测"。第三，整体主义。旧制度主义者倾向于对整个组织系统进行比较研究，而不是对单个机构进行考察。第四，历史主义。旧制度主义者声称其分析师以历史为基础而展开分析，他们关注的是组织体系是如何嵌入到历史发展和社会经济文化中去的。第五，规范分析。旧制度主义者在分析中表现出一种很强的规范因素，这种规范因素也成为后来改革者攻击的目标，他们要求事实与价值的分离，而对于旧制度主义者而言，这种分离作为社会生活的特征是不可接受的③。

新制度主义的出现不仅仅是重申旧有制度分析方式的某些优点，更多的是为了克服旧制度主义的某些错误。新制度主义相对于早期的制度主义

---

① James G. March, Johan P. Olsen, The New Institutionalism: Organizational Factor in Political Life, *American Political Science Review*, 1984, Vol. 78, pp. 734 – 749.

② B. Guy Peters, *Institutional Theory in Political Science: the New Institutionalism*, London, New York Printer, 1999.

③ 薛晓源、陈家刚：《全球化与新制度主义》，社会科学文献出版社，2001，第 73～78 页。

来讲，具有如下核心特征。

第一，制度的内涵得以扩展。新制度主义者从不同的角度分别给予了制度不同的含义：以彼得·豪尔（Peter A. Hall）、罗斯玛丽·泰勒（Rose-mary C. R. Taylor）、凯瑟琳·西伦（Kathleen Thelen）为代表的学者从结构的视角将制度界定为中观层面的行为结构[1]；以詹姆斯·G·马奇（James G. March）、约翰·P·奥尔森（Johan P. Olsen）、保罗·J·迪马奇奥（Paul J. DiMaggio）和沃尔特·W·鲍威尔（Walter W. Powell）为代表的学者从政治行为的视角将制度定义为一种行为规则[2]；斯温·斯坦默（Sven Steinmo）将制度视为行为结果的转换机制，强调制度对行为后果的影响。

第二，在制度层次上，新制度主义者认为制度不仅仅是法律、宪政等正式制度，还包括文化、信仰、惯例等非正式制度；制度不仅涵盖国家宪政结构、政府体制等宏观层面，还应包括选举规则、政府层级关系等中观层面以及对个人行为和团体组织行为的具体规定的微观层面。

基础教育作为社会历史发展到一定阶段的一种制度安排，反映了一个国家的主体要求。对基础教育的重视是推行和普及基础教育制度的首要因素，推动和实现这一制度安排的主体组织正是国家政府。而且基础教育的产品属性、经济外部性和社会效益，使得基础教育具有显著的"外部利润"。为了获取这一"外部利润"，就必须推行和普及基础教育制度，实现基础教育均衡发展。

## 第二节　河南基础教育均衡发展现状

河南作为我国第一教育人口大省，基础教育的良好发展对全省人口素质的提高、国民经济的发展起着举足轻重的作用。2011 年 3 月 9 日，河南省政府与教育部签署了基础教育均衡发展备忘录。副省长徐济超同志代表河南省做出承诺：到 2015 年累计 100 个县（市、区）实现县域基础教育基

---

[1]　M. Nabli, J. Nugent, The New Institutional Economics and Its Applicability to Development, *World Development*, Vol. 17, No. 9, 1989.

[2]　Paul J. Dimaggio, Walter W. Powell, *The New Institutionalism in Organizations Analysis*, Chicago: The University of Chicago Press, 1991.

本均衡发展；到2020年底全省158个县（市、区）全部实现基础教育基本均衡发展，并通过省级人民政府认定。

## 一 河南省基础教育的基本情况

### （一）财政对于基础教育支出规模有待进一步提高

笔者以中部六省为对象，对河南省财政用于教育经费的比例进行考量，结果如表6-1所示。河南省2014年教育经费占地区生产总值的比重为3.44%，与国家有关法律要求用于教育的财政支出占GDP比重4%的水平线还有一定距离。在山西、江西、安徽、湖南、湖北和河南中部6省中，尽管在教育支出的绝对值上，河南省支出最高，但是，在教育经费占地区生产总值的比重上，河南省排名第四，在中部6省中相对偏低（见图6-1）。

表6-1 2014年中部六省教育经费支出状况

| 序 号 | 地 区 | 地区生产总值<br>（亿元） | 教育经费支出<br>（亿元） | 教育经费占地区生产总值的比重<br>（%） |
| --- | --- | --- | --- | --- |
| 1 | 山 西 | 12761.49 | 507.28 | 3.97 |
| 2 | 江 西 | 15714.63 | 711.72 | 4.53 |
| 3 | 安 徽 | 20848.75 | 743.07 | 3.56 |
| 4 | 湖 南 | 27037.32 | 833.27 | 3.08 |
| 5 | 河 南 | 34938.24 | 1201.38 | 3.44 |
| 6 | 湖 北 | 27379.22 | 773.35 | 2.82 |

资料来源：《中国统计年鉴》（2015）。

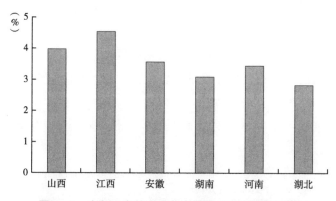

图6-1 中部6省教育经费占地区生产总值的比重

资料来源：《中国统计年鉴》（2015）。

　　财政用于教育经费的不足直接导致河南省普通教育支出规模偏低，间接影响了财政对基础教育的投入和城乡基础教育的均衡发展。如表6-2所示，2011~2014年，河南省财政性教育支出从857.14亿元增长到1201.38亿元。就增长速度而言，河南省财政性教育经费（作为教育经费的主体）的增速直接反映了其教育经费的增速变化。2011~2014年，河南省普教支出的年均增长速度为12%。2011~2014年，河南省全省财政教育占公共财政支出的比重始终维持在20%左右，2012年最高，达到22%，居全国之首。但是作为全国第一人口大省以及全国第一教育人口大省，河南省生均教育经费长期居全国后列。如表6-3所示，2011年河南省公共财政预算教育经费为815.74亿元，占公共财政支出比例为20%；而广东省公共财政教育经费为1227.87亿元，为全国之首，其占公共财政支出的比例只有18%。两省总额相比，河南省与广东省存在很大差距。财政对教育整体投入不足，容易导致在基础教育投入上存在"缺位"领域，其直接后果就是基础教育的福利性和公平性难以得到保障。

表6-2　河南省财政教育支出情况

单位：亿元

| 年份 | 教育事业经费 | 财政支出 | GDP | 教育事业经费占财政支出的比例（%） |
|---|---|---|---|---|
| 2011 | 857.14 | 4248.82 | 26931.03 | 20 |
| 2012 | 1106.51 | 5006.40 | 29599.31 | 22 |
| 2013 | 1171.52 | 5582.31 | 32191.30 | 20 |
| 2014 | 1201.38 | 6028.69 | 34938.24 | 19 |

　　资料来源：《河南统计年鉴》（2015）。

表6-3　2011年河南省、广东省的财政教育支出情况

单位：亿元

| 省　份 | 2011年财政教育经费 | 2011年公共财政支出 | 比例（%） |
|---|---|---|---|
| 河南省 | 815.74 | 4248.82 | 20 |
| 广东省 | 1227.87 | 6712.40 | 18 |

　　资料来源：《中国统计年鉴》（2012）。

### （二）居民对基础教育满意度不高

对样本地区城乡居民基础教育满意度的调查结果显示（具体见图6-2），有8.27%的居民非常满意，比较满意的居民比例为31.30%，即仅有39.57%的城乡居民对基础教育表示满意。满意度的衡量有两个层面，一个是实际支出负担，一个是心理负担。从实际支出负担考量，城乡居民教育支出占家庭收入的比重在41%~60%区间的家庭有17.89%，比重区间在61%以上的家庭累计有17.88%（具体见图6-3），即大约有1/3的家庭教育支出占收入的比例在一半以上。首先，从心理负担层面考量，由于近年来教育竞争低龄化的日益加剧，从小学阶段开始，家长们唯恐自己的孩子输在起

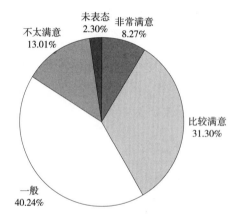

**图6-2　河南省城乡居民基础教育满意度状况**

资料来源：根据调查统计数据计算所得。

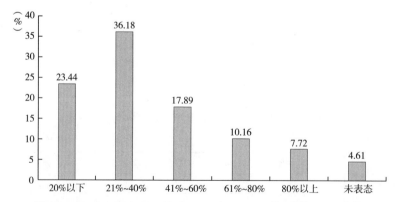

**图6-3　河南省城乡居民每年用于教育的支出占家庭收入的比重状况**

资料来源：根据调查统计数据计算所得。

跑线上，除学校教育外的额外培训日益频繁，造成在基础教育阶段，家长们也感觉教育负担不轻松，甚至很重；其次，随着近年来基础教育学校布局调整的开展，交通费也成为离校较远的学生的一种教育负担，甚至在有些地方出现需要家长陪读的现象，这也增加了家长的基础教育心理负担。上述情况反映出当前"上学难、上学贵"的问题并未很好解决，城乡基础教育发展严重不均衡所导致的"择校热"、流动人口子女的免费基础教育等问题依然困扰着城乡公众。

## 二 河南省基础教育发展的非均衡状况

笔者从教育经费的财政投入差异、办学条件差异、师资力量差异和基础教育的可及性差异四个方面对河南省基础教育的非均衡状况进行考察。

### （一）基础教育财政经费投入差异

从表 6-2 可以看到，2011~2014 年河南省财政教育经费投入是逐年增加的，但是教育经费占 GDP 的比重基本是固定的，在有限的教育经费的制约下，河南省要维持基础教育的正常运转，必然要在不同地区之间甚至不同校际之间有所侧重。加上长期以来所形成的重城轻乡的城乡二元经济结构的影响，各种教育资源尤其是教育经费总是优先向城镇地区倾斜，从而造成城乡间优质教育资源配置的不均衡现状，并进而制约了农村地区办学条件、师资队伍等教育资源的发展。

### （二）基础教育办学条件差异

教育经费投入在城乡区域间的差异，很大程度上决定了城乡之间在办学条件上的差异，这主要体现在两个方面。第一，尽管河南省大部分地区农村中小学生均校舍面积高于城市，同时近年来，河南省在农村基础教育阶段的学校危房改造中投入了大量资金，经过多项工程的改造与扩建，农村校舍有了很大改善，但是就校舍的数量和质量来说都远远不如城市。第二，城市学校在体音美等方面的器械配备要明显优于农村，大部分城市学校生均仪器配备要明显优于农村，城乡差距依然较大。同时在生均图书册数、生均体育运动场馆面积及每百名学生拥有的计算机台数方面，城乡之间也有很大差距。

### （三）基础教育师资力量差异

从师资力量来看，2014 年，农村普通小学的生师比约为 16.70：1，城市普通小学的生师比约为 20.76：1；农村初级中学的生师比约为 11.72：1，而城市初级中学的生师比约为 14.94：1①。从教师数量上来看，在河南城乡基础教育生师比方面，农村和城市还有一定差距。从教师质量上来看，农村中小学师资还表现为如下特征：一是由"民办"教师"转正"所形成的师资比例较高，农村中小学教师获取学历的途径更多的是通过函授、自考等方式；二是年龄结构极不合理，"爷爷奶奶教小学"的现象普遍存在；三是学科结构不合理，体育、音乐、美术、科学、英语等科目的师资严重匮乏。这说明，河南省城市的教师质量远远高于农村的教师质量。

### （四）城乡性差异

河南省 2014 年学龄人口小学和初中入学率分别为 99.69% 和 97.93%，其中农村的学龄人口小学和初中入学率分别为 99.63% 和 97.51%②。农村学龄人口入学率与全省平均水平仍有差距。考虑到城市学龄人口数量少，但净入学率高，而农村学龄人口数量是城市学龄儿童数量的数倍，但净入学率低于城市水平，从而可以间接反映出农村未入学学龄儿童的绝对数量大大超过城市的未入学学龄儿童的绝对数量。

## 第三节　河南基础教育非均衡发展的制度性根源

根据新制度主义的观点，制度成因包括正式制度和非正式制度的影响。笔者从财政制度、城乡二元体制以及基础教育管理体制三个方面来阐述正式制度对河南省基础教育非均衡发展的影响。非正式制度隐蔽性、长期性的特征使其影响力更为久远，更难消弭。笔者对以传统社会文化和家庭教育观念为核心的非正式制度对河南省基础教育非均衡发展的影响进行深入剖析。

### 一　城乡二元体制与基础教育非均衡

城市与农村分割的二元结构由一系列的制度所造成，在这里笔者把城

---

① 根据《河南统计年鉴》（2015）数据计算得出。
② 根据《河南统计年鉴》（2015）数据计算得出。

乡二元体制看作二元户籍管理制度、二元土地制度、二元教育体制、二元就业制度、二元公共服务供给制度等一系列制度的合集，该制度链条中的各个制度是城乡二元体制的子集。

**（一）城乡二元户籍管理制度阻滞基础教育均衡发展**

户籍管理制度是城乡二元体制链条中的一个重要链节，指通过各级权力机构对其所辖范围内的户口进行调查登记、申报与注销、迁移等管理，并按一定的原则对其进行立户、分类和编制，其本意是提供辖区内的人口统计资料。随着时间的推移，如今的户籍制度已远远超出其本身的职能，而演变成一种身份的象征，其背后附着着一系列的福利待遇。

户籍制度对城乡基础教育的直接影响体现在两个方面。一是建立在该制度基础上的基础教育就近入学制。2006 年修订实施的《中华人民共和国基础教育法》第十二条规定：地方各级人民政府应当保障适龄儿童、少年在户籍所在地学校就近入学。就近入学的依据就是户籍。这项旨在方便学生就学的制度安排，在"不经意"间使农村学生不得不接受农村相对落后的教育，同时，也变相催生了"高价择校费"的出现，"非定点"的外来生源要缴纳价值不菲的"择校费"方能入学。二是该制度安排阻滞了流动人口子女平等接受基础教育的权利。目前，国家对农民工子女平等接受基础教育采取的是"以流入地政府管理为主，以全日制公办学校为主"的"两为主"政策。但常常出现城市的基础教育学校以教育资源的有限性为借口，对进城务工人员的子女收取高价"借读费"，有的甚至直接拒绝接收。另外，许多在城市就读的农民工子女到小升初，或初升高时，由于户籍的限制只能回家乡参加考试。这种"户籍管学籍"的制度安排使平等接受基础教育的法律规定成为一纸空文。

**（二）城乡二元教育结构掣肘基础教育均衡发展**

城乡二元的教育结构是城乡二元体制在教育上的影射，是城乡二元社会的一种表征形式，其主要表现为城乡教育目标二元化、城乡教育经费投入二元化、城乡教育办学标准二元化等方面。

长期以来的城乡二元体制，使城乡基础教育在发展目标定位上存在显著的差异。农村基础教育的目标长期定位于"为农"服务，而城市基础教育的目标定位于"为城"服务。随着统筹城乡发展浪潮的到来，农村基础教育的发展目标又出现"离农"与"为农"的悖论①。农村基础教育灌输的城市优越理念，使农村学生逐渐缺乏对农村的热爱，淡化了建设农村的思想，把教育看作是脱离农村的"跳龙门"行为。这种"离农"的倾向同时又遭到一些学者的严厉批评，陶行知先生就指出："中国乡村教育走错了路：他教人离开乡下向城里跑，他教人吃饭不种稻，穿衣不种棉，做房子不造林。他教人羡慕奢华，看不起务农，他教人分利不生利，他教农夫的子弟变成书呆子。"② 发展目标的二元取向，使得城乡基础教育在最根本的价值选择上出现了二元分割，出现城乡基础教育发展的分离也变成一种理所当然。

城乡基础教育经费投入的二元化主要表现为："城市教育国家办，农村教育农民办。"该二元化确定于改革开放后"地方负责，分级管理"的基础教育管理体制的实施，该管理体制使得城乡基础教育在经费投入方面的差距迅速扩大，加剧了城乡基础教育的二元表征。随着"以县为主"新体制的实施及《国家中长期教育改革和发展规划纲要（2010～2020年)》的颁布，城乡基础教育经费投入的二元化表征逐渐减弱，但是由于前期农村基础教育经费投入的历史欠账过多，要缩小农村与城市间基础教育的差距，在经费投入方面，应弥补历史欠账，实施"反二元化"的策略，对农村基础教育投入进行倾斜。

除教育目标和经费投入的二元表征外，城乡基础教育的办学标准也不统一，呈现二元化的特征。如河南省2008年实施的《河南省农村基础教育阶段学校办学条件基本标准（试行)》，明确说明"此标准适用于现阶段农村（含县镇）初中、小学"，属于单列的农村办学条件基本标准而非城乡统一基础教育学校办学标准。濮阳市依据《河南省农村基础教育阶段学校办学条件基本标准（试行)》和《河南省普通中小学管理基本规范（试行)》的要求，制定的濮教〔2011〕11号文件《濮阳市教育局关于在全市基础教育阶段实施标准化学校建设工程的通知》中明确规定：按照农村小学师生

---

① 邬志辉、马青：《中国农村教育现代化的价值取向与道路选择》，《中国地质大学学报》（社会科学版）2008年第11期。

② 转引自戚务念《多元化：当前农村教育目标的必然选择》，《江西教育科研》2006年第8期。

比 1：25，县（镇）小学师生比 1：23，城市小学师生比 1：20；农村初中师生比 1：18.5，县（镇）初中师生比 1：16.5，城市初中师生比 1：13.5 的比例配备教职工。

### （三）城乡二元经济结构阻碍基础教育均衡发展

经济二元是我国城乡二元体制中最明显、最受关注的表现形式，其分为静态结构和动态结构，二元经济的静态结构指"二元经济结构及与这些结构相联系的制度结构"①，其动态结构指农村传统农业向城市现代工业的转化及该转化过程中的剩余劳动力的转移。城乡二元经济的静态结构不仅表现在城市以现代工业为主、农村以传统农业为主的经济形式的差异上，也体现在城乡居民收入的巨大差异上。城乡居民可支配收入的差异又决定了城乡居民对基础教育投入的差异。林志伟（2006），刘云忠、徐映梅（2007）等利用协整理论对我国城乡居民教育投入与城乡教育差距之间的关系进行了研究，都指出两者之间存在明显的协整关系，且该关系是一种长期均衡，其修正也需较长时间。刘云忠、徐映梅通过对 1990～2005 年的面板数据进行分析，指出我国城乡教育差距与城乡居民教育投入差距之间的协整系数为 4.0，即我国城乡居民对教育的投入差距每提高 1 个单位，城乡教育的差距将扩大 4 个单位②。在城乡二元经济的动态结构中，随着农村劳动力向城市的大量流动，空巢家庭日益增多，大量的农村仅留下老人和孩子，其状况不仅使得农村家庭对基础教育的投入与城市家庭相比远远落后，也使得基础教育阶段的家庭教育远远落后于城市家庭；同时，随父母进城就读的子女由于得不到与城市家庭子女相同的教育待遇，在城市内部又形成了新的"城乡二元"，使城乡基础教育的差距进一步拉大。

## 二　"以县为主"管理体制与基础教育非均衡

"以县为主"管理体制实施以前，我国基础教育采取的是"地方负责，

---

① 沈亚芳：《二元经济结构转换下的农村教育——一般理论与中国实践》，《生产力研究》2008 年第 6 期。

② 林志伟：《我国城乡收入差距与教育差距的协整性分析》，《山西财经大学学报》2006 年第 4 期；刘云忠、徐映梅：《我国城乡教育差距与城乡居民教育投入差距的协整研究》，《教育与经济》2007 年第 4 期。

分级管理"的管理体制，在该体制下农村基础教育管理实际上采取的是"以乡为主"，这种"城市教育政府办，农村教育农民办"的格局不仅硬化了城乡基础教育的二元体制特征，也加剧了城乡基础教育的非均衡发展。随着农村税费改革的实施，农村基础教育举步维艰，农村"以乡为主"的管理体制也寿终正寝，"以县为主"的基础教育管理体制取而代之。

我国基础教育进入"以县为主"时代后，农村基础教育经费紧张的状况得到一定程度的缓解，但是否促进了基础教育差距的缩小呢？基础教育差距又呈现如何的变动趋势呢？

本书运用生均教育经费的泰尔指数（Theil – T）分布来测度"以县为主"管理体制前后城乡基础教育的差距。该指数的最大优点在于其能够将不平等的分布进一步分解为组内差距和组间差距，组内差距可以描述城市和农村各自内部的生均教育经费差距，而组间差距则表明了本书所要验证的城乡基础教育的差距。Theil – T 指数越大，表示差距越大，反之，表示差距越小。

Theil – T 指数分解公式为[①]：

$$Tp = \sum_i \left(\frac{Y_i}{Y}\right) Tp_i + \sum_i \left(\frac{Y_i}{Y}\right) \ln \left(\frac{Y_i/Y}{N_i/N}\right)$$

其中，$i = 1$，2 表示城市和农村两个组，$Y$ 表示教育经费支出，$N$ 表示在校生人数。笔者根据 1997 ~ 2014 年《河南教育统计年鉴》的相关数据分别对城乡小学和初中的生均教育经费的 Theil – T 指数进行求解，具体结果如表 6 – 4 所示。

表 6 – 4　河南基础教育生均经费支出的城乡差距

| 年　份 | 小学生均教育经费 Theil – T 指数 | 初中生均教育经费 Theil – T 指数 |
|---|---|---|
| 1997 | 0.028 | 0.022 |
| 1998 | 0.032 | 0.031 |
| 1999 | 0.035 | 0.038 |
| 2000 | 0.036 | 0.047 |

①　参考赵力涛《中国义务教育经费体制改革：变化与效果》，《中国社会科学》2009 年第 4 期。

| 年 份 | 小学生均教育经费 Theil－T 指数 | 初中生均教育经费 Theil－T 指数 |
|------|------------------------------|------------------------------|
| 2001 | 0.039 | 0.033 |
| 2002 | 0.035 | 0.032 |
| 2003 | 0.038 | 0.037 |
| 2004 | 0.030 | 0.035 |
| 2005 | 0.025 | 0.026 |
| 2006 | 0.024 | 0.025 |
| 2007 | 0.024 | 0.025 |
| 2008 | 0.025 | 0.024 |
| 2009 | 0.022 | 0.022 |
| 2010 | 0.019 | 0.020 |
| 2011 | 0.018 | 0.019 |
| 2012 | 0.017 | 0.018 |

资料来源：根据《河南省教育经费统计年鉴》相关年份的数据整理得出。

由表 6－4 可知，小学生均教育经费的 Theil－T 指数在 1997~2012 年逐年增加，2001 年达到考察区间的峰值 0.039，这反映出，在"以县为主"管理体制实施前，城乡小学教育的差距呈现逐年扩大的态势。2001 年"以县为主"的基础教育管理体制开始实施，小学生均教育经费 Theil－T 指数除 2003 年比前一年度有所增加但仍低于 2001 年度外，整体上呈现出减少的趋势，这反映出在"以县为主"管理体制实施后，我国小学教育的差距呈现逐年缩小的态势。

初中生均教育经费 Theil－T 指数在考察年份区间内的总体变动趋势同小学的变动态势大体相当。不同的是，初中生均教育经费的 Theil－T 指数在 2000 年达到峰值，但是从趋势变动的总体态势看，在"以县为主"管理体制实施前，城乡初中教育的差距在变大，而在"以县为主"管理体制实施后，Theil－T 指数总体呈现下走趋势，城乡差距在逐渐缩小①。

---

① "以县为主"管理体制实施后，小学和初中的 Theil－T 指数在 2003 年都出现异动。2003 年国务院发布了《关于 2003 年治理教育乱收费工作的实施意见》，使得义务教育学校的预算外经费大幅度减少，由于农村义务教育学校对预算外教育经费的依存度高于城市义务教育学校，因而出现 2003 年的数据异动。

初中的生均教育经费 Theil – T 指数在样本年份区间内始终大于小学，表明初中的城乡差距要远远高于小学。小学生均教育经费 Theil – T 指数从 2001 年的 0.039 减小为 2012 年的 0.017，减小幅度为 0.022；而同期初中生均教育经费 Theil – T 指数从 0.033 减小到 0.018，减小幅度为 0.015。这反映出"以县为主"管理体制在缩小城乡差距的效果上，小学阶段明显于初中阶段。

根据上述实证分析的结果，我们可以得出如下结论。第一，"以县为主"的基础教育管理体制实施以后，以生均经费为衡量标准的城乡基础教育差距的变动"加速度"在减小。即随着新体制的实施，农村基础教育的投入主体由"以乡为主"提升为"以县为主"，在缓解农村教育经费紧张状况的同时，有效遏制了城乡基础教育差距持续扩大的趋势，反映出"以县为主"的基础教育管理体制在缩小城乡教育差距的作用效果方面优于"地方负责，分级管理"的管理体制。第二，在肯定"以县为主"管理体制的同时，我们也应该注意到，该体制的实施，减缓了城乡差距的"加速度"变动，但城乡基础教育的差距依然存在，且扩大的态势依然存在，减小的只不过是差距扩大的速度，并没有从根本上改变城乡基础教育存在明显差距的事实①。综合上述两个结论，我们可以看出，"以县为主"的基础教育管理体制并未从根本上解决城乡基础教育的非均衡发展问题，实证分析得出，城乡差异的减缓得益于新体制实施后，国家财政对农村基础教育投入的扩大。闫坤、刘新波（2010）对此问题进一步分析指出：将基础教育的投入与管理责任上划到县级政府，并没有改变基础教育经费主要由层级较低的地方政府负责的格局，仍未脱离"地方负责，分级管理"体制下的经费投入低重心化的范畴，只不过将包袱由难以为继的乡财政推给了县财政，但对于众多"吃饭财政"②的县级政府，基础教育的投入责任又将如何实现呢？

从另一个角度分析，该实证研究中的变量为生均教育经费，该变量反

---

① 该实证结果的结论与闫坤、刘新波：《"以县为主"教育管理体制下农村义务教育非均衡发展的测算——基于历年省级数据的实证分析》，《中国社会科学院研究生院学报》2010 年第 4 期的结论相同，也印证了该实证分析的有效性。

② 所谓"吃饭财政"是指财政资金只能维持国家机关的运转，只能供养一批"吃皇粮"的人，缺乏用于建设的资金，也就是说财政的经济建设职能基本丧失。详见赵理峰《对我国财政收支结构调整的若干思考》，《湖南财政与会计》2000 年第 7 期。

映的仅仅是城乡基础教育的"增量"效果，对城乡基础教育的存量并无反映。即该实证分析的结果仅仅反映出"以县为主"管理体制实施前后一段时期，财政对城乡基础教育投入的实际状况，而对于城乡基础教育经费投入的整体状况，尤其是财政对农村基础教育的历史"欠账"并无反映，对农村基础教育的现状以及城乡差距的现状并无全面的展现。其次，该实证分析中的变量仅仅选取了容易量化的生均教育经费，而对城乡基础教育中的师资力量差距以及教学质量差距均无反映。

综上所述，与"地方负责，分级管理"的基础教育管理体制相比，"以县为主"较好地遏制了城乡基础教育差距扩大的态势，但并未脱离基础教育投入的低重心运行格局，至少说从样本统计期间考量上看没有从根本上解决基础教育非均衡发展问题。

### 三　非正式制度对河南省基础教育非均衡发展的影响

非正式制度对我国城乡基础教育非均衡发展的影响主要体现为传统社会文化的影响和家庭思想观念的影响两个方面。

#### （一）传统社会文化对基础教育非均衡发展的影响

基础教育均衡发展问题不仅仅是具体政策完善、经费投入增加和管理体制改革的问题，传统社会文化对其的影响是另一个重要维度。教育发展与社会文化有着天然的联系，教育的发展无不时时处处地位于传统社会文化、现代文化以及城乡文化的浸漫之中，社会文化像一张无形的网，以嵌入的形式影响着教育均衡发展的理论和实践。

*1. 难以割舍的等级文化观念，使基础教育公平意识缺失*

毋庸置疑，中原文化传统中有着丰富的、可供借鉴的宝贵资源。但是，不可否认的是中原传统社会文化中也存在较为浓厚的"重等级轻民主""重权威轻公平"的不合时宜的行为习惯。该习惯的传承使我们恪守等级观念，缺乏民主、公平、正义的文化环境，在该社会文化氛围中，民主、平等、自由被置于思想文化的边缘地带，众多的社会活动都在有意无意地受到该传统文化的影响，教育发展也不例外。

在基础教育发展领域，无论是普通民众还是政府官员都或多或少地留有传统等级文化的阴影。对普通民众而言，在此传统文化观念的影响下不断地追逐重点学校、名校，甚至于在有些情况下，对名校的追逐已超越了教育质量本身，而归因于对社会地位认可的需要。根据经济学的一般规律，有需求存在就可能导致供给的发生，各种各样的重点学校、名牌学校甚至于重点班级都应运而生，而稀缺资源之所以称为稀缺资源，就是因为其供给与需求的严重不对等，在那些重点学校、名牌学校成为稀缺资源的同时，必然意味着大多数人被排除在享受该优质教育资源的范围之外。作为各种资源相对贫乏的农村孩子与城市孩子相比，自然被划为上述范围之外的范畴。长此以往，本不应存在的教育等级化也成为了理所当然。对于政府及教育职能部门而言，该等级文化的直接表现是"重点建设"理念。在行政力量的主导下，教育管理部门以及学校领导的主要业绩通过升学率、重点率等指标来进行衡量，在该考核理念的指导下，教育管理决策层倾向于名校的塑造、教育强区的建设，使得更多的教育资源，尤其是优质教育资源不断地向重点建设区域流动，而该重点建设区域的次序永远都是城市为先，而农村那些基础设施薄弱、工作环境差的学校很少受到关注，这使得基础教育发展强者更强、弱者更弱。

另外，等级文化观念还反映在不同社会阶层的受教育机会的差别上。现代社会，社会人群被划分为不同的社会阶层，社会成员间本应平等的受教育的权利和受教育的机会，在不同社会阶层中却有了差别，城市务工人员子女的基础教育状况是对其现象的最有力证明。

2. 挥之不去的精英教育情结，使基础教育选拔功能扩大化

"学而优则仕""朝为田舍郎，暮登天子堂""万般皆下品，唯有读书高"，这些传统思想表达的是对我国封建社会参加科举考试考生的激励，而今天，这种"精英教育"的传统观念并未随着科举考试的终结而泯灭，精英教育的影子依然明显。当前，人们依然普遍认为教育是选拔人才的最有效方式，以"选拔"为目的的应试教育其实就是以培育少数精英为目标的"精英教育"，该种教育模式秉承的是"效率优先、兼顾公平"的理念，使得"学历社会"[①]成为当前我国的主流价值之一。在该价值观的引导下，处

---

① 董泽芳等：《区域内义务教育均衡发展的阻碍因素分析》，《教育研究与实验》2010年第5期。

于教育初始阶段的基础教育也被赋予了"选拔"功能。多数孩子的家长都希望自己的孩子能够通过教育出人头地，通过教育改变命运。基础教育也成为家长们争先恐后培养"精英"而角逐的对象，这一"精英教育"情结与我国应试教育模式相结合，共同助推着我国当前"择校热"的不断升温，阻碍了城乡基础教育均衡发展文化心理的形成。

另一方面，对人才的片面理解也助推着精英教育情结的延续。在我国，长期以来，人才的概念常常与栋梁、精英等相关联，导致人们普遍地认为高精尖类的科研栋梁才是人才，因此就有了"黑色七月"，有了"千军万马过独木桥"的残酷选拔，同时也使得基础教育在高等教育面前"自惭形秽"。

3. 农村贫困文化的禁锢，使基础教育均衡发展的阻力加大

文化的发展受历史传统、风俗习惯、宗教信仰等多种因素的影响，表现出千差万别的面貌，同时教育与文化的天然联系，使得基础教育的发展受其渗透的影响也呈现出不均衡的态势。

农村社会学的研究告诉我们，我国农村的现实贫困不仅仅是一种经济现象，其背后还伴随着一套自我维持的文化体系。根据美国学者艾利森·戴维斯的观点，由于长期生活于贫困环境下，穷人便逐步形成一套与之相适应的生活方式、思想观念、行为规范等，由此组成的贫困文化会随着代际交替而代代相传。与贫困经济相伴而生的贫困文化不能简单地说是农村文化，而是指与农村贫困经济相关联的一种消极的、负面的农村文化。与贫困经济相比，贫困文化更难改观，对教育的负面影响也甚为巨大。

第一，贫困文化使农村基础教育发展缺乏文化动力。首先，由农村自然环境、人文和经济环境等因素长期积聚沉淀而成的农村贫困文化，不能为农村基础教育的发展提供积极的人文环境，消极的观念因素制约着其发展；其次，贫困文化进一步催化"上学无用"的观念，使得人们开始排除教育；最后，农村的贫困文化与现代科技文化相脱节，从而缺少现代文明对其的刺激与碰撞，逐渐地使自己处于独立存在的境况，与教育的交流也变得僵硬。

第二，贫困文化固化了农村教育功利化价值取向。与城市相比，农村的生产力方式较为简单，对科学技术的需求度和需求量有限，该客观现实使得农民对教育对人的作用的理解较为狭隘，更多地表现为一种实惠观，

许多人经常用眼前的收益与教育的预期收益相比较，认为考不上大学，早晚是要回家种地，还不如早些退出校门去赚钱。

第三，贫困文化使得农村基础教育缺少民众的支持和参与。贫困文化影响下的农村民众大多数认为教育是国家的事情，发展教育与自己无关，自身对教育的参与更多的是把教育作为子女"跳龙门"的手段，甚至是"光耀门第"的行为。在此动机下，一旦感觉子女升学无望，便会对子女辍学听之任之，贫困地区的基础教育学生流失多数是此原因。

**（二）家庭教育观念对基础教育非均衡发展的影响**

家庭、学校和社会是影响教育效果的三大支柱，其中家庭教育是开启人生命智慧的第一课堂，是学校教育和社会教育的基础。早在 20 世纪 60 年代，美国的科尔曼报告（Colemanetal）就指出：家庭背景在孩子教育成就的取得过程中比学校因素更为重要。其中家庭教育观念差异是家庭背景因素中影响城乡基础教育非均衡发展的重要因素。家庭教育观念的形成与该家庭所处的社会阶层以及文化背景有着密切的关联。拉鲁（Lareau）通过对美国不同阶层家庭教育方式差异的探讨，印证了社会阶层对家庭教育观念的影响（见表 6 - 5），而不同的家庭教育观念又最终导致了不同的教育结果。家庭所处的社会文化背景是影响家庭教育观念形成的又一重要因素，美国学者 Amy Chua 运用"中国式母亲"和"美国式母亲"[1] 的概念详细阐述了不同文化背景下家庭教育观念的差异。

表 6 - 5　不同阶层家庭的教育方式差异[2]

| | 协调培养 | 顺其自然 |
|---|---|---|
| 核心要素 | 家长积极培养和评估孩子的天赋 | 家长关心孩子并让其自由成长 |
| 日常生活的组织 | 家长精心策划孩子的校外活动 | 让孩子"出去闲逛" |
| 语言使用 | 推理性的/指令性的<br>孩子可以和家长争辩<br>家长和孩子进行广泛的商议 | 指令性的<br>孩子很少质疑或挑战家长<br>孩子通常被动接受指令 |

---

① Amy Chua, *Battle Hymn of the Tiger Mother*, Penguin Group, 2011.

② 转引自王平《转型期城市贫困家庭子女义务教育的比较研究》，博士学位论文，复旦大学，2011，第 71 页。

|  | 协调培养 | 顺其自然 |
|---|---|---|
| 对教育机构的干预 | 对孩子的行为进行批评和干预<br>训练孩子尽好本分 | 依赖于教育机构<br>有无力和挫败感<br>教育实践在家庭和学校之间有冲突 |
| 后果 | 孩子会形成权利意识 | 孩子会形成限制感 |

所谓家庭教育观念，一般意义上指家长对子女教育的看法和认识，具体表现为家长对子女教育成就的预期和家长的文化资本等方面。本书通过个案研究详细描述家庭教育观念对教育非均衡发展的影响。

访谈对象描述：

冰冰（a）：女，家住郑州市××中学家属区，父母均为该学校教师。

小培（b）：女，家住新郑市新村镇岭东村，父母均为农民。

a、b均为a母所生（对象的选择排除了智力遗传因素对教育成就的影响），由于计划生育原因，a母将亲生女b送于其妹（b母，实为b养母）抚养。

1. 家长对子女教育预期差异与城乡基础教育非均衡

在已有的家庭教育观念调查中，调研者常常用"家长希望孩子最终获得什么样的教育水平"来对教育预期进行考量。教育预期从心理学的角度讲，是指在对已有教育成就认知的基础上，在教育需求渴望的影响下，所产生的对教育对象教育成就的预期性认知。换言之，教育预期基于两个方面而形成：一是对子女现有教育成绩的认知，二是对子女未来教育水平的渴望。因此，家长对子女教育预期的不同反映，是家长在孩子现有教育成绩的基础上，对孩子未来学业成就的推测。笔者通过访谈对象a和b的教育经历来描述教育预期差异对城乡基础教育非均衡发展的影响。

问题：你的学习成绩怎么样？父母对你的学习有什么要求？

a：小时候父母都挺重视我的学习，可他们不会强迫我考试必须考第一。相对来说，他们更重视我学习习惯的培养，要求我上课前预习课本，上完课要进行复习。我的成绩一直在全班前5名。

b：我小学成绩还可以，中上等水平吧。我妈总拿我和我大舅家的两个哥哥比（他们都考上了大学，是当地为数不多的两个大学生），老说他们成绩好，我要向他们学习。小学考不好，我妈还会说我，上初中以后，我妈忙着挣钱，很少再过问我的成绩，问得最多的是我还有没有钱花。可能是觉得我不是读书的料，对我没抱啥希望吧。

问题：您对孩子将来的学习有什么看法？

a爸：根据目前a的学习成绩，如果能够保持稳定的话，中考考入郑州一中应该问题不大。将来的话，如果不能争取到保送清华、北大的名额，a自己考，考个武大应该还可以。

b妈：这次期末考试，英语考了62分，天天见她学，也不知道都学的啥。b的成绩在班上总是中不溜（中等）水平，这孩子脑子够使（还算聪明），就是整天不操心学。将来的话，看她自己了，她有能力考上高中，我和她爸就是砸铁卖锅也会供她读，她要是自己考不上，我们可没钱掏高价（当地中考成绩不够录取线的，可以出钱买高中读书名额，但高价生的成绩也需要在一定分数线以上）。真是考不上了，就出去打工呗，和她一样大的几个小妞儿早都去上班了。

a目前在郑州某重点中学读初三，她的成绩位于班级里前10名。a的父母作为教师，对孩子进行全面的教育，在小学期间a不仅在课堂教育之余学习了舞蹈、单簧管等，还在父母的督促下写了一手的好字。在与a的交流过程中，她不仅表现出了较为宽阔的知识面，而且还流露出较高的综合素养。

b目前在新郑市新村镇某初中读初三，她的成绩在班级里一般排在30名左右。她的英语成绩一直不好，由于性格内向，上课听不懂的地方也不敢问老师，家在农村，受家庭条件的限制从来没有参加过辅导班，再加上自己的发音不标准，英语只敢自己小声地默念，从没有大声朗诵过。对于成绩的平平表现，面对母亲的责怪b一直默不作声。当问及对以后有什么打算时，b一直沉默，最后说，真考不上了就出去打工，有那么多没读大学的孩子也都成了企业家。

通过对上述个案的研究发现，农村家庭由于受文化氛围的影响，其教育预期所产生的"皮格马利翁效应"① 要低于城市家庭。同时，一方面，教育预期差异的存在，减少了农村家庭对子女教育投入的相对比重，更加剧了城乡学生教育资源占有量的差距；另一方面，城乡家庭教育预期差异的存在，客观上也减少了农村学生教育机会的获得。

2. 家长的文化资本与基础教育非均衡

根据布迪厄的观点，资本有三种基本类型：经济资本、文化资本和社会资本。所谓文化资本，是指一种权利、地位和文化知识积累等社会关系的总和，以文凭、学衔和作品等为符合符号，以学位为制度化形态②。具体而言，个人的文化水平和文化修养是文化资本的具体形态，学历、文凭是文化资本的制度化状态。这两种形态的文化资本虽然不能如经济资本一样直接进行代际传递，但是可以通过家庭环境的熏陶对子女产生潜移默化的影响。正如布迪厄在其著作《区隔》中所指出的，文化资本始源于家庭环境，家学渊博的子女早期就参观过展览馆、聆听过音乐会，从小就被世界名著所包围，其在学校必定比文化资本匮乏家庭的子女更容易获得成功。另一方面，文化资本匮乏家庭的子女所养成的文化惯习③更容易受到学校教育的排斥。

问题一：和父母一起出去旅游过没有？

问题二：父母检查你的作业不？在你学习遇到困难时，父母会不会帮你解决？

问题三：父母会经常和你的老师沟通吗？

a：小学期间，每年的假期父母都会带我出去玩，我去过北京，登过天安门，"五岳"我也全部登过。读初中了时间比较紧，出去游玩的

---

① 皮格马利翁效应（Pygmalion Effect），在教育心理学上又被称作"期待效应""罗森塔尔效应"，指教师对学生的期待不同，对他们施加的方法不同，学生受到的影响也不一样。家长对子女教育期待也有同样效果。

② 〔法〕皮埃尔·布迪厄：《资本的形式》，载薛晓源、曹荣湘主编《全球化与文化资本》，武锡申译，社会科学文献出版社，2005，第4页。

③ 惯习是布迪厄最具原创性的概念，指各种既持久存在，又可变更、开放的性情系统，是对外部世界的判断和感知图式，由"积淀"于个人身体内的一系列历史的关系所构成，其形式是知觉、评判和行动的各种身心图式。详见〔法〕皮埃尔·布迪厄、〔美〕华康德：《实践与反思：反思社会学导引》，李猛、李康译，中央编译出版社，2004，第17页。

次数就减少了。

a：我的作业一般我爸都会给我认真检查，我错了他会告诉我为什么错了，还会让我练习同类型的习题，让我对该类习题举一反三。我印象最深的事是小时候我爸会和我一起看书，包括童话书，然后我们俩再对我妈妈讲，比谁讲得好。我最开心的事是我们课后的思考题，我们班好多同学都不会，而我都能在爸爸的帮助下做出来。

a：我父母都是学校的老师，同学们都很羡慕我，最起码我能在考试后先比他们知道成绩，但是，我不愿意的是我爸会经常和我们班主任联系，问我的学习状况，我在学校的什么事情，我爸都知道。

b：我印象中我爸妈都没带我出去玩过，我都是和同学们一块玩。最想去的地方是海边。

b：我的作业我爸妈一般都不检查，他们也不会。遇到不会的题我就隔过去不做，或者到学校抄其他同学的。

b：我最怕我妈来学校了，我成绩不好，家长来学校我们班主任肯定是说我不好的了。

由上面的案例对比可以看出，父母所具有的文化资本不同，导致其对孩子的教育影响、教育关注度都有着很大的差别。城市家庭家长相对于农村家长而言，总体上拥有较多的文化资本，使得城市的孩子在教育起点上就与农村孩子拉开了距离，进而更容易形成良性的教育循环：相对高的教育起点——优质的基础教育——更容易获得的高一级的精英教育——名校文凭——相对较好的工作、社会地位——优质资源的代际传递。该循环的反复进行，在没有其他因素的作用下，其结果注定是城乡的教育均衡度越来越低，城乡教育差距越来越大。

## 第四节　河南教育均衡发展的未来路径选择

前文对现阶段河南省基础教育不均衡发展的现状、制度环境及成因等进行了深入剖析，其最终目的是更好地解决问题。针对前文的原因分析，笔者从政府应如何推进城乡基础教育均衡发展的角度给出可操作性的政策建议。

## 一　重构教育财政体制，保障教育均衡发展

### （一）调整财政支出结构，构建民生财政

改革开放 30 多年来，中国一直以"经济建设为中心"，与之相对应，河南的财政支出结构安排方面也是以经济建设投入为主要内容，可谓是"建设财政"。然而，"建设财政"在解决社会公平和民生问题方面无疑是乏力的。"建设财政"并不是以服务市场为基点的，而是为了实现经济的高速增长而尽量增加政府的投入。在"建设财政"下政府盲目地追求 GDP 政绩目标，而不是服务民生，缺乏对民生问题的关注。现行的财政支出中，民生方面的财政支出尚不到位，中国当前经济发展与社会发展极不协调。为此，需要调整财政支出结构，构建"民生财政"。通常来讲，"民生财政"指的就是，政府的财政支出用于教育、社会保障和就业、医疗卫生等民生方面的比例较高，甚至处于主导性地位。这就要求：一方面，政府的财政支出中需要划出若干个项目，将其界定为民生支出项目；另一方面，民生项目的财政支出需要占据较大比重。

从近年来河南财政支出安排来看，河南级财政用于教育支出、社会保障和就业支出、医疗卫生支出等民生方面的比例逐渐增加。但是，从现实的发展状况来看，还远远不够。仅就教育而言，虽然基础教育投入不断增加，也取得了一定的成绩，但是，河南农村教育的经费保障机制方面，仍然存在各层级政府投入责任不明确、教育经费供需矛盾突出、教育资源配置不合理等问题。所以，河南财政还需要更大幅度地向民生倾斜，财政支出还需要继续提高民生方面的支出比重。

### （二）明确各级政府的财政责任，建立"以县为主，多主体推进"的教育管理体制

自 20 世纪 80 年代之后，中国便确立了"分级办学，地方为主"的教育体制。但是，在该种教育体制下，对于各级政府所应承担的教育财政责任并没有做出明确规定，这便导致了许多教育方面的财政问题。实际上，主要是由乡镇政府承担起了教育的财政责任。2001 年的全国基础教育工作会议确立了"以县为主"的教育管理体制，教育的财政责任这才由县级政府来承担。

然而，从理论上来讲，教育可被视为公共产品，而且教育层次越低，其公共性也就越强，教育所产生收益的外部性也会逐步增强。因而，一般我们将教育视为纯公共产品，国家理应承担教育成本的大部分，因为国家是教育的最大受益者。教育作为全国性的公共产品，其作用远远超过了地方的范围，继而会影响到整个国家的发展。随着劳动力市场的逐渐完善，教育的地区外溢性越来越突出。教育的财政负担只由县级政府来承担显然是不合理的，而且，特别是河南省多数县级政府的财政实力薄弱，除少数发达地区外，多数仍无法保障教育的实施，这也就导致了部分地区教育的投入严重不足，直接影响了教育的质量问题，更无法保障教育实现均衡发展。

通过考察国际经验，笔者也了解到，教育的绝对财政来源是政府的公共投资，不仅发达国家如此，就连印度、埃及等发展中国家也是如此。这就充分体现了政府应该举办教育，应该由政府的公共财政承担教育的经费。因此，依据当前河南财政收入的分配格局，河南教育的管理体制应该由"以县为主"转变为"以县为主，多主体推进"。在这种新的教育管理体制下，需要明确各级政府的财政责任，县级政府统筹管理教育的人权、事权以及财权，省、市、县多级政府共同承担教育的财政投入，其中，主要是由省级政府来负担教育的财政负担。另外，伴随着工业化和城市化进程的加速，越来越多的农村人口开始向城市迁移，对于流入地城市政府所需要承担的流动人口的教育财政责任问题，在调整政府间教育责任问题的过程中，也需要相关的法律法规为此做出明确规定。

## 二 破解城乡教育二元结构，推进和实现城乡教育一体化

城乡教育一体化的实质就是一种双向演进的过程，即将城市教育与农村教育视为一个整体，这便需要打破城乡二元经济社会结构的限制，以系统思维方式，统筹谋划，实现城乡教育相互融合、相互促进，最终实现二者的优势互补和整体提升。建议从以下几个方面构建城乡教育一体化的发展制度。

### （一）确立城乡教育一体化的发展目标

由于长期以来的城乡二元结构，河南教育领域也相应地出现了城乡严重分化的格局。教育领域的城乡分化不只表现在办学条件方面的明显差距，

也表现在城乡教育在发展目标定位方面的显著差异。在统筹城乡发展的大趋势下，农村教育的发展目标定位在城市和农村两极之间开始摇摆不定，出现了"离农"与"为农"的价值选择上的悖论。之所以存在"离农"与"为农"的悖论，一方面是源于城乡相互对立的二元社会结构，另一方面又是源于城乡非此即彼的二元对立思维方式。要想消解这种悖论，其逻辑前提就是需要进行城市和农村的一体化建设，并确立系统化的思维方式。走出"离农"与"为农"的价值选择悖论之后，农村教育发展的价值选择应该定位于为城乡的共同发展服务，农村教育的发展应该旨在培养"合格公民"，而不只是培养"新型农民"。本书认为，城乡一体化的教育发展体系应该服务于城市与农村的共同发展，应该服务于人的发展，应该保障城市和农村弱势群体受教育的权利，应该保障全体国民及其子女受教育的权利。也就是说，不应该人为地分割城乡教育的整体性，割裂地设定"为城服务"和"为农服务"的教育发展目标，而是应该将构建城乡教育一体化体系定位于"尊重基本人权，促进城乡发展"。

**（二）构建城乡教育一体化的管理制度**

城乡教育一体化的发展目标的实现，需要破除城乡分治的制度障碍，需要教育管理制度的改革。河南省当前的教育管理制度的重点是转变政府的职能，政府的职能应该定位在规划教育发展体系、保障教育条件达标、提供教育服务、维护教育公平、制定教育标准，以及监督教育质量。为此本书建议从以下几个方面变革教育管理制度。

第一，明确划分各层级政府的职责。当前中国教育管理体制是"以县为主"，其中，省级政府与乡镇政府并未能发挥积极作用，中央政府越过省级政府对基础教育进行统筹的效果并不理想。因此，需要根据不同地区的具体情况，明确划分各层级政府的职责，充分调动乡镇政府、市级政府以及省级政府的积极性，以减轻县级政府的统筹压力，做到各级政府的事权与财权相互匹配。

第二，明确划分不同区域（流入地和流出地）政府的职责。主要是为了解决进城务工人员子女的教育问题。由于中国现有体制下的二元户籍制度以及现行的学籍管理制度，各地外来务工人员子女在接受教育方面受到了各种歧视。一些地区的教育学校对于教育年龄的外来务工人员子女额外收取借读费或者赞助费，甚至只是将外来务工人员子女推向办学条件简陋的民办简易学校，或者是外来务工人员子弟学校。"尽管这些举措可以在一定程度上解决进城务工人员子女的教育问题，但是又将传统的城乡教育的二元结构在城市内部复制和强化了，形成了'分而教之'的城市内部的教育二元分化格局"①。为此，本书认为，一方面，需要消解现行的户籍制度以及附着在户籍制度上的城乡教育分化制度。建立城乡统一的户籍制度。在此基础上，设立以"纳税人"身份为基础的教育管理体制。具体做法是，每年可在规定的时间内，父母提交上一年度上缴的税表，以及房屋居住证明，以为子女申请下一年度的免费教育。这样，流入地政府也可以根据申请，设立当地的教育规划。另一方面，还需要加大对于外来务工人员子弟学校和民办简易学校的管理及支持力度，不断提高这些学校的办学条件和教育质量。这需要各级政府都应该承担起更多的责任，将其纳入城乡教育一体化的规划布局当中去，对其实施统筹管理，对这些学校的发展设立符合实际的标准和规范，并在办学场地、办学经费、师资培训等硬件和软件方面给予大力的支持。

**（三）构建城乡一体化的教育人事制度**

同构建教育的投入制度一样，构建城乡教育一体化的人事制度，一方面需要打破当前的静态不均衡，另一方面是保持动态的平衡。本书建议需要做到以下几点。

第一，对城乡教育教师职称晋升实行差别待遇，以弥补当前城乡教育师资力量的差异。可以规定，城镇中小学教师晋升职称时，必须要有在农村中小学或者薄弱学校执教一年以上的经历；另外，还可以适当增加农村中小学中高级教师职称的岗位指标，以便更有利于农村中小学教师晋升职称。

第二，统一城乡教育教师编制标准，以保持城乡教育师资力量的动态平衡。可以根据农村中小学的实际情况以及课程改革的需要，合理核定城乡中小学教师编制标准，改变城乡中小学教师编制双重标准的现状。与此同时，在编制总额内需要向农村学校教师倾斜。

---

① 褚宏启：《城乡教育一体化：体系重构与制度创新——中国教育二元结构及其破解》，《教育研究》2009 年第 11 期。

　　第三，实行县域内教育教师的统一管理制度，改变当前的"教师校管"的管理方式，实由县级政府掌管教师的管理方式。教育教师由县教育行政部门统一招聘、统一配置、统一管理，将其由"单位人"变为"系统人"，在一定区域内要做到教师资源的统筹管理和安排，为教师在学校之间和城乡之间的定期流动提供制度保障。

## 三　加强教育标准化学校建设，均衡配置教育资源

　　推进教育标准化学校建设，是实现教育均衡发展的突破口和落脚点。所谓的教育均衡发展，其实质就是要使受教育者能够在入学机会、受教育条件以及受教育的结果等方面实现均等。只有办学条件相对均衡的标准化学校方能为教育领域提供一个相对公平的竞争环境，同时也能为实现教育的均衡发展提供路径选择。笔者建议从以下几个方面加强教育标准化学校建设，均衡配置教育资源。

### （一）实现教育学校的合理布局

　　长期以来，教育学校，尤其是农村的中小学校存在布局分散难以管理、低水平的重复建设等问题。近年来，因为生源的萎缩，还造成了教育资源的严重浪费现象。为此，2001 年颁布的《国务院关于基础教育改革与发展的决定》中就明确指出："按照小学就近入学、初中相对集中、优化教育资源配置的原则，合理规划和调整学校布局。"教育学校的合理布局的实现是以制定布局的标准体系为核心来开展的，需要重复考虑学校的数量、规模以及选址等多项布局指标。在制定学校的数量标准、规模标准以及选址标准时，应该充分考虑区域内的经济发展水平、人口状况、地理环境、交通条件以及原有学校的基础条件等多项影响因素。合理调整教育学校的合理布局是缩小教育发展差距，促进城乡教育均衡发展的重要抓手。教育学校布局结构的合理调整，也是合理配置和优化重组教育资源，扩充优质教育资源，提高教育阶段教育质量与水平的重要手段。合理调整教育学校的布局结构可以作为一种优化组合教师队伍，提高资金、设备以及校舍的使用效率，实现规模效益的重要方法。

### （二）推进薄弱学校办学条件基本达标

　　薄弱学校办学条件基本达标这一目标的实现，既是建设教育标准化学

校的重点和难点，同时也是缩小学校之间办学差距，进而推进城乡教育均衡发展的关键。薄弱学校的改造可谓是一个世界性课题，"在改造薄弱学校的过程中，发达国家依据所颁布的相关的法律和政策，推行重构、接管与社区共建模式，以制定有效的改造计划与程序为机制，采取提供专项资金和技术进行扶持等措施，重点是提高整体的师资水平，突破口是形成鲜明的办学特色"①。发达国家的这些经验，对于中国当前推进教育阶段的薄弱学校建设与改造有着极其重要的借鉴意义。结合中国的国情，借鉴发达国家的有益经验，对于薄弱学校的改造，本书建议从以下两个方面入手。首先，推进薄弱学校的师资力量基本达标。为了满足薄弱学校教师自我提升的需求以及降低教师的流失率，可以开展新进教师的入职培训以及对在职教师进行教育；为了减缓薄弱学校师资结构的失衡，可以重点培养和调整英语、计算机以及音乐、体育、美术等学科的专任教师；为了减少教师的后顾之忧，可以适当提高薄弱学校教师的待遇水平，以实现区域内教师结构工资的标准化。其次，推进薄弱学校基本教学设施达标。为了缩小学校之间的差距，更好地促进教育的均衡发展，需要使得包括行政办公用房、教学及辅助用房、电教设备、教学仪器、图书资料以及音体设施等基本的教学设施达到基本的办学条件要求。

### （三）建设标准化农村寄宿制学校

为了解决当前河南省农村地区生源分散和稀疏所带来的教育问题，也是考虑到农村留守儿童的教育问题，应在农村建设寄宿制学校，以寄宿的形式将学生集中起来。标准化农村寄宿制学校的建设，需要明确寄宿制学校的合理布局、建设的标准、投入的标准以及管理的标准。同时还需要规范化办学行为，改善教学条件，加强师资队伍建设，进而能够有效地提高农村地区的教育质量和水平，推进城乡教育的均衡发展。

需要根据实际情况的不同对农村标准化寄宿制学校的建设采用不同的推进策略，采取不同的建设模式。第一，在规模适中、靠近县城、经济条件比较好的乡镇，可以整个乡镇集中办一所寄宿制学校，中、小学一体，可以实现资源共享。第二，联合办学模式。在规模较大、村屯距离较近、

---

① 李均、郭凌：《发达国家改造薄弱学校的主要经验》，《外国中小学教育》2006 年第 11 期。

人口密度也较大的乡镇，可以以地缘为纽带，几个村就近就便，联合举办寄宿制学校。第三，分层办学模式，即分散办初小、集中办高小。在乡镇规模较大、村屯距离较远的乡镇，可以分层办学，一、二、三年级在原村办学，四、五、六年级联合办学，实行集中寄宿制办学。第四，两乡合办模式。在两乡镇距离较近，且生源重叠的地区，可以打破乡镇界限，联合举办初级寄宿制学校，可以实现邻近乡镇的资源共享，实现优势互补、互利互惠。第五，改扩建模式。即在原有的一所学校的基础上，进行寄宿制的改建与扩建。为了增加学校容纳学生的能力，为学校增建食堂、宿舍等生活设施，扩建教学设施。

## 四　健全城乡教师、校长交流制度，缩小城乡教育差距

百年大计，教育先行；教育大计，教师为本。教师是教育的关键所在，当前河南省教育不均衡的主要表现也是城乡教师队伍的不均衡。要实现城乡教育教师队伍的均衡，缩小城乡教育的差距，实现城乡教育的均衡发展，就必须要实行城乡教师、校长的交流制度。

### （一）构建合理的城乡教师、校长的交流模式，为交流制度提供实施平台

在实现城乡教育均衡发展的过程中，实现城乡师资力量的均衡尤为重要。为此，需要建立合理的城乡交流模式，为城乡教师、校长交流制度提供实施平台。可供选择的模式主要有以下几种。

1. 划分"学区"式交流模式

该模式以现有的优质学校为依托，依照就近原则，界定若干由薄弱学校和优质学校组成的"学区"。教师的流动都是在"学区"范围内进行的，教师不再固定地属于某一个学校，而是在"学区"内"走教"，以"学区"为单位，统一安排教学人员，统一组织备课，统一组织教学，统一开展教学质量监测与评估，统一组织培训。学区内学校的实验室、体育馆以及图书馆等各类教育教学设备设施都可以由学区内的所有学生共享。

2. 对口"捆绑"交流模式

该模式是将城市的优质学校和农村的薄弱学校进行"捆绑"，二者之间建立起合作关系。被"捆绑"的学校可以通过设立教学科研网络，以定期开展专题讲座、小组讨论、专题调研、校长论坛等形式进行城乡教育交流

活动，使得农村薄弱学校的教师、校长能够吸取优质学校相对先进的教育理念，继而提升自身的教育教学技能。被"捆绑"的学校也可以通过互派方式展开合作交流活动。从优质学校定期选派骨干教师到对口的薄弱学校任教，与此同时，农村薄弱学校也可以安排教师去对口的优质学校开展听课、观摩以及参加教学科研等活动。被"捆绑"的学校校长、副校长之间也可以交叉任职，相互交流经验，相互学习。

3. "教育集团式"交流模式

该模式以优质学校、名校为依托，通过从名校输出师资、品牌、办学理念、管理方式等手段，将名校和新建学校、农村学校、民办学校以及薄弱学校等组成教育集团。教育集团内部学校的教师、校长是可以自由流动的，能够共享教育集团内部的优质的师资资源，以实现教育资源的优化配置，以名校来带动其他学校的共同发展，促进教育集团整体办学水平和教育质量的整体迅速提高，以实现公众平等地享有优质教育的需求，进而有效地消解城乡教育资源配置的失衡问题。

**（二）建立城乡教育教师交流监督机制**

首先，需要设立规范的交流程序，明确交流对象的条件，定期交流的基础性，交流的时间以及交流者的待遇等具体内容。这样方能使城乡教育教师交流成为一种制度化行为，也为交流监督提供依据。其次，需要加强教师交流的过程监督。对于教师交流工作过程的监督是为了防止交流过程的形式化，督促教师之间的交流达到预期的目标，并根据交流目标所设立的交流标准，发现和分析实际的交流过程中出现的行为偏差，及时采取相关措施，以确保教师交流的顺畅进行。

**（三）推动教育学校校长的定期轮换制**

定期轮换制指的是一位校长在某一所学校任职都有固定的任期，任职届满后需要进行轮换，需要流动到其他学校。从某种意义上说"一位好校长就是一所好学校"。实行了教育学校校长的定期轮换制，便可以使参与交流的城市学校的校长进入办学水平相对较低的农村学校任职，与此同时，便可以为农村学校引进较为先进和成功的管理理念及方法。参与交流的学校校长可以根据农村学校的自身特点及发展需求，协助其健全并逐步完善自身的管理制度和教育教学体系。这样参与交流的学校校长可以通过共同规划，并亲自督查学校的各项工作，直接参与学校的行政管理工作及教学科研管理工作，能够更有效地推动农村学校的管理体制改革，迅速提高农村学校的管理水平和办学质量。

**（四）完善城乡教师的双向流动机制，促进教师资源的均衡发展**

农村的优秀教师不断地从经济落后地区流向经济发达地区，从低层次学校流向高层次学校，这种单向流动趋势不断地加大城乡教育的差距。鉴于此，迫切需要构建城乡教育学校教师、校长的双向流动机制，以促进城乡师资力量的均衡发展。笔者认为，构建双向流动机制需要做到以下几个方面。

1. 构建城乡教育教师同工同酬的物质保障机制

城乡教师明显的薪酬差距，以及同工不同酬是阻碍城乡教师流动的一个重要原因。为此，需要制定统一的教育学校教师薪酬标准，以保障同一区域内的教育学校教师享受大体相当的工资水准，这也是实现城乡教育教师流动的重要物质保障。当前教育学校教师工资由财政工资和学校补贴两个部分组成。教师工资总体水平的差距来自于学校补贴部分，学校补贴的多少又会取决于学校所获取的预算外收入的机会和能力。为了缩小教师工资差距，实现同工同酬，需要不断地增强教育的财政支持力度，加大对教育学校预算外收入的监管，让财政工资部分在教育学校教师工资收入总额中所占比重不断上升，学校补贴部分所占比例不断下降，这样方能实现城乡教师大体相当的工资水平，才能从根本上保障城乡教师的同工同酬。

与此同时，还需要建立农村教育教师的特殊津贴制度。根据农村学校的地理位置、交通条件、生活条件、医疗卫生条件等因素，省级政府和市级政府教育财政部分需要拨付一定比例的转移支付资金，根据具体情况区分若干类别，分别为农村教育教师发放占教师工资总额的一定比例的特殊津贴。一旦教师调出农村学校，该部分特殊津贴将会取消。这种特殊津贴制度能够为优秀师资向农村流动提供物质激励，真正实现农村中小学教育人才引得来、留得住。

2. 进一步推进阻碍教师合理流动的社会制度的变革

若要实现城乡教师的合理流动，需要相应的社会制度与之配套。本书建议构建城乡一体化的教师社会保障制度。为此，需要做到以下几点：第一，对于城乡教师的公费医疗实行国家补助下的社会统筹，将其都纳入社会保障的范畴内，逐渐地过渡到社会性的医疗保险体系，让医疗保险也能够惠及农村教师；第二，与教师人事制度变革中的"单位人"变为"系统人"相对应，政府应该建立和完善适用于教师的养老保险和失业保险，这样可以降低城乡教师流动的风险，免除教师流动的后顾之忧；第三，为了使得农村教师与城镇教师同等地享受住房补贴和公积金，需要健全和完善农村教师的住房公积金制度，扩大公积金的发放范围，逐渐拓宽农村教师职工建房的筹资渠道。与此同时，政府还可以建设教师宿舍，用于农村教师的住校周转房。教师拥有使用权，但无产权，宿舍的产权属于学校，调动工作以后随即搬离。另外，政府还应该完善给予农村教师子女在升学和就业方面一定照顾的相关政策，从而能够增强城市教师向农村流动的动力和积极性。

3. 加强相关推动城乡教师双向流动的非正式制度建设

新制度经济学认为，非正式制度对人们行为的影响比正式制度更为深远。为了促进城乡教师的双向流动，本书建议可从以下几个方面加强相关非正式制度的建设。

第一，建立有效的道德规范，端正城乡教师的流动动机。首先，应该加强道德方面的宣传和教育，使得教师能够充分地认识到自身作为一名教育工作者的基础，让他们自觉主动地参与到城乡教师的流动中。其次，应该营造良好的社会文化信用环境。可以建立全国统一的且流动性较强的教师个人信用档案。其中，可将教师的诚信与教师自身的业务考核、福利待遇、评先评优以及职称晋升关联起来，形成有效的且具有行政效力的奖惩机制。

第二，采取教师流动制度的渐进式制度变迁。在推进教师流动的制度建设进程中，不应该急于求成，盲目冒进，否则将会给教师带来极大的心理冲击。因此，政府在制定促使教师流动的相关制度中，需要充分考虑制度化流动给教师所带来的冲击以及流动教师的心理承受能力。

第三，引导社会公众正确认识城乡教师合理流动制度的价值和意义。政府应该通过各种媒介和渠道宣布并传播城乡教师流动制度，使得社会公众能够正确认识城乡教师的流动制度及其指导理念。与此同时，还可以通过各种方式实施宣传教育，让社会各界充分理解城乡教师流动的意义，使得人们能够认识到城乡教师的流动能够推进城乡教育的均衡发展，能够缩小城乡学校之间的师资差距，对于实现教育公平也有极其重要的意义。

# 第七章
# 共享河南就业服务：促进就业创业提升

党的十八大提出，要"鼓励多渠道多形式就业，促进创业带动就业。加强职业技能培训，提升劳动者就业创业能力"；十八届三中全会也提出，要"健全促进就业创业体制机制"；十八届五中全会进一步提出，要"激发创新创业活力，推动大众创业、万众创新"。国务院更是明确出台了《国务院关于进一步做好新形势下就业创业工作的意见》。这标志着就业创业正式进入我国扩大就业发展战略的实施阶段，"以创业带动就业"成为我国今后一个阶段就业促进工作的中心。

## 第一节　就业创业提升的相关理论

### 一　古典学派的就业创业理论

作为古典学派的代表人物之一，法国经济学家萨伊早在 19 世纪初期就提出了"供给创造需求"的萨伊定律。萨伊认为，创业家是不同生产者阶层之间与生产者和消费者之间的纽带，创业家必须具备判断力、坚毅品质和专业知识，掌握监督和管理技术，还要有敢冒险的精神。因此，他认为创业家不同于资本家，其收入是对他监督管理企业、掌握科学技术和承担风险的报酬，属于劳动的工资；而资本家的收入是对于资本的效用或使用所付的租金，是利息。

与古典经济学的产生、形成和发展相对应的是工业革命的发展，机器大工业开始取代原有的手工业，生产力水平飞速提高，社会财富快速积聚。在此期间，虽然创业家阶层的力量不断增强，队伍不断壮大，提高其在企业管理、决策中的地位的诉求日益迫切，但创业家阶层并没有在古典经济理论中获得独立的地位。古典经济学的创始人亚当·斯密及其集大成者大卫·李嘉图并没有对创业及创业家着墨太多，他们在分析中似乎将企业家与资本家糅合在一起。

综合古典经济学代表人物的理论，古典经济学虽然提出了创业家的概念，但并没有对创业及创业家理论进行系统的研究。古典经济学强调市场的作用，以自由主义为中心，崇尚自由竞争，认为并不需要创业家发挥管理和决策的作用，分工和交换的市场经济就能保证实现资源最优配置。

## 二　新古典学派的就业创业理论

早期的新古典主义经济学家强调创业家的功能，如马歇尔提出，创业家的独特作用在于供应商品和提供创新。马歇尔认为在土地、资本和劳动三要素之外，还存在"具有利用资本的经营能力的生产要素"。这种利用资本的经营能力表现在，企业家发现新方法而为企业带来的巨大利益，远远超过他们自己所获得的部分。这是早期新古典主义经济学对创业和创业家进行的最为系统和深入的分析。

但随着瓦尔拉斯一般均衡体系的确立，新古典主义经济学关注的重点开始转向优化领域。优化模型中的理性选择和完全信息使创业家才能的发挥没有了用武之地，从 20 世纪 30 年代起，创业家角色从作为主流理论的现代微观经济理论中逐渐消失，因为经济学模型中的术语难以充分表达创业现象中的创业机会、创业个体差异、风险承担、创业组织活动和创新等要素。

## 三　马克思主义就业创业理论

马克思虽然没有直接提及创业家才能，但在其关于资本家的论述中有涉及创业家才能的问题。马克思指出："凡是直接生产过程中具有社会结合过程的形态，而不是表现为独立生产者的独立劳动的地方，都必然产生监督劳动和指挥劳动……凡是有许多个体进行协作的劳动，协作过程的联系和统一都必然表现在一个指挥的意志上，表现在与各种局部劳动无关而与工厂全部劳动有关的职能上，就像一个乐队要有一个指挥一样，这是一种生产劳动，是一种结合的生产方式中必须进行的劳动。"这里的"生产监督"和"指挥劳动"实际上就是由作为创业家的资本家来实施的。

马克思还指出："资本家作为资本家，他的职能是生产剩余价值即无酬劳动，而且是在最经济的条件下进行这种生产。"因此，虽然马克思的论述中并没有出现"创业家"，但这一角色是与资本家合为一体的。可以说，马克思已经比较深刻地从本质上论述了作为资本家的创业家职能，即作为资本家的创业家，凭借创业家机会识别能力在市场上发现某种潜在利益或商机以后，便去组织人力、物力、财力，并吸引其他人投资，进行生产要素的特殊组合。

## 四 凯恩斯学派的就业创业理论

凯恩斯就业理论产生的背景是 1929 ~ 1933 年席卷整个资本主义世界、带来严重失业问题的经济大危机。凯恩斯认为这种失业是非自愿失业，是有效需求不足导致的结果。需要国家干预经济，增加有效需求，扩大就业机会和提高就业能力，以便实现充分就业。凯恩斯认为，解决失业问题的一般政策是通过国家的干预，提高边际消费倾向以扩大消费，或提高资本的边际效率以刺激投资，要实现这些必须依靠国家对经济生活的干预，扩大有效需求以增加就业。

## 五 就业创业理论的其他表现

### （一）创业—失业无关论

创业—失业无关论认为，个人创业不会影响就业和失业水平。其理论依据是著名的吉布赖特法则（Gibrat's Law）。法国经济学家 Gibrat（1931）认为，公司增长独立于公司规模。由此得出的一个结论是，公司规模由大到小调整对失业率没有影响。因为，大公司和小公司具有相同的预期增长率，大企业的就业增长率与小企业的就业增长率在统计平均意义上是一样的，个人创业无非是导致劳动力从大企业转移到小企业，这对社会的总体就业将没有影响，也就不会对失业率产生影响。

然而，最近二十年的一些经验研究表明，吉伯赖特法则是难以成立的。

Sutton（1997）和 Caves（1998）对公司规模增长全面而详尽的研究表明，较小的公司与大规模的同行相比较有更高的增长率。Evans（1987a，b）、Hall（1987）和 Dunne 等（1988，1989）的开创性研究文献也断言，公司增长与其规模和成立期限是负相关的。后续的一些实证研究，使用不同的方法对不同国家、不同时期、不同行业的数据进行了分析，所得到的证据也表明，成立期限较短而规模较小的公司在创造就业方面优于成立期限较长而规模较大的公司，尽管小公司淘汰率较高；也有一些研究表明，增长期限和规模效应常常随着公司规模的扩大和期限的增长而逐渐消失（Hart and Oulton，1999）。如果吉布赖特法则不成立，那么创业—失业无关论就失去了其理论基础。

### （二）失业推动创业论

失业推动创业论认为，个人创业行为是由失业所推动的，而创业反过来促进了就业而降低了失业。这一观点的理论基础是就业状态选择的相对收入论。

相对收入论观点最早可上溯到经济学家 Frank Knight（1921）。在其名著《风险、不确定性与利润》中，Knght 曾提出，个人总是在失业、自雇和受雇这三个状态之间做出选择，而这种选择主要受上述三种行为的相对价格（或相对收入）的影响。Oxenfeldt（1943）对 Knight 的观点做了发挥，认为人们在遭遇失业而感到受薪（waged imployment）就业前景黯淡的时候，就会转向自雇以谋取生计。由此可以有一个隐含的推论：自雇创业是由失业推动的。

相对收入论所主张的失业推动创业的逻辑是这样的：当失业率增加，寻求受薪雇佣就更困难，更不用说获得高薪雇佣，因此就业的期望收入下降了；另外，失业率高涨的时候往往是经济衰退的时候，衰退带来的企业倒闭使得个人能够用更低的价格获得开办企业的资产，政府也往往会降低税收以刺激经济。这些因素都导致个人创业的成本下降了，因此会有更多的个人选择自雇创业（Blau，1987；Evans and Jovanovic，1989；Evans and Leighton，1990；Blanchflower and Meyer，1994）。

个人的自雇创业行为的增加，将从两个方面缓解失业的压力：一方面，创业者通过自雇直接减少失业；另一方面，创业活动通过直接或间接创造岗位扩大劳动力需求间接增加就业。因此，失业推动创业，而创业本身又促进了就业，或者说抑制了失业。这一理论观点线索可简单表示为：失业增加→创业增加→就业增加→失业下降。

显然，建立在就业状态选择相对收入理论基础上的"失业推动创业"论，乃是深深地植根于新古典经济学的标准的理性选择模型。这种理论为我们考察创业和失业/就业提供了一定的洞见，因而也成为了许多研究个人自雇（创业）决策行为的理论基石（如 Parker，2004；Grilo and Thurik，2005；Grilo and Irigoyen，2006）。

但是，失业推动创业论未免太过粗糙和笼统，难以完全解释现实世界的创业行为和就业增长。特别是，在最近二十年，西欧国家日益重视创业带动就业，政策实践和创业带动就业的效应评估都不太支持简单的"失业推动创业"论。学者们开始质疑和追问：失业是否真能推动创业？失业推动型创业是否真能带动和促进随后的就业？创业带动就业需要什么样的条件？围绕这些质疑和追问，逐渐形成了两种理论假说：难民效应假说和创业效应假说。

### （三）"难民效应"假说与企业家效应论

如果"失业推动创业"论成立，那么我们就应看到创业具有逆经济周期行为，即经济萧条而失业率高的时候，自雇创业活动就更为频繁；经济繁荣而失业率低的时候，自雇创业活动水平就相对下降。但某些实证研究却表明，自雇创业行为具有顺周期行为（Fiess，Fugazza and Malocy，2010），即经济繁荣的时候自雇创业活动水平更高，而经济萧条的时候自雇创业活动水平反而更低。

将失业推动创业论和创业的顺周期行为联系在一起，就会产生一个令人困惑的问题：为什么失业率高而创业成本下降的时候，人们反而没有积极创业？对此研究者们提出的解释是：尽管高失业而经济不景气时期的创业的机会成本下降了，但是创业者自身的能力、财富约束和创业风险可能极大地阻碍了创业活动。具体有如下三个原因：①失业者往往是那些在劳动力市场上竞争力较弱的人，这些人大多只拥有较少的财富禀赋，也不太具备开办和经营新企业所需的人力资本和企业家才能；②高失业率时期也往往意味着个人财富水平的下降，这可能会降低个人自雇创业的可能性

（Johansson，2000；Hurst and Lusardi，2004）；③高失业率时期常常也是经济不景气的时候，而经济不景气时创业机会也可能更少，创业成功的概率更低、风险更大（Audretsch，1995；Audretsch et al.，2002），至少创业者的信心很可能是不足的（事实上萧条时期整个社会的投资信心都是不足的，更不用说创业投资的信心）。换句话说，上述三个原因表明高失业率的衰退和萧条时期，并非创业的良好时机，人们也并不会积极创业。因此，如果说失业推动了创业，那么唯一合理的推论是：这些创业者不过是为生活所逼而被迫自雇创业而已。他们往往并不具有企业家才能，本身就是竞争的弱者，自雇创业也仅仅是为了谋生糊口。这些被迫自雇创业的人，如同从劳动力市场排挤出来的"难民"一样，我们很难指望这些人的自雇创业能够真正对缓解社会层面的失业压力或对就业产生显著的促进。这就是"难民效应"（refugee effect）假说。该假说意味着，失业所推动的创业，属于"难民型"创业，这种创业也难以对随后的就业产生明显的带动或促进作用。

"难民效应"假说可以较好地解释，为什么经济萧条而失业率高的时候，创业活动水平并不高，但难以解释，为什么经济繁荣而失业率低的时候，创业活动水平反而较高。这说明，创业行为可能不仅仅是失业推动（或威胁）的结果。的确，越来越多的学者意识到，创业行为往往也是经济活动以及过去的创业活动所产生的拉动效应的结果（Thurik et al，2008）。在经济高涨的年代，投资信心和资本都更为充足，那些梦想成为企业家的人仍容易获得信贷资金或风险投资，突破创业财富的约束；经济景气也为创业成功提供了乐观的预期，因此创业的行为可能因此增加。经济高涨时期的创业行为乃是个人主动的选择，而不是像"难民效应"假说中那样是被迫的自雇创业，因此这些创业者往往具有开办和经营企业的企业家才能和商业头脑，他们的创业行为也比那些劳动力市场的"难民"自雇创业更能为经济带来活力。这就是创业的"企业家效应"（entrepreneurial effect）假说。如果创业行为主要是企业家效应所致，那么可以预计创业很可能会显著地促进就业。因为，一方面，新开办的企业要雇用员工，这直接减少后来的失业（Lin et al.，1998；Pfeiffer and Reize，2000）。另一方面，"企业家型创业"常常能提出比"难民型创业"更具有商业前景和市场回报的项目，这些创业行为的增加，可以促进整个经济的绩效（Van Stel et al.，2005），间接地对就业产生积极影响。比如，企业家型创业活动可能给市场带来新产品或新工艺（Acs and Audrestsch，2003），通过促进市场竞争而提升生产率（Geroski，1989；Nickel，1996；Nickel et al.，1997）；改善一系列有关生产的知识，比如技术可行性、消费者偏好、如何在市场中引入产品差异化以获取必要的资源；加速市场中的学习和模仿，进而更快地寻找到产品市场组合的优化设计，而这些学习不仅来源于那些敢于"吃螃蟹"的创业者，而且也会来源于知识溢出（knowledge spillovers）效应（Audretsch and Keilbach，2004）。最后，"企业家型创业者"倾向于工作更长的时间并且工作也更勤奋，因为他们的收入与其工作努力密切相关。上述这些因素，都有利于增加经济活力和促进就业。

"难民效应"假说和"企业家效应"假说，为研究创业带动就业问题提供了更为细致的分析思路。可以得到的推论是，创业能否带动就业不能一概而论，难民型创业活动或可解决个人的糊口问题，但难以对社会总体就业产生显著的促进；而企业家型创业，才可能真正促进和带动社会总体就业。一般来说，一个社会的创业既可以由"难民效应"推动，也可由"企业家效应"推动，在任何一个时候难民创业效应和企业家创业效应都同时存在，至于究竟哪一种效应更为明显，可能需要实证研究来回答。Thurik 等（2008）对 23 个 OECD 国家的实证研究发现，难民效用和企业家效应是并存的，但企业家效应比难民效应要高得多。不过这是对于发达国家研究的结果，对于发展中国家，这一实证结论是否依然成立，需要实证研究才能回答。

### （四）创业与失业的动态互动和周期性

Faria，Cuestas 和 Gil - Alnan（2009）提出了一个周期模型，其中失业与创业不断地相互影响。该模型得到了唯一的稳定极限周期（stable limit cycle）。而实证估计表明，美国、英国、西班牙和爱尔兰等国家的周期频率是 5～10 年。Fiess，Fugazza 和 Maloney（2010）针对发展中国家劳动力市场提出了一个灵活的两部门模型：一个正规的受薪（可转换）部门，该部门受工资刚性影响；一个非正规（不可转换）的自雇部门，该部门面对的是进入的流动性约束（liquidity constraints）。从而，这一劳动力市场是嵌入在标准的小规模经济宏观模型中的。他们证明，不同类型的冲击与不同制度背景相互作用，产生了模型关键变量——受薪—自雇的相对收入，受薪—自雇部门的相对规模，以及真实的兑换比率——的不同联动模式。作者也用阿根廷、巴西、哥伦比亚和墨西哥的数据对模型的推测进行了检验，确认非正规自雇具有正周期（pro - cyclically）行为。

### （五）最优自雇创业率

企业家创业效应是否真能促进就业，也曾遭受质疑。一种主要的质疑观点是：创业企业很多是中小企业，它们的存活率很低，成长也很受限，这意味着新开办企业的就业贡献可能会很低。尽管 Evans 和 Leighton（1990）发现开办新企业的倾向与失业正向联系，但 Garofoli（1994）、Audretsch 和 Fritsch（1994）却发现新开办企业和就业是负向联系的。而 Geroski（1995）则指出，新办企业的渗透率（penetration rate）或就业份额都非常低，换句话说，创业活动降低失业的效应，最乐观估计也是非常有限的。Audretsch 和 Thurik（2000）发现个人企业数量降低了失业率，从而确定企业家效应对就业有积极影响，但 Carree（2002）则发现企业开办和失业之间没有显著的关系。

另外一些实证研究关注于创业对经济增长的影响，由于经济增长可以通过奥肯定律与就业联系起来，因此这些研究也可视为间接研究了创业与就业的关系。Hart 和 Oulton（1999）指出，在某些国家自雇创业是比较低效的。Blanchflower（2000）通过对经合组织国家的研究也发现自雇创业对 GDP 增长没有影响。但 Carree 等（2002，2007）则发现创业对增长的效应是不同的，在自雇率较低的国家中，自雇创业促进了 GDP 增长，而对于具有相对较高自雇率的国家则没有这种效应。为了解释这一现象，Carree 等人引入一个模型，假设在每一个国家存在最优的自雇创业水平，其依存于经济发展阶段。任何自雇创业水平低于或高于最优水平的经济将低效增长，在第一种情况下竞争水平太低，而在第二种情况下规模和范围经济没有充分利用。如果 Carree 等人的假说成立，那就意味着对于带动就业而言，一个社会存在最优的自雇创业率。当然，最优自雇创业率在直观推理上是可以接受的：一个社会没有自雇创业，或者全部都自雇创业，既不现实也不可能有效，那么在这两个极端之间，确实可能存在最优的平衡。按照 Carree

等的看法，这个最优的平衡，与经济发展阶段有关。但关键问题是应如何寻找到一个特定社会中的最优自雇创业比率。

## 第二节　河南就业创业提升的现实发展情况

### 一　河南就业创业政策实施状况

河南作为人口大省和劳动力就业大省，同时处于发展上升期，就业问题尤为突出。河南各级政府对就业创业问题也极为关注。因此，要对河南就业创业提升的现实发展情况有一个全面的了解，我们首先要对河南一直以来就业创业公共政策的实施情况进行系统分析。

1949～1984 年，就业创业政策真空期。新中国成立以后，直到 1978 年改革开放为止，我国实施的是计划经济体制，国家不提倡发展个体经济和私营经济，更没有鼓励创业的公共政策，这一时期是我国就业创业活动的真空期。改革开放之后到 1984 年，为农村改革时期，国家开始建立以公有制为主体，包括私有经济在内的多种经济成分共同发展的社会主义市场经济，开始允许私有经济存在，就业创业活动开始复苏。但这一阶段的就业创业主要以个体户的形式存在，政府几乎没有在政策方面提供支持。

1985～1995 年，科技就业创业政策主导时期。1985 年，《中共中央关于科技体制改革的决定》颁布实施，标志着科技体制改革的开始。河南也随着成立了生意人科技企业孵化器，河南科技市场和高新技术开发区就是这一时期的产物。这一阶段，就业创业政策关注对象是高新技术领域的创新活动，就业创业政策制定也是以国家科委为主导，以经济建设为中心作为根本工作出发点，以服务经济建设为己任，针对高新技术领域，以具有科技发展实力的中小型企业为服务对象。主要为发挥我国的科技优势，促进高新技术研究成果转化，推动高新技术产业的形成和发展，并提供相应的就业创业公共政策服务。

1996～2007 年，积极就业创业政策体系初步形成时期。随着经济结构的深化及调整，国有企业改革深入推进，全国出现了大约近五千万国有企业下岗失业人员。如何实现国有企业下岗工人再就业是当时社会普遍关注的问题。党中央、国务院高度重视国有企业下岗工人再就业问题，将就业和再就业工作纳入经济和发展宏观调控的指标体系，确立了基本生活保障和再就业政策。河南省也在这一时期倡导"非正规就业"及"灵活就业"，河南省劳动保障厅（现为河南省人力资源和社会保障厅）作为具体操作部门，重点关注社区就业创业，聚焦失业人员、协保人员和农村富余劳动力人群，通过税费减免、社保费补贴、小额贷款担保等政策发展了一批非正规就业和灵活就业劳动组织。在这一阶段，河南省加快发展现代服务业，鼓励支持非公经济发展，扶持创业带动就业，相继出台了一系列政策措施，使得河南的自主创业活动日趋活跃，就业创业环境得到不同程度的改善。

2008～2014年，以创业带动就业新时期。随着创业带动就业理论研究的深入和国家对创业带动就业工作的重视，特别是十七大报告提出的"实施扩大就业的发展战略，促进以创业带动就业"战略部署，各级组织积极行动。2008年国务院办公厅转发人力资源和社会保障部等部门联合发布的《关于促进以创业带动就业工作指导意见的通知》，明确以人力资源和社会保障部牵头，指导全国的创业带动就业工作，全国各地纷纷出台鼓励创业带动就业的各项政策。河南省以人力资源和社会保障厅牵头，提出"创业带动就业三年行动计划"，并进一步明确将政策向创业聚集，促进以创业带动就业的要求。

2015年以来，大众创业新时期。随着创业带动就业实践的深入发展，2015年，国务院部署《关于进一步做好新形势下就业创业工作的意见》（以下简称《意见》）。《意见》明确提出："大力实施就业优先战略，积极深化行政审批制度和商事制度改革，推动大众创业、万众创新。"为贯彻落实《意见》精神，培育大众创业、万众创新新引擎，促进创新创业带动就业，催生经济社会发展新动力，河南省结合本省实际，就努力做好新常态下的就业创业工作，从深入实施就业优先战略、积极推进创业带动就业、统筹推进高校毕业生等重点群体就业和加强就业服务四个方面进行了部署。

## 二　河南省就业创业工作近期的主要做法

### （一）深入实施就业优先战略

建立经济发展与扩大就业的良性互动机制。河南省近年来深入实施就业优先战略，强化就业目标评估考核，把稳定和扩大就业作为经济运行合理区间的下限，作为宏观调控的目标导向，加大对各级政府的考核力度，将城镇新增就业、调查失业率作为宏观调控重要指标，纳入国民经济和社会发展规划及年度计划，并作为政府年度考核和经济责任审计的重要内容。

鼓励小微企业吸纳就业。开展小微企业创业创新基地城市示范，积极争取河南省有关省辖市列入国家小微企业创业创新基地城市示范范围，研究推进省级小微企业创业创新基地城市试点工作。指导国家小型微型企业创业示范基地、河南省小型微型企业创业示范基地建设，并按照有关政策予以支持。对小微企业新招用劳动者，缴纳社会保险费的，按规定给予就业创业支持，不断提高小微企业带动就业的能力。

积极预防和有效调控失业风险。建立失业保险费率动态调整机制，全面落实降低失业保险费率政策。对依法参保缴费、采取有效措施未裁员或少裁员的企业，由失业保险基金给予稳岗补贴。失业保险稳岗补贴实行先支后补、据实列支、总额控制，主要用于职工生活补助、缴纳社会保险费、转岗培训、技能提升培训等相关支出。

切实做好结构调整中失业人员的就业安置工作。对生产经营困难的企业实施减负稳岗，对低端落后、退出市场的企业要制定落实职工安置方案，帮助失业人员尽快实现转岗就业。淘汰落后产能奖励资金、依据兼并重组政策支付给企业的土地补偿费要优先用于职工安置。

加快构建失业动态监测、失业预警、失业调控一体化的失业预防工作体系。实现县级以上政府完善失业监测预警机制，制定本地应对失业风险的应急预案。同时，加强失业调控，对可能出现的较大规模失业，提前采取专项政策措施进行预防调控，最大限度地规避失业风险，保持就业局势稳定。

### （二）积极推进创业带动就业

营造促进创业的政务环境。完善政府支持促进创业的政务环境，进一步加快推进商事制度改革，推行负面清单制，降低创业准入门槛。探索实行正面清单制的行政审批，对初创企业按规定免收登记类、证照类和管理类行政事业性收费。全面落实国家促进创业的税收扶持政策，进一步降低创业成本。

积极培育创业主体。激发大众创业活力，扶持大中专学生、退役军人、返乡创业农民工、失业人员等城乡各类群体自主创业，支持事业单位专业技术人员离岗创业，鼓励小微企业"二次创业"，发挥创业带动就业的倍增效应，为经济发展打造新引擎。大中专学生、退役军人、失业人员、返乡创业农民工创办的实体在创业孵化基地内发生的物管、卫生、房租、水电等费用，3 年内给予不超过当月实际费用 50% 的补贴，年补贴最高限额 10000 元。大中专学生初创企业，正常经营 3 个月以上的，可凭创业者身份证明及工商营业执照、员工花名册、工资支付凭证等资料，申请 5000 元的一次性开业补贴，补贴从就业专项资金中列支。领取失业保险金期间的失业人员自主创业的，可凭工商营业执照及其他有效证明，按规定程序申请领取 5000 元的一次性创业补助，同时也可一次性领取剩余期限的失业保险金。创业补助由失业保险基金列支。探索大中专院校、科研院所等事业单位专业技术人员在职创业、离岗创业有关政策。对离岗创业的，经原单位同意，可在 3 年内保留人事关系，与原单位其他在岗人员同等享有参加职称评聘、岗位等级晋升和社会保险等方面的权利。原单位应当根据专业技术人员创业的实际情况，与其签订或变更聘用合同，明确权利义务。

扶持新业态创业。抓住河南省与阿里巴巴、腾讯等有关互联网龙头公司战略合作的机遇，鼓励各类群体在"互联网＋"十大领域、战略性新兴产业、先进制造业和现代服务业创业。明确各地在上述领域中，每年遴选一批优秀初创企业给予重点扶持。全省每年从各地推荐的创业项目中评选一批省级优秀项目，每个项目给予 2 万～15 万元的资助。把大学生创业扶持资金调整为大众创业扶持资金，加大对大众创业的项目资助力度。

强化创业培训。普通高校、职业学校、技工院校在校学生，在校期间可以参加创业意识培训、创办（改善）企业培训、创业实训各一次，并给予相应的培训补贴，创业培训补贴标准和申领办法仍按现行政策执行。做好退役军人、返乡创业农民工及其他持就业创业证或就业失业登记证人员的创业培训工作，提高大众创业能力。贯彻落实《国务院办公厅关于深化高等学校创新创业教育改革的实施意见》（国办发〔2015〕36 号），切实做好大学生创新创业教育工作。

培育创业创新公共平台。推进综合性创业孵化平台建设，鼓励各地在产业集聚区、高新技术产业区等原有各类园区建设创业孵化基地、科技企业孵化器和大学科技园。整合现有的存量资源，创建一批农民工返乡创业园，整合政府、企业、高校等各方的优势资源，依托有条件的高校建设区域创新创业示范平台，支持高校利用现有建筑建设大学生创业孵化平台。重点建设中国中原大学生创业孵化基地、河南省电子商务创业孵化基地，采用PPP（政府与社会资本合作）模式，打造贴近高校、方便学生的河南大学生创业孵化平台。大力发展创业训练营、创业咖啡等新型孵化平台，为创业者提供低成本、便利化的孵化服务。对达到市级标准的创业孵化基地和新型孵化平台，由所在省辖市给予一次性奖补；达到国家和省级标准的，省给予50万元的一次性奖补。大力发展众创空间和新型科技企业孵化器，集中为创业者提供工作空间、交流空间、网络空间和资源共享空间。

拓宽创业融资渠道。大力发展风险投资、创业投资、天使投资，运用市场机制，引导社会资金和金融资本支持创业活动，扩大创业投资规模。按照政府引导、市场化运作、专业化管理的原则，积极创造条件，设立河南省大众创业引导基金，吸引和带动民间资本支持带动就业能力强、有成长潜力的初创小微企业及新兴产业领域的早中期、初创期企业发展。将小额担保贷款调整为创业担保贷款，市、县两级小额贷款担保中心统一更名为创业贷款担保中心。大力支持大中专学生、退役军人、返乡创业农民工及持就业创业证或就业失业登记证的各类人员自主创业，贷款最高额度统一调整为10万元。开辟大学生创业担保贷款"绿色通道"，全面落实高校大学生创业担保贷款政策，支持大学生自主创业。

鼓励农村劳动力创业。完善和落实支持农民工返乡创业的政策措施，将农民工纳入创业扶持政策范围，不断加大对农民工创业的扶持力度。将农民工创业与发展县域经济相结合，大力发展农产品加工、休闲农业、乡村旅游、农村服务业等劳动密集型产业项目。妥善解决创业用地问题，引导和鼓励农民工利用闲置土地、厂房、镇村边角地、农村撤并的中小学校舍、荒山、荒滩等进行创业。整合创建一批农民工返乡创业园，鼓励各类开发区、工业集聚区和中小企业创业基地为农民工回乡创业提供支持。金融机构改进金融服务，创新金融产品，加大对农民工创业的信贷支持力度。加快建立农村林权，土地承包经营权，以及农村居民住房财产权的抵押、担保机制，开展林地承包（租赁）经营权及林木、畜禽、水产品等活体资产作为有效担保物试点。金融部门建立农民工诚信台账和信息库，对经营正常、信誉较好的农民工可直接给予信用贷款。支持农民网上创业，大力发展"互联网+"，积极组织创新创业农民与企业、小康村、市场和园区对接，开展农村青年创业富民行动。

营造大众创业的良好氛围。开展"创新创业引领中原"活动，支持举办创业训练营、创新创业大赛、创新成果和创业项目展示推介等活动，搭建创业者交流平台，培育创业文化，营造鼓励创业、宽容失败的良好社会氛围。倡导全社会普遍遵守商业道德、契约精神。推进创业型城市创建，对政策落实好、创业环境优、工作成效显著的创业者，按规定予以表彰。

健全创业服务体系。加快形成政府主导、市场主体运作、社会力量参与的创业服务体系，为全社会创业者提供均等化、普惠化、精细化、便捷化的综合性创业服务。培育发展创业企业，搭建创业服务平台，完善创业服务等政策措施，形成合力促进创业的体制机制。

加快创业服务业发展。充分利用市场力量，大力发展各类创业服务业。把创业服务业纳入生产性服务业的扶持范围，优先给予政策资金扶持，引进一批在全国有影响力的具有集成创业服务能力的创业服务企业，培育一批本土创业服务企业，进一步提高河南省的创业服务水平。

充分发挥科研院所和高校资源优势，加强创业研究，为创业政策制定和创业促进服务活动开展提供智力支持。强化公共创业服务，加强创业辅导，建立创业导师队伍，建立全省统一的创业项目库，定期征集发布创业项目，并按规定给予补贴。组建以创业成功人士和创业服务业专业人士为核心的创业联盟，搭建创业交流服务平台。

**（三）统筹推进高校毕业生等重点群体就业**

鼓励支持高校毕业生多渠道就业。把高校毕业生就业摆在就业工作的首位，支持高校毕业生到基层就业。政府通过购买教育、卫生、劳动就业、社会保障、社会救助、住房保障、社会工作、残疾人服务、养老服务、农技推广等街道（乡镇）、社区（村）公共管理和社会服务岗位来吸纳高校毕业生就业。健全高校毕业生到基层工作的服务保障机制，提高公务员定向招录比例，完善工资待遇进一步向基层倾斜的办法，鼓励毕业生到乡镇特别是困难乡镇机关事业单位工作。对高校毕业生到扶贫开发工作重点县的县级以下（不含县级）基层单位就业、服务 3 年（含 3 年）以上的，服务期满考核合格，按规定给予学费补偿和国家助学贷款代偿；从事专业技术工作的，申报职称时，免职称外语考试。鼓励高校毕业生到中小企业就业，对小微企业的新招用毕业年度高校毕业生，签订 1 年以上劳动合同并缴纳社会保险费的，给予 1 年社会保险补贴。

加大就业困难人员帮扶力度。合理确定就业困难人员范围，将长期失业人员由登记失业 1 年以上调整为半年以上。依法大力推进残疾人按比例就业，加大对用人单位安置残疾人的补贴和奖励力度，建立用人单位按比例安排残疾人就业的公示制度。加大困难人员就业援助力度，确保零就业家庭、最低生活保障家庭等困难家庭至少有一人就业。开展充分就业社区创建活动，强化对困难群体的就业援助，进一步完善创建标准和考核评估办法，探索开展充分就业街道（乡镇）和充分就业县（市、区）的认定工作，以充分就业社区活动为载体，推进就业援助工作向精细化、长效化方向发展。

推进农村劳动力转移就业。清理针对农民工就业的歧视性规定，保障城乡劳动者平等就业的权利。建立农村劳动力资源数据库，推行农村劳动力就业实名制，为农村劳动力提供有针对性的服务。积极开展跨地区劳务合作，促进农村劳动力有序外出就业。收集产业集聚区用人需求，引导农村劳动力就地就近转移就业。做好被征地农民的就业工作，在制定征地补偿安置方案时，明确促进被征地农民就业的具体措施。在农民工输入相对集中的城市，依托人力资源与社会保障服务平台等现有资源，加强农民工综合服务平台建设，整合各部门公共服务资源，拓展管理服务、权益维护、文化教育、党团活动等服务功能，为农民工提供便捷、高效、优质的"一站式"综合服务，推动农民工平等享受城镇基本公共服务。

促进退役军人就业。积极扶持自主择业军转干部、自主就业退役士兵就业创业，落实各项优惠政策，组织实施教育培训，加强就业指导和服务，搭建就业创业服务平台。对符合政府安排工作条件的退役士官、义务兵，确保岗位落实，细化完善公务员招录和事业单位招聘时同等条件优先录用（聘用），以及国有、国有控股和国有资本占主导地位企业按比例预留岗位、择优招录的措施。鼓励高学历退役士兵报考试点班，适当提高招录大学生退役士兵比例。退役士兵报考公务员、应聘事业单位职位的，在军队服现役经历视为基层工作经历，服现役年限计算为工作年限。

**（四）加强就业创业服务**

强化公共就业创业服务。健全覆盖城乡的公共就业创业服务体系，提高服务均等化、标准化和专业化水平。整合公共就业服务和人才交流服务机构，形成统一、高效、便民的公共就业和人才管理服务体系。将教育系统中的高校毕业生就业创业指导服务机构纳入公共就业服务体系，进一步完善公共就业服务体系的创业服务功能，充分发挥公共就业服务、中小企业服务、高校毕业生就业指导等机构的作用，创新服务内容和方式，为创业者提供教育培训、项目开发、开业指导、融资服务、跟踪扶持等服务。按照《中华人民共和国就业促进法》和《河南省就业促进条例》的规定，依法理顺公共就业创业服务机构财政供给体制，健全经费保障机制，将县级以上公共就业创业服务机构和县级以下（不含县级）基层公共就业创业服务平台经费纳入同级财政预算。将职业介绍补贴和扶持公共就业服务补助合并调整为就业创业服务补贴。进一步加强公共就业创业服务标准化建设，健全考核激励和政府购买服务机制，向社会力量购买基本就业创业服务成果。加强专业人员队伍建设，建立健全专业岗位持证上岗和待遇激励制度，切实提高就业人员的专业化水平和工作积极性。创新就业创业服务供给模式，鼓励社会力量主动作为，形成多元参与、公平竞争的格局，提高服务质量和效率。

加快公共就业创业服务信息化建设。按照统一建设、省级集中、业务协同、资源共享的原则，以完善服务、规范管理、健全功能、提高效率为目标，以数据向上集中、服务向下延伸、网络到边到底为指导，推进公共就业创业服务信息化建设，全面推广全省统一的就业管理信息系统，建立省级集中的就业信息资源库，加强信息系统应用，实现就业管理和就业服务工作全程信息化。以服务社会、服务市场需求为导向，打造全方位、立体式的公共就业信息服务平台，形成线上线下相结合的全天候就业服务网络。

加强劳动力市场体系建设。加快推进劳动力市场体制机制改革，建立统一、规范、灵活的人力资源市场，发挥市场配置人力资源的决定性作用，消除城乡、行业、身份、性别、残疾等影响平等就业的制度障碍和就业歧视，形成有利于公平就业的制度环境。健全统一的市场监管体系，充分发挥劳动保障监察对规范人力资源市场秩序的监管作用，完善市场准入制度和市场监管措施，推进人力资源市场诚信体系建设和标准化建设。加强对企业招聘行为、职业中介活动的规范，及时纠正招聘过程中的歧视、限制及欺诈等行为。加快发展人力资源服务业，规范发展人事代理、人才推荐、服务外包、人员培训、劳务派遣等人力资源服务业，提升服务供给能力和水平。

加强职业培训。全面深入实施全民技能振兴工程，以就业为导向，以项目建设为引领，突出特色，打造品牌，充分结合市场需求，优化高校学科专业结构，创新培训模式。把农村劳动力引导性培训和新成长劳动力职业素质培训列入培训补贴范围。调整培训补贴标准，按照市场公允价格，平衡经济和社会效益，结合专业分类细化补贴标准，提高培训的实用性和有效性。大力开展农民工职业技能提升培训、失业人员再就业培训、困难企业职工在岗技能提升和轮岗培训，增强其就业和职业转换能力。积极培养新型职业农民，着力提升其从业技能和综合素质。鼓励支持企业开展新招用青年劳动者和新转岗人员的新型学徒制培训，创新校企合作机制。推进职业资格管理改革，完善有利于劳动者成长成才的培养、评价和激励机制，畅通技能人才职业上升通道，推动形成劳动、技能等要素按贡献参与分配的机制，使技能劳动者获得与其能力业绩相适应的工资待遇。

建立健全失业保险、社会救助与就业的联动机制。提高失业保险统筹层次，积极推动省级统筹。充分发挥失业保险保生活、防失业、促就业的综合作用。建立失业保险金标准与缴费基数挂钩的激励约束机制，确保领取失业保险金人员的基本生活。鼓励领取失业保险金人员尽快实现就业或自主创业。

进一步完善就业失业登记办法。将就业失业登记证名称调整为就业创业证，作为劳动者享受公共就业服务、就业扶持政策和申领失业保险待遇的凭证，全省统一印制，免费发放。

建立健全就业创业统计监测体系。完善统计口径和统计调查方法，提高数据质量，将性别等指标纳入统计监测范围，探索建立创业工作统计指标体系，把创业主体增长、创业贷款发放、创业服务业发展等作为创业工作的指标。把就业创业统计工作经费纳入财政预算。建立政府委托第三方开展就业统计调查和行业人力资源需求预测及就业状况发布制度。

## 三　河南促进就业创业工作存在的不足及原因分析

### （一）创业成本高、融资难、能力弱的问题比较突出

一方面，由于劳动用工成本的持续上升、社会保险缴费的提高，以及土地价格和楼市租金的不断上涨，创业经营成本负担较重，制约了就业创业工作的进一步发展。另一方面，虽然河南相关部门的融资政策发挥了积极的作用，但受银根紧缩、金融机构风险控制等大环境的影响，创业组织"融资难"现象突出。

之外，河南高校创业教育仍然处于初始阶段，尚未全面建立起系统、有效的创业教育和指导体系，大学生创业意识、创新思维等综合素质亟待提高。创业者的能力"短板"很难在短时间内迅速提高，需要通过系统的创业教育和培训，以及在实践中不断摸索、进步。

### （二）政府、社会、市场的整体协同效应有待进一步发挥

虽然近年来，河南省政府各部门之间，政府与社会、市场之间的联系合作明显增强，产生了一定合力，但整体效应发挥仍然不足。政府各部门的创业扶持政策，存在交错、叠加和空白，对就业创业准备、初创、发展等各阶段的扶持，未能形成一条完整的创业扶持链；各县市区域经济发展、财政收支不平衡，使县市之间对创业扶持的投入存在较大差异。政府和社会、市场合作的广度、深度还不够，各种社会组织、市场力量的作用还有待进一步发挥。尤其是行业协会等社会组织，作为行业企业的联合体，对该行业的情况最为了解，应该能够为该行业创业者提供最具体、最有效的指导，但目前行业协会尚未形成市场化运作机制，在为行业说话，为创业者提供培训、业务指导方面缺乏作为和实效。

### （三）促进就业创业的政策有必要进一步进行梳理、调整和完善

基于当前就业创业市场微观主体面临的外部环境，以及各项政策实施效果的分析，河南省相关促进创业的政策的覆盖范围、支持力度等有必要进行相应的调整完善。虽然近年来为更好地发展创业带动就业，促进经济社会发展，河南省及所属各县市出台了一系列扶持政策举措，但政策设计

有交错和空白，政策落实表现出各自为政、缺少衔接。尤其是，在已出台的众多鼓励就业创业政策中，政策本身与就业创业者个体的结合度高，但与产业政策的结合明显不够，协调性差。而且，在相当程度上，就业创业政策更多的是政策呼吁，而对于税收减免、财政支持、简化程序等实质性的帮助却是杯水车薪。

### （四）就业创业指导服务工作存在不足

河南省在进行产业、行业发展规划时，对产业、行业发展带来的就业创业机会的研究不充分，就业创业行业导向信息的发布机制不健全，造成部分行业的发展出现冷热不均或无序发展的状况。此外，就业创业扶持政策政出多门，信息渠道较为分散，而创业项目、场地等市场信息繁杂，信息严重不对称，导致就业创业个体往往表现出无所适从。

对于负责就业创业工作的最直接的机构，河南省、市县就业创业指导中心在就业创业信息服务上，以发布政策性信息为主，对于就业创业者需要的，有关行业或微小型业态的创业前景，市场趋势性信息的收集、整理、分析和发布上，尚处于空白状态，表现出政府在这方面服务上的缺失。在就业创业后的有关风险防范服务方面，更是没有相关的应对措施，明显存在政府服务缺位的状况。

## 第三节　河南就业创业提升的未来路径选择

### 一　着力改善就业创业环境

#### （一）营造良好的就业创业氛围

就业创业水平的高低取决于就业创业氛围。就业创业是个体行为，它的发生受行为决策者个体及其特征的影响。同时，就业创业者个体的行为决策、行为发生及后果反过来影响其行为作用范围内的其他个体和群体。这种互动过程反映某特定区域范围内显在和潜在创业者个体与群体之间形成的某种相互影响的社会氛围。促进创业带动就业，要大力宣传新的就业观和创业观，在全社会形成关注就业创业、支持就业创业的舆论氛围，培育和弘扬新生创业、鼓励创新、宽容失败的就业创业文化。

### （二）打造市场就业创业需求

平稳健康的经济环境是就业创业的载体，有利于提供就业创业机会。一方面，要努力扩大消费需求，增强居民消费能力，提高居民收入在国民收入分配中的比重和劳动报酬在初次分配中的比重，完善最低工资制度，建立企业职工工资正常增长机制和支付保障机制，提高中低收入群体的工资水平，促进农民持续增收，逐步缩小城乡、地区之间收入差距。完善社会保障体系，扩大保障范围，提高保障水平，稳定群体消费预期。要培育新的消费热点，积极发展社区商业、物业、家政、养老等便民服务，扩大旅游休闲、文化娱乐、教育培训、体育健身、信息通信等服务型消费，引导汽车、住房等大宗商品消费，推动消费结构优化升级。发展城市商业新型业态，培育大型流通企业集团。抓好批发市场和农贸市场升级改造，搞好"农超对接"，方便群体消费。另一方面，城镇化程度的提高，有利于拓宽就业创业渠道。要按照统筹规划、合理布局、完善功能、以大带小的原则，积极构筑以中原城市群体为主体的河南城镇体系，做大做强郑州、洛阳等区域中心城市，促进就业创业良性循环发展。

### （三）促进区域经济发展

区域经济发展水平在很大程度上影响创业就业者对就业创业机会的寻求和把握。而区域产业结构态势则是区域经济发展水平的集中反映。如果一个地区的产业结构处于调整优化升级阶段，则会创造出较多的就业创业机会。一是着力构建城市发展半小时经济圈；二是合力推进航空港经济实验区建设，构建经济新的增长带；三是大力发展省会经济，构建"米字型"高铁网络和城际轨道交通规划建设及市区轨道建设。为就业创业创造良好的硬件环境和基础条件。

## 二 激活创业主体

### （一）激发创业热情

目前的创业者主要是以生存型创业为主，要加强引导，增强民众发展意识、率先意识、机遇意识、吃苦意识，抵制求职者"等、靠、要"的依赖思想，鼓励民众通过就业创业改变命运。要突出宣传支持经济社会发展，努力保增长、扩内需、调结构、促就业的政策和服务举措。积极开展就业创业先进个体的宣传，举办各种创业大赛和创业带动就业典型案例的宣讲。通过树立一批就业创业典型，推广一批就业创业经验，表彰一批先进集体和个人，宣传各类市场主体，用足用好各项政策，提升自主创新能力，着力拓展市场的典型事例、新鲜做法等，来激发全民的就业创业热情。

### （二）提升主体就业创业能力

主体就业创业能力直接关系就业创业的成败。要加强就业创业培训，提高主体就业创业能力。一是要建立就业创业培训体系。将就业创业培训作为新时期职业技能培训工作的重要内容，建立覆盖城乡、多层次的就业创业培训教育体系，推动各类普通高校、技术院校、职业院校开展就业创业课程，开展创业观念教育和创业培训。二是不断扩大就业创业培训范围。将就业创业培训范围逐步扩展到所有有就业创业愿望的人员。对符合条件的就业创业者，给予职业培训补贴。对领取失业保险的人员和领取一次性生活补助金的农民工，要求参加就业创业培训，由失业保险基金提供相应的经费支持。三是注重不断提高培训质量。从培训标准、师资队伍、培训模式等方面入手，增强培训机构能力，确保培训后的就业创业成功率。

### （三）引导创业者履行吸纳就业的社会责任

在鼓励创业带动就业的过程中，要引导创业主体向管理要效益，通过加强内部管理，挖潜力、降成本、增效益，积极引导创业主体借助国家扩大消费的良好机遇，向开拓市场要效益，加强市场调研，细分市场需求，努力增强市场吸纳就业的能力。不断激发创业者的社会责任心，引导成功创业者不仅要承担起为社会创造财富、为政府提供税收的经济责任，更要承担起依法经营、诚实守信、节约资源、保护环境、扶贫济困、热心公益特别是创造就业岗位的社会责任。

## 三 发挥政府推动作用

就业创业是公民个体的市场行为，但是促进就业创业是政府的责任。各级政府要从过去消极被动地对待甚至是束缚创业的态度，转变为积极去推动、去鼓励、去支持，最大限度地发挥劳动者就业创业的积极性和主动性，在对创业和创业活动支持、引导、服务和保障等方面做出更多有益工作，推动创业活动，由此构建就业工作的新格局。

### （一）健全创业组织机制

组织机构承担着规划引导、管理服务、政策决策等方面的职能作用。推动创业带动就业必须健全组织机构。要在省、市、县层层成立工作组织领导机构，统筹安排促进创业带动就业工作，协调解决工作推进过程中遇到的困难和问题，督促各项政策措施的落实。一是建立创业带动就业工作指导委员会；二是设立创业指导中心；三是成立创业专家志愿团队。

### （二）纳入责任考核机制

促进创业带动就业要进一步完善责任体系，确保责任层层落实。要将促进创业带动就业纳入国民经济和社会发展总体规划，结合产业结构的优化调整，统筹制定长远工作计划和年度工作方案，统一安排部署，认真组织实施。要把完善落实就业创业政策、提供就业创业服务质量、优化就业创业环境作为衡量促进创业带动就业工作的主要指标，逐级分解目标任务，列入政府考核的重要内容，纳入政府目标责任考核体系。

### （三）完善就业创业扶持政策

促进创业带动就业需要通过一系列的制度安排、政策工具来增强创业意愿、增加创业机会、提高创业技能。一是完善财税政策。充分运用各级财政用于扶持开发区、集聚区建设、开发性生产经营项目和扶持中小企业、高科技企业、民营经济发展的资金，满足创业者的资金需求。二是加大信贷支持。实行全额担保贷款政策，对符合条件人员申请小额担保贷款的，逐步放宽贷款额度，其中，微利项目由财政全额贴息，积极做好个体创业的各项金融服务工作。

### （四）提升就业创业服务水平

就业创业服务是推动创业带动就业的有力支撑。一是放宽市场准入。积极推进垄断行业改革，加快清理和消除阻碍创业的各种行业性、地区性、经营性壁垒，凡法律法规未禁止的行业和领域，一律向各类创业主体开放。放宽资金准入，对初创企业，按照行业特点，降低公司注册资本限额，并允许注册资金分期到位。二是抓好创业园区建设。以开发区、工业园区为依托，加快工业、商贸、高科技、综合、农业等特色创业园区建设，重点面向失业人员，加快带动就业效果明显的商贸等服务业创业园区建设以及以改善生活水平为目的的民生创业园区建设。三是抓好社区创业平台建设。

开展社区创业促进就业活动，街、乡（镇）要依据自身资源条件，充分利用现有存量用地和闲置资源等，因地制宜地实施规划、改造、再利用，搭建创业平台。

### 四　挖掘市场机制助推创业

在发挥政府推动创业作用的同时，注重发挥市场在资源配置方面的基础性作用，变政府一个推动力为政府和市场两个推动力，形成"双轮驱动"创业的工作格局。一是让更多的企业认识到社会创业中潜在的市场机遇，积极引导和支持社会力量开展创业培训、建设创业孵化器，为创业者提供更加市场化的服务；二是在保证国家金融安全的前提下，积极鼓励探索举办民间融资担保机构和开展其他金融服务方式，以弥补现有金融服务不能满足创业者需要的缺陷；三是改变政府就业创业投入只讲社会效益不讲经济回报的现状，更加重视政府就业创业扶持资金的产出效益，积极探索政府扶持资金市场化运作的路子，发挥财政资金的杠杆放大效应，让政府资金带动更多社会资金来支持创业就业。进一步完善资金、土地、劳动力等涉及创业的要素市场，规范发展行业协会和市场中介组织，促进创业要素按照市场规律合理流动。

# 第八章
# 共享河南改革成果：缩小收入分配差距

十八届五中全会提出，坚持共享发展，作出更有效的制度安排，使全体人民在共建共享发展中有更多获得感。实现全体人民共同迈入全面小康社会。实施脱贫攻坚工程，实施精准扶贫、精准脱贫。缩小收入差距，坚持居民收入增长和经济增长同步、劳动报酬提高和劳动生产率提高同步。"天地之大，黎元为先。"共享的目的是让人民共享改革与经济发展带来的成果，表现在收入分配领域，不同区域、不同行业之间，以及城乡之间的劳动收入差距还比较大。如何实现公平合理的收入分配对于正处于发展中的河南来说，显得尤为重要。

## 第一节　缩小收入分配差距的相关理论

### 一　古典学派的收入分配理论

对收入分配的探索随着剩余产品的出现、私有制的产生和国家的出现自古有之。如早在春秋战国时期孔子就已提出的著名的"不患寡而患不均，不患贫而患不安"论断。对收入分配问题进行研究，并形成较为系统思想的当数古典经济学派。以亚当·斯密为代表的古典主义经济学派认为收入分配问题是经济理论的核心，对收入分配问题进行了系统深入的研究。

1776年，亚当·斯密在其《国富论》一书中，较为系统地分析了国民收入分配的问题。他在威廉·配第的劳动价值论和重农主义的基础上，先从分工理论分析出发，再到交换，又从交换中引出货币的起源和作用，再到对商品的价值的研究，进而聚焦到收入分配问题。他指出与劳动者、资本家和土地所有者三大基本阶级相对应，有工资、利润和地租三种基本收入形式。这就奠定了国民收入分配是由劳动者的工资、资本家的资本利润和土地所有者的地租共同组成的。此外，亚当·斯密还认为劳动工资"因业务有难易、有污洁、或有尊卑而不同"，这在一定程度上说明了收入差距的必然性。

古典主义经济学的集大成者大卫·李嘉图则是彻底的劳动价值论者。他在斯密对三大基本阶级分析及其收入理论的基础上，更加注重考察各种收入的决定因素及其数量比例关系的确定问题。他认为，社会产品是在地主、资本家和工人之间进行分配，财富的增长则主要取决于财富在这三大阶级之间的比例关系。由此可见，李嘉图的收入分配理论基本上是围绕收入的功能性分配，主要是由工资理论、地租理论和利润理论构成，并且他还创造性地提出了劳动的价值取决于生产工人最低限度生活资料所耗费的劳动量。

## 二　新古典学派的收入分配理论

随着边际主义学说的兴起，古典主义经济学派逐渐被新古典主义经济学派所取代，其代表人物主要有瓦尔拉斯、克拉克和马歇尔等人。他们从需求的角度出发，把资本、劳动和土地等生产要素纳入生产函数之中，研究在完全竞争的假设条件下，如何根据生产要素对生产的边际贡献大小来对收入在生产要素间进行分配的问题。

"新古典经济学体系"的建立者马歇尔，以"局部均衡价格理论"为核心研究收入分配，用各生产要素的均衡价格来证明分配的基础，用以确定工资、利息、利润和地租等一系列分配变量的大小。马歇尔认为，工资和利息分别是劳动与资本的供需价格相等时的均衡价格，劳动的需求价格取决于劳动的边际生产力，劳动的供给价格则由培养、训练和保持有效劳动的成本决定；利息的需求价格则取决于资本的边际生产力，供给价格决定于资本家的预期；土地的需求价格受对土地的需求影响，并且由土地的边际生产力决定，取决于最劣土地的价值。新古典经济学派是凯恩斯理论之前一直居正统主流地位的学说，其关于收入分配的观点和相关理论至今仍然有很大的影响。

### 三 马克思主义收入分配理论

马克思创造性地提出，社会再生产是由生产、分配、交换和消费四个环节构成的循环。分配起到连接生产和消费的中介桥梁作用。一定的分配关系只是历史所规定的生产关系的体现。他认为："分配就其决定性的特点而言，总是某一个社会的生产关系和交换关系以及这个社会的历史前提的必然结果，只要我们知道了这些关系和前提，我们就可以确定地推断这个社会中占支配地位的分析方式。"并认为："所谓的分配关系，是同生产过程的历史规定的特殊形式，以及人们在他们生活的再生产过程中互相所处的关系相适应的，并且是由这些形式和关系产生的。这些分配关系的历史性质就是生产关系的历史性质，分配关系是生产关系的一个方面。"马克思的这些论断，对于指导我国收入分配的实践具有重要的意义。改革开放之前的三十年间，我国经济建设在理论和实践上特别重视生产，而忽视分析的重要性，造成平均主义横行，严重影响了劳动者的生产积极性，导致城乡居民生产水平长期低水平徘徊。改革开放以后，我国在实践中调整了利益分配格局，打破了平均主义的分配方式，改革分配体制，极大地促进了劳动者的生产积极性，收入分配机制进入良性轨道。但也不可避免地存在如权力、社会关系参与收入分配的不良因素，对收入分配的激励和促进机制造成了一定程度上的伤害，带来收入分配差距不合理的扩大等负面影响。

### 四 凯恩斯学派收入分配理论

发生于 20 世纪 20 年代末至 30 年代初的世界经济大危机，打破了市场神话和个人自信，并对传统经济学理论产生了前所未有的挑战。基于这一背景，一部分学者开始寻求新的模式。其中最具影响的学者，当数英国经济学家约翰·梅纳德·凯恩斯，他于 1936 年出版的《就业、利息和货币通论》划时代地提出了政府在经济发展和失业治理中的责任。后人基于凯恩斯的理论把经济学划分为微观经济学和宏观经济学，由此引发了凯恩斯革命。凯恩斯的收入分配理论也是从需求出发，以有效需求为基础，认为有效需求由消费需求和投资需求构成，在消费需求和投资需求中分别遵循边际消费倾向递减规律和资本边际效率递减规律。基于此，凯恩斯认为分配不公是产生有效需求不足的原因，并创造性地提出解决这一问题的办法：一是提高富人的个人所得税率；二是消灭食利者阶层。

凯恩斯开创的政府主导经济发展的宏观经济理论及其后继者的发展和完善，对经济学的发展产生了极其重要的影响，对收入分配理论的发展和实践具有重要的意义。

## 五 收入分配理论的新发展

### （一）洛伦兹曲线和基尼系数

洛伦兹曲线和基尼系数通常被用来描述和测度收入分配的不均等状况与集中程度，是衡量收入差异程度的重要分析工具，在经济与社会领域得到广泛的应用。

#### 1. 洛伦兹曲线

为了研究土地、财政与劳动收入三者之间分配的公平与否，美国统计学家 Max Otto Lorenz 于 1905 年最早提出了一种公平性的测度方法，被后人称为洛伦兹曲线。其实质是把收入按一定的标准划分为若干等级，根据百分比构成从低到高累计排列，作为坐标一轴，对应的人口累计百分比作为坐标另一轴，两轴对应点的连线即为洛伦兹曲线（如图 8-1 所示）。

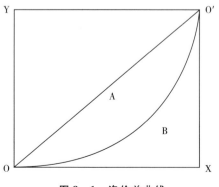

图 8-1 洛伦兹曲线

如图 8 - 1 所示，纵坐标轴 OY 轴代表收入组从低到高累计的百分比，横坐标轴 OX 轴代表人口从少到多累计的百分比。直线 OO′与横坐标轴 OX 轴成 45°夹角，该直线为绝对平均线，即人口累计的百分比与收入累计的百分比相等。折线 OXO′为完全不平等线，表示完全的财富集中于少量可以忽略不计的人群中。曲线 OO′介于绝对平均线和完全不平等线之间，即为洛伦兹曲线，其距离越接近于绝对平均线 OO′，则表示均等程度越高；越接近完全不平等线 OXO′，则表示社会收入分配越不均等。

这是通过图形对洛伦兹曲线进行直观、形象的描述，为了更好地理解和反映洛伦兹曲线对收入分配均等程度的测度，后人从数量关系角度对洛伦兹曲线进行了界定[①]。

设 $F(w)$、$f(w)$ 分别是关于收入 $x$ 的分布函数和密度函数，根据洛伦兹曲线定义，曲线上任意点 $D$ 的横坐标 $P$ 与纵坐标 $L$ 为：

$$P(D) = F(x) \tag{8.1}$$

$$L(D) = \frac{1}{Ex}\int_{-\infty}^{x} tf(t)\,dt \tag{8.2}$$

其中，$Ex$ 是收入 $x$ 的数学期望。设 $\mu = E\ln x$，$\sigma^2 = D\ln x^2$ 分别是 $\ln x$ 的均值与方差，在对数正态分布下，有：

$$f(x) = \frac{1}{x\sigma\sqrt{2\pi}}exp\left[-\frac{1}{2}\left(\frac{\ln x - \mu}{\sigma}\right)^2\right] \tag{8.3}$$

$$F(x) = \emptyset\left(\frac{\ln x - \mu}{\sigma}\right)Ex = exp\left(\mu + \frac{1}{2}\sigma^2\right) \tag{8.4}$$

其中，$x > 0$，$\emptyset(\cdot)$ 为标准正态分布函数。应用公式（8.3）和公式（8.4），经过推导，有：

$$\int_{-\infty}^{x} tf(t)\,dt = \frac{1}{\sigma\sqrt{2\pi}}\int_{-\infty}^{x} exp\left[\left(\frac{\ln t - \mu}{\sigma}\right)^2\right]d\ln t$$

$$= \frac{1}{\sigma\sqrt{2\pi}}\int_{-\infty}^{x} exp\left[\left(\frac{\ln t - \mu - \sigma^2}{\sigma}\right)^2 + \left(\mu + \frac{1}{2}\sigma^2\right)\right]d\ln t$$

$$= Ex \cdot \emptyset\left(\frac{\ln x - \mu}{\sigma} - \sigma\right) \tag{8.5}$$

---

① 成邦文：《基于对数正态分布的洛伦兹曲线与基尼系数》，《数量经济技术经济研究》2005 年第 2 期，第 128～135 页。

令 $y = \dfrac{\ln x - \mu}{\sigma}$，这时公式（8.1）和公式（8.2）变为：

$$P（D）= \emptyset\left(\frac{\ln x - \mu}{\sigma}\right) = \emptyset（y） \tag{8.6}$$

$$L（D）= \emptyset\left(\frac{\ln x - \mu}{\sigma} - \sigma\right) = \emptyset（y - \sigma），0 < x < \infty，-\infty < y < +\infty \tag{8.7}$$

公式（8.6）和公式（8.7）即为洛伦兹曲线方程，对于给定的 $\sigma \geqslant 0$，根据标准正态分布函数表，即可绘制出洛伦兹曲线。

从对洛伦兹曲线的阐述可以看出，作为测度收入分配均等程度的工具，洛伦兹曲线具有简明、直观和形象等优点，但不能具体衡量不均等的程度，无法通过确切的数值衡量收入均等状况。

2. 基尼系数

为了弥补洛伦兹曲线的上述缺陷，更好地对收入分配均等状况进行测度，20 世纪初，意大利经济学家基尼（Corrado Gini）根据洛伦兹曲线，对收入均等程度找出了具体判断分配均等程度的指标，被后人称为基尼系数，后经道尔顿（Dalton，1920）、阿态金逊（Atkinson，1970）、塞新斯基（Sheshinski，1972）等人的进一步发展，用于具体测度收入均等差异程度。其基本计算思路是，如图 8-1 所示，设洛伦兹曲线与收入分配绝对平均线之间的面积为 A，与收入分配完全不均等线之间的面积为 B，则基尼系数（设为 G）为：$G = \dfrac{A}{A + B}$。数值介于 0~1。越接近于 0，说明收入分配越趋向平均；越接近于 1，说明收入分配越趋向扩大。

根据通行的国际衡量标准，基尼系数低于 0.2 表示绝对均等；处于 0.2~0.3 表示比较均等；处于 0.3~0.4 表示相对合理的收入均等水平；处于0.4~0.5 表示收入比较不均等；0.5 以上说明收入差距悬殊。基于此，通常把 0.4 作为收入分配均等的警戒线。超过 0.4，说明进入收入不均等区间。

近年来，国内外不少学者对基尼系数的具体计算方法做了不同程度的探索，提出不同的计算公式。虽然基尼系数的计算公式很多，但很多方法显得复杂繁琐，需要很强的专业训练，为此，一部分经济学者致力于研究相对准确简便的基尼系数计算方法。这里介绍山西农业大学张建华教授（2007）提出的一个简便易用的计算方法，其计算方法是利用定积分的定义将洛伦兹曲线的积分分为 $n$ 个等高梯形的面积之和，公式如下：

$$G = 1 - \frac{1}{n} \left( 2 \sum_{i=1}^{n-1} w_i + 1 \right) \tag{8.8}$$

式中，$n$ 为人口相等的组别，$w_i$ 为从第 1 组到第 $i$ 组人口累计收入占全部人口总收入的比重。

### （二）泰尔熵标准

虽然基尼系数是国际通用的测试收入均等程度的常用方法，但由于具有不能进行组内、组间分解的缺陷（王辉，2011），很多经济学家和统计学家一直试图寻求其他一些方法来解决这种缺陷，泰尔熵标准（也称泰尔指数）就是其中的代表。1967 年，泰尔（Theil）运用信息理论中的熵的概念来计算收入的不平等。这是一个可以按加法分解的均等系数，这个系数满足 Dalton – Pigou 转移原理以及人口和收入均质性等一些条件，这个系数就是泰尔熵标准。其计算公式如下：

$$T = \sum_{i=1}^{n} \left( \frac{M^i}{M} \right) \mathrm{Log} \frac{M_i / M}{X_i / X} \tag{8.9}$$

上式（8.9）中，$T$ 表示泰尔指数，$n$ 为组数，$M_i$ 和 $X_i$ 表示第 $i$ 个组群的收入数和人口数，$M$ 和 $X$ 表示第 $i$ 个组群的总收入和总人口。则 $M_i / M$ 和 $X_i / X$ 则为第 $i$ 个组群的收入所占比重和人口所占比重。$T$ 值大小表示收入不均等程度的高低，$T$ 值越大，收入越不均等。

### （三）劳动收入份额

劳动收入份额，一般是指劳动报酬在 GDP 增加值中所占的比重。近年来，劳动、资本作为衡量收入分配的两大要素，在要素参与分配格局中的地位发生了较大变动，劳动在收入分配中所占比重由 1978 年的近 60% 下降到 2007 年的 39.7%。近几年虽然有起伏，但也基本稳定在 40% 左右的水平。劳动收入份额的这种变动，与农村劳动力向城镇非农产业流动有着一定的关系（翁杰，2011），也反映出资本对劳动的侵蚀（李清华，2013）。因此，农村劳动力流动对劳动收入份额的影响，一方面，从行业内部来看，降低了农业部门的劳动收入份额；另一方面，提升了非农部门非农收入水平的议价能力，从而对非农部门的收入分配格局产生影响。

对劳动收入份额的计算采用 Gomme 和 Rupert（2004）根据 GDP 收入法计算提出的修正方法。根据收入法，可将国内生产总值的构成分为三个部分：归属劳动要素的部分（如劳动报酬收入等），记作 $Y^{GL}$；归属资本要素的部分（如利润等），记作 $Y^{GK}$；无法完全明确是否属于劳动收入的部分（如红利等混合收入），记作 $Y^{A}$。假设无法完全明确是否属于劳动收入的部分与总收入中劳动要素收入比例相同，记为 $\alpha$，则劳动总收入 $Y^{L}$ 可记为下式：

$$Y^{L} = Y^{GL} + \alpha Y^{A} \tag{8.10}$$

又知总增加值 $Y$ 中劳动收入份额假设为 $\alpha$，则有：

$$Y^{L} = \alpha Y = \alpha \ (Y^{GL} + Y^{A} + Y^{GK}) \tag{8.11}$$

结合式（8.10）与式（8.11），可得劳动收入份额为：

$$\alpha = \frac{Y^{GL}}{Y^{GL} + Y^{GK}} \tag{8.12}$$

### （四）库兹涅茨倒 "U" 型假说

库兹涅茨倒 "U" 型假说是 Kuznets（1955）基于经验和推测提出的关于经济发展和收入均等关系的倒 "U" 型假说。Kuznets 关于经济发展与收入不均等程度的分析发生在传统农业向现代工业转变的背景下。基于这样一个背景，Kuznets 认为在这个过程中，居民收入不均等态势会发生阶段性、趋势性的变化。在经济发展的初期，收入差距会快速扩大，其后一个较长时期会趋于稳定，后期收入差距将会逐渐缩小，即经济发展与收入差距变动的关系呈现倒 "U" 型变化特征。

基于库兹涅茨倒 "U" 型假说，库兹涅茨认为，前期基尼系数上升的原因主要在于：其一，农村劳动力从农业部门向非农部门流动，这种流动只要小于农业部门所吸收的劳动人口，就将有可能加剧收入差距的扩大；其二，农业劳动力向更高收入的非农部门流动过程中，有可能加剧不平等程度。

## 第二节　河南缩小收入分配差距的现实发展情况

1949 年新中国成立至今 67 年来，基于经济体制，河南收入分配差距变动的现实及政策变迁状况特征鲜明地分为两个时期，即改革开放之前和改革开放之后。从政策变迁来看，与全国一致，河南收入分配的制度和政策在改革开放之后才得以进入较为正常的发展路径，因此我们的分析重点主要围绕改革开放之后时期展开，而对于改革开放之前三十年只作简要概述。

## 一 河南收入分配差距变动的历史演进过程及政策变迁

### （一）改革开放之前三十年河南收入分配差距的历史演进及政策变迁

改革开放之前三十年河南收入分配及收入比数据从表 8 - 1 中可以看出，在改革开放之前，河南居民收入分配差距变动趋势大体上存在两个节点：一个是 1957 年左右，另一个是 1966 年。由此分为三个时期：1949～1957 年，1958～1966 年，1967～1978 年。

表 8 - 1 改革开放之前三十年河南居民收入分配及收入比

| 年　份 | 城镇人均收入（元） | 农村人均收入（元） | 城乡居民收入比 |
|---|---|---|---|
| 1955 | 241 | 86 | 2.80 |
| 1957 | 234 | 79 | 2.96 |
| 1959 | 231 | 78 | 2.96 |
| 1961 | 229 | 91 | 2.52 |
| 1963 | 226 | 84 | 2.68 |
| 1965 | 227 | 79 | 2.88 |
| 1966 | 233 | 92 | 2.53 |
| 1968 | 247 | 93 | 2.66 |
| 1970 | 261 | 112 | 2.33 |
| 1972 | 271 | 122 | 2.22 |
| 1974 | 289 | 126 | 2.29 |
| 1976 | 302 | 130 | 2.32 |
| 1978 | 318 | 135 | 2.36 |

资料来源：根据《河南统计年鉴》历年数据计算所得。

1. 第一阶段：1949～1957 年城乡收入差距逐步拉大

1949 年新中国成立至 1957 年社会主义改造基本完成和第一个五年计划提前完成的这一阶段，与全国经济社会形势一致，河南也处于国民经济恢复发展时期，通过没收官僚资本、土地运动，对私人手工业、工商业进行社会主义改造，建立起了社会主义国有经济和集体经济。尤其是第一个五年计划，优先发展重工业和城市工商业，工业和城镇的发展远远快于农业和农村。城乡居民收入差距由 1952 年城乡收入比值 2.17 上升至 1957 年的 2.96，城乡居民收入差距逐步拉大。

2. 第二阶段：1958～1966 年城乡居民收入差距不断缩小

这一阶段的城乡居民收入差距呈现出不断缩小的特点，城乡居民收入比从 1957 年的 2.96 下降到 1966 年的 2.53，这一时期影响城乡收入分配差距缩小的制度及政策因素主要包括以下两点。

首先，优先发展重工业及大跃进，在一定程度上伤害了城镇居民收入的增长。我国第一个五年计划开始，就将优先发展重工业作为国家发展战略，但重工业对劳动力的吸纳能力弱，牺牲了大量的就业机会。尤其是 1958 年开始的盲目追求重工业高速度、高积累发展的"大跃进"运动，为了完成重工业中的钢、煤等产量指标，全民参与，人力物力财力都用于了重工业，导致国民经济的综合平衡受到严重破坏，也直接导致城镇居民收入增长停滞。

其次，计划经济导致城镇中大量隐性就业。由于企业没有用人自主权，个人也没有择业的自由，城镇就业实行统包统配，因此为了实现城镇所谓的充分就业，必须人为地将城镇职工工资增长率长期控制在较低的水平，城镇居民收入 1957 年为 234 元，而 1966 年却仅为 233 元，10 年间无任何增长，甚至偶有下降。

3. 第三阶段：1967～1978 年城乡居民收入分配差距略有下降

1966 年开始爆发了长达十年的"文化大革命"，"文革"对经济社会发展造成了难以估量的损失，对之前经济增长的态势造成毁灭性的打击，这一时期城镇工资冻结，农村居民收入增长也长期处于停滞甚至倒退的状态。这一时期总体特征是城乡居民收入差距表现略有下降。

**（二）改革开放之后至今河南收入分配差距的历史演进及政策变迁**

改革开放之后的城乡居民收入比的变动存在四个比较明显的节点，大体为 1984 年、1994 年、1998 年、2003 年左右，根据这四个节点，可以将这段时期的制度及政策演进分为五个阶段，即 1978～1983 年、1984～1993

年、1994～1997 年、1998～2002 年和 2003 年至今。

1. 1978～1983 年城乡居民收入差距不断缩小阶段

从表 8－2 中可以看出，这一时期城乡居民收入差距不断缩小，城乡收入比由 1978 年的 3.0 缩小至 1984 年的 1.65。原因在于这一时期进行的一系列改革是以农村为重心，促使农民收入大幅增长，而同时期城镇居民收入增长相对缓慢，从而使城乡居民收入差距不断缩小。农村这一阶段的改革主要为以家庭联产承包责任制为主的农村产权制度改革，包括农副产品价格大幅度提高和放松管制在内的市场化改革以及农村改革。这些企业使乡镇企业异军突起，极大地提高了农村居民收入的增长。

表 8－2　改革开放之后至今河南居民收入分配及收入比

| 年　份 | 城镇人均收入（元） | 农村人均收入（元） | 城乡居民收入比 |
|---|---|---|---|
| 1978 | 315 | 105 | 3.00 |
| 1980 | 365 | 161 | 2.27 |
| 1982 | 429 | 217 | 1.98 |
| 1984 | 498 | 301 | 1.65 |
| 1985 | 601 | 329 | 1.83 |
| 1986 | 724 | 334 | 2.17 |
| 1988 | 946 | 401 | 2.36 |
| 1990 | 1268 | 527 | 2.41 |
| 1992 | 1608 | 588 | 2.73 |
| 1993 | 1963 | 696 | 2.82 |
| 1994 | 2619 | 910 | 2.88 |
| 1995 | 3299 | 1232 | 2.68 |
| 1996 | 3755 | 1579 | 2.38 |
| 1997 | 4094 | 1734 | 2.36 |
| 1998 | 4219 | 1864 | 2.26 |
| 1999 | 4532 | 1948 | 2.33 |
| 2000 | 4766 | 1986 | 2.40 |
| 2002 | 6245 | 2216 | 2.82 |
| 2003 | 6926 | 2236 | 3.10 |
| 2004 | 7705 | 2553 | 3.02 |
| 2006 | 9810 | 3261 | 3.01 |
| 2007 | 11477 | 3852 | 2.98 |

| 年　　份 | 城镇人均收入（元） | 农村人均收入（元） | 城乡居民收入比 |
|---|---|---|---|
| 2008 | 13231 | 4454 | 2.97 |
| 2010 | 15930 | 5524 | 2.88 |
| 2012 | 20443 | 7525 | 2.72 |
| 2014 | 24391 | 9416 | 2.59 |

资料来源：根据《河南统计年鉴》历年数据计算所得。

2. 1984～1993 年城乡居民收入差距不断拉大阶段

这一时期城乡居民收入差距表现为不断扩大，城乡收入比由 1984 年的 1.65 扩大至 1994 年的 2.88。原因在于这一时期，以农村为重心的改革，从 1984 年开始转向城镇。一是国有企业改革增强了国有企业的活力；二是城镇个体私营企业等非国有经济迅速发展，增加了城镇居民收入。城镇收入水平得到较大幅度提升，而同时期，改革开放后农村的发展潜力被迅速挖掘，农村居民收入增长迅速，但后期增长速度开始下降，农村发展陷入瓶颈，迅速回落。从而导致城镇居民收入增长相对农村更快，这也导致了城乡居民收入差距在这一时期被扩大。

3. 1994～1997 年城乡居民收入差距缩小阶段

这一时期城乡居民收入差距表现为逐渐缩小，城乡收入比由 1994 年的 2.88 缩小至 1998 年的 2.26。原因在于这一时期经济过热引发严重通货膨胀，政策上开始采取适度从紧的宏观调控政策。这一时期，一方面，经过前一段超常规发展的私营经济开始调整回落，市场竞争进一步激烈，经济效益下滑，从而导致城镇职工失业、收入下降。另一方面，劳动力流动制度开始有了松动，大量农民工涌入城镇就业，农村居民通过向城镇流动而获得更高的工资性收入，增加了农民收入水平。因此，这些改革以及扶持农业生产和农村发展的政策措施也在一定程度上使得农村居民收入增长速度超过城镇居民收入，城乡居民收入差距呈现缩小态势。

4. 1998～2002 年城乡居民收入差距又进一步扩大阶段

这一时期城乡居民收入差距表现为逐渐扩大，城乡收入比由 1998 年的 2.26 扩大至 2003 年的 3.10。原因在于这一时期经过前一时期宏观政策的调整，经济进入通货紧缩阶段，农产品价格下降，从而导致农民收入减少；

同时乡镇企业纷纷陷入困境也极大地影响了农村居民工资性收入水平的提高。与此同时，经过前一阶段国有企业改革，针对出现的大量下岗职工，国家出台了一系列政策保障下岗职工的收入水平和福利水平，城镇居民转移性收入占比不断提升，由 1995 年的 17% 提高到 2003 年的 24.5%，而同期农村居民收入中的转移性收入仅占 6% 左右。因此，在这一时期城镇居民收入水平的增长快于农村居民，城乡居民收入差距呈扩大态势。

5. 2003 年至今城乡居民收入差距持续下降阶段

这一时期城乡居民收入差距表现为逐渐缩小，城乡收入比由 2003 年的 3.10 持续下降至 2014 年的 2.59。原因在于这一时期，"农村、农业、农民"问题被中央高层所重视，农村开始一系列利好改革，如农村税费改革结束了农业税的历史；农业补贴得到进一步加强，良种补贴、农机补贴等各种补贴进一步提高了农村转移性支付比例，也在一定程度上提高了农民收入水平；此外，农村劳动力流动更加频繁，各种限制农村劳动力流动的制度得到进一步释放，这也极大地提高了农村居民收入水平。因此，这一时期农村居民收入水平的增长速度快于城镇居民，城乡居民收入差距呈持续下降态势。

## 二 河南收入分配差距变动的特征

河南的经济社会转型与全国一样，一直处于不断改革、不断转型的过程之中，从最初计划经济到向市场经济转型，再到在市场经济体制下进行产业结构调整，并且伴随着城镇化进程。在这个不断转型的过程中表现为两个现象：一是效率优先；二是不断改革。

### （一）城乡居民收入差距表现出工业化进程中的阶段性

改革开放后的经济转型过程是我国及河南工业化的过程。新中国成立以来，河南与全国一样重新开始工业化战略，1949 年工农业产值之比是 30∶70；到 1956 年经过第一个五年计划，工业产值首次超过农业，工农业产值之比为51∶49；经过改革开放和建立社会主义市场经济体制，到 2014 年工农业产值之比已经优化至 3.89∶1。从大的方面来看，新中国成立以来的工业化进程，以改革开放为节点，可以划分为两个阶段；但是按照工业化完成的程度来划分，可以划分为工业化初期、工业化中期和后工业化时期三个阶段。而我国当前所处的阶段，部分学者经过研究讨论，大多认为我国当前处于工业化的中期向工业化后期的过渡阶段。根据发达国家的城乡居民收入差距变动历程来看，在工业化初期城乡居民收入差距一般表现为迅速拉大，工业化后期则开始持续缩小。河南省城乡居民收入差距变动则与这一趋势相符合。

**（二）城市化进程缓慢影响制约着降低城乡居民收入差距的进程**

河南的城镇化进程与全国密不可分，而我国城镇化进程则从新中国成立开始，根据牛文元（2012）的划分，可分为六个阶段：1949～1957年城市化起步发展阶段、1958～1965年城市化曲折发展阶段、1966～1978年城市化停滞发展阶段、1979～1984年城市化恢复发展阶段、1985～1991年城市化稳步发展阶段和1992年至今城市化快速发展阶段。事实上，改革开放之前的城市化基本上处于缓慢发展甚至停滞状态，以河南为例，城市化率在1949年不到10%，而到1959年则为15%左右，直到1978年还是15%左右，而同期河南城乡居民收入比为3.00，城乡居民收入差距已经十分明显。可以看出，这一时期河南的城乡居民收入差距变动与发达国家历程相似：城市化发展缓慢，城乡居民收入差距扩大。

河南城市化进程在改革开放尤其是社会主义市场经济体制得以确立之后，有了快速发展，从1978年的不足15%发展到2014年的45.2%，2015年更是达到46.85%，一年提高1.65个百分点，处于城市化加速时期。而同期从2003年开始，河南城乡居民收入比开始持续下降，从2003年的3.10下降到2015年的2.36。这种态势也与发达国家城市化加速阶段城乡居民收入差距开始不断下降相符合。

**（三）城乡居民收入差距的变动与改革政策密切相关**

我国的改革被制度经济学家们所关注，因为制度经济学无法进行实验验证，而中国的改革则是最好的实验，通过对一些制度规则的改革，实现经济增长和社会发展。而改革过程中的每一次变动，都能够在居民收入差距上得到体现。

首先是新中国成立以后的优先发展重工业的战略，在发展资金一穷二白的情况下，做出牺牲农业发展工业的战略，通过工农品价格的"剪刀差"和农业税将农业收入转移给工业，形成原始积累。

改革开放在农村实行的家庭联产承包责任制将农民的积极性调动起来，

农民收入迅速得以增长，使得农民收入增长快于城镇居民，城乡居民收入差距在此期间缩小，这在更大程度上是由政策原因引致的。而 1984 年我国经济体制改革的重心由农村转向城市，改革了企业收入分配制度，又将职工的工作积极性调动起来，城市居民收入增长又超过农村居民，城乡收入差距又进入扩大阶段。

进入 21 世纪以来，随着对农村劳动力流动的限制得到彻底解放，各种束缚农村劳动力流动的社会制度得以改善，加之农业得到相当程度的重视，农村的转移支付快速增长，城乡居民收入差距得以持续改善，城乡居民收入比在这一时期持续下降。

因此，从历史进程来看，每一次城乡居民收入差距波动的背后几乎必然能找到重要变革的政策变量，这反映出河南省城乡居民收入差距的变动与改革政策密切相关的特征。

## 第三节　河南缩小收入分配差距的未来路径选择

制度改革是一种从根本上解决由于制度所导致问题的方式，对其不能仅仅从问题原因本身去思考。制度改革作为制度系统深化过程中的一种人为因素，需要综合考虑制度作为复杂系统，改革将会受到制度系统中其他制度安排的影响，制度系统在向系统目标演进的过程中，会存在一些特定的特征，只有综合考虑，制定出符合制度系统规律的制度改革才能更好地实现制度目标。本节将在前面分析的基础上，从宏观层面的制度整体改革方向和实践层面的制度变革思路对河南缩小收入分配差距的未来路径作以分析。

### 一　宏观层面的制度整体改革方向

#### （一）对制度进行全面改革

居民收入分配差距问题是受制度系统多因素共同影响下演化的结果，也就是现实中众多具体制度安排的共同影响。例如，户籍制度，户籍制度半个多世纪的影响已经使户籍观念扎根，对人们产生了巨大的影响。尽管饱受指责，但是大城市户口如北京户口仍让人趋之若鹜。尽管户籍制度是人为设计而成，但是经过几十年的实施已经深入到人的意识形态层面中，甚至于政府的管理也是如此，政府的若干政策依附于户籍制度，其根本是在政策制定过程中受到了户籍制度的影响，如教育制度、社保制度、农村土地制度、劳动力流动制度、住房制度等，甚至于市场领域的阶梯水价、电价等都跟户口挂钩。与其认为这些制度是政府管理的路径依赖，不如说是政府的意识形态受到户籍制度的影响，如果仅仅对已经深入人的意识形态之中的户籍制度进行简单的改革，则不能改变依附于户籍制度的其他制度。而这些制度的带离会使户籍制度依然有效。因此，要达到降低居民收入分配檔睥的目的，就必须对制度进行全面改革，从根本上改变演化路径。

**（二）保持制度系统的开放性**

当系统离开平衡态的参数达到一定阈值时，系统将会出现"行为临界点"，在越过这种临界点后系统将离开原来的热力学无序分支，发生突变而进入一个全新的稳定有序状态；若将系统推向离平衡态更远的地方，则系统可能演化出更多的新稳定有序结构。普里戈金将这类稳定的有序结构称作"耗散结构"，并在这个概念的基础上提出了远离平衡态的非线性非平衡态的耗散结构理论。而对于河南收入分配的实际情况来看，制度系统远离均衡点，因此必须构建和保持耗散结构，否则将向均衡点演化，导致居民收入分配差距持续扩大。因此，必须保持制度系统的开放性，能够适应社会发展的需要，不断进行相应的调整，以满足社会的发展，符合社会发展的需要。

从现实情况来看，河南的制度系统也在进行着一定的调整，每年都有新的政策出台，也有旧的规章废除终止，以适应社会的不断发展。这些都能够体现出制度系统的开放性，但是这仍然不够，作为农业大省，对户籍制度、土地制度的改革呼声一直都十分强烈，但是改革步伐却极其缓慢，这也反映了开放性的不完全。

**（三）加快原有制度系统的转变**

从河南省收入分配演变的实际情况来看，当前的制度系统处于易变状态，需要通过有效的改革，使居民收入分配进入一个合理的区间，综合而言，可以从以下两方面进行改革。

第一，对存在众多联系的相关制度进行全面改革，从而可以避免系统自稳定机制的消散，这样才会提高改革效果。

第二，进行的改革要能够促成制度系统转变，从而使制度系统由一种状态转变到另一种状态，实现从较大的居民收入分配差距到较小的居民收入分配差距的状态的转变。

## 二　实践层面的制度改革思路

### （一）三化协调发展缩小城乡居民收入差距

河南省农村人口占全省总人口比重超过 50%，城乡收入差距的缩小在很大程度上意味着居民收入分配差距的缩小，从这个角度来看，增加农村居民收入是解决收入差距问题的关键。要加快推进工业化、城镇化和农业现代化，靠工业化提升农业发展水平，靠城镇化减少农村人口，靠现代化提高农业经济效益。为此，应从经济全局出发，依据河南省比较优势，发展各自的优势农业，调整农业产业结构，提高农业现代化水平，大幅度提高对"三农"的投入，进一步巩固和加强农业基础地位。

以城镇化带动工业化，优化产业结构。通过新型城镇化建设，能有效促进农村产业集聚，带动工业发展。充分利用河南省人口多、劳动力资源丰富的特点，继续大力发展服务业和加工业，吸收农村剩余劳动力，提高农民工收入。比起都市产业，乡镇产业的竞争优势在于丰富廉价的原料和人工成本，乡镇企业的发展应依托于当地的资源优势，拉长农业链条，提高产品科技含量和附加值。相较于外出务工，农村居民更愿意就近就业，这样一方面可以在农忙时节不耽误家里的农业生产，另一方面也可以更方便照顾家里的年迈父母和年幼子女。

以工业化带动农业现代化，提高农业生产效率。河南是产粮大省，被誉为中国粮仓。要提高粮食生产能力，增加粮食产量，保障我国的粮食安全。要用现代化的生产技术和先进设备武装农民，在生产的各个环节中尽可能采用机械化作业，提高劳动效率。政府可以对农民进行农业养殖技术培训，让农民自己能根据土地气候情况选择合适粮种树种。这样就可以把农村居民从繁重的农业劳动中解放出来，开发副业，做农产品加工经营，以实现创收增收。近年来，河南涌现一大批农副产品深加工企业，如思念、双汇、众品、三全等，这些企业从农户农民手中采购农产品，进行进一步的深加工，拉长了产业链条，增加了农产品的附加值，在创造企业利润的同时也提高了农民的收入，更吸收了农村剩余的劳动力，增加了农民工就业。

要在逐步推进城镇化、工业化和农要现代化的同时，做好配套措施的政策改革。首先要积极推进户籍制度改革，加强城乡地区基本公共服务均等化，统筹城乡、区域发展，逐步使大多数人口在农村和城市各得其所，减少农民进城的身份和各项障碍。减少歧视性政策措施，实行基本公共服务由户籍人口向常住人口的范围广化，使劳动力流动可以正常发挥缩小城乡收入差距的功能。其次，深化土地制度改革，确保农民在土地流转过程中得到收益。明确土地流转制度，将土地资本化，一方面，可以加速河南省城镇化进程；另一方面，将土地流转的大部分收益交给农民，让土地真正成为农民收入来源的一大保障，从根本上提高农民的收入。最后，要继续增加财政对农村的转移支付力度，健全完善农村的社会保障。要继续扩大农村地区教育投资，提高农村居民平均受教育水平，改变农民因循守旧的老传统、老思想。要通过对农民工进行职业技术培训和文化培养，提高熟练程度，提高全省农民工的整体素质，进一步健全农村最低生产保障制度、农村医疗保障制度。

### （二）运用税收手段加强对高收入的调节

在市场经济国家中，政府调节收入分配差距的一个重要手段就是税收。税收、税收杠杆一直是收入差距的重要调节器。而在各种税收中，对居民收入分配差距直接有调节作用的自然是个人所得税。目前，经济发达国家一般都实行较为严格的个人所得税制度，以缩小高收入者和低收入者之间的收入差距。然而在目前，个人所得税不仅是河南更是全国税收管理中的薄弱环节，对高收入者的调节始终不到位，这是现阶段我国收入分配差距拉大问题未能有效缓解的重要原因之一。之所以如此，是因为我国的个人所得税制度存在一些弊端，其中最重要的一点就是，长期以来，我国个人所得税的纳税主体一直是工薪阶层。工薪阶层成为缴纳个人所得税的主要力量，这就使我国个人所得税的征收不仅不能有效控制收入分配差距的拉大，相反，在一定程度上起到了"逆向调节"作用，甚至滑到了"劫贫济富"的边缘。而正是因为个人所得税制度未能在调节居民收入分配差距中起到作用，因此，要实现公平合理的社会分配，必须对个人所得税制度进行不断改进和完善。

我们还应该关注农业税的减免情况，现阶段河南收入分配差距不断扩大的一个重要表现就是城乡之间收入分配差距的扩大。由于长期以来，城乡二元经济结构和农民税收负担沉重，农村居民收入增长一直比较缓慢，因此要想促进农民增收，对税收的调节是当务之急。

**（三）规范国有垄断行业的分配秩序**

在我国市场经济发展过程中，市场价格调节还不规范，完全竞争的市场条件不可能形成，进入市场的主体参与竞争的机遇不完全均等，有些关系人民生活的基础性服务行业和关系国计民生的重大行业不可能对社会民营资本和外资完全开放。不论是过度竞争还是垄断，都无法实现资源的优化配置。既要使竞争机制正常有效地发挥作用，又要防止垄断带来的收入差距的悬殊和其他弊害，关键是实现有效竞争。由于垄断行业的收入并不是企业平等参与市场竞争取得的竞争利润，而是凭借国家垄断权力而得到的垄断利润，因此，应该调节垄断行业超出劳动贡献所得的高收入。

因此，对垄断行业要实行严格的工资总额控制制度，防止这些行业的管理者运用手中的权力把应归属于国家和人民的经营利润中饱私囊。国企高管薪酬监管方式方法应与高管选拔任用制度相匹配。国企高管大多数都是经由国家直接指派和小范围内的选拔，并不是经过专业知识和管理技能培训的职业经理人。虽然有少数具备职业经理人的资质，但由于没有通过市场机制选拔，因此薪酬价位的制定不应该向市场看齐，要根据实际情况具体分类。

**（四）发挥社会保障在调节收入分配差距中的作用，提高转移性收入**

财政的转移支出具有调节收入分配的功能，随着城乡居民收入差距的不断扩大，也需要其发挥出更大的作用。但是我国现阶段的财政转移性支出在调节收入分配方面功能弱化，需要通过制度改革建立有效的收入分配调控体系，提高农村居民的转移性收入，这是促使城乡居民收入差距缩小最直接的手段。

一是加大财政转移支付比重，强化财政转移支出调节收入分配的功能，进一步加大财政支出中转移性支出的比重，缩减基本建设支出和行政管理费支出等。

二是实行城乡行业统筹的社会保障制度，进一步发挥社会保障在调节收入分配差距中的作用。不同群体间、不同区域间、城乡及不同行业间的社会保障制度都存在一定差异，有的差异大，有的差异相对较小。这些差异在某种程度上与社会保障调节收入分配差距的出发点是相悖的。因此，必须建立包括养老保险、医疗保险、失业保险、工伤保险等在内的统一的社会保险制度，着力解决基于户籍地域的带有歧视性的社会保障制度，建立基于公民身份的社会保障资格制度，进一步发挥社会保障在调节收入分配差距中的作用。

# 第九章
# 共享河南社会保障：完善社会保障制度

当今社会，追求公平性是社会保障制度建设的本质属性，社会保障制度已成为实现社会公平正义的不可替代的制度安排。中国的社会保障制度经过三十多年的改革与发展，正在逐渐形成内容包括社会保险制度（中国社会保险制度由养老保险制度、医疗保险制度、失业保险制度、工伤保险制度、生育保险制度构成）、社会救助制度、社会福利制度和社会优抚制度的社会保障体系。党在十八大报告第七部分中指出，"要坚持全覆盖、保基本、多层次、可持续方针，以增强公平性、适应流动性、保证可持续性为重点，全面建成覆盖城乡居民的社会保障体系"。党的十八届三中全会通过的《中共中央关于全面深化改革若干重大问题的决定》明确规定，"建立更加公平可持续的社会保障制度"。党的十八届五中全会通过的《中共中央关于制定国民经济和社会发展第十三个五年规划的建议》指出，"要建立更加公平更可持续的社会保障制度"。这是对党的十八大以来有关精神的继承、丰富和发展，对中国扎实推进社会保障制度的各项改革具有重大而深远的理论意义和现实价值。

近年来，河南省委省政府积极贯彻落实党的十八大以来的方针政策，大力推进覆盖城乡居民的社会保障体系建设，更加公平更可持续的社会保障制度取得了快速发展。主要体现在以城镇职工基本养老、医疗保险和失业、工伤、生育保险为主要内容的社会保险体系基本建立，城镇居民社会养老保险、医疗保险、城镇居民最低生活保障、城镇医疗救助等制度不断完善；在农村，新型农村合作医疗、新型农村社会养老保险（2011 年河南省将新型农村社会养老保险和城镇居民社会养老保险两项制度合并实施）、农村最低生活保障、农村五保、农村医疗救助等制度加快推进和完善。目前，河南省已经基本建立了覆盖城乡的社会保障体系。各项社会保障项目的保障范围不断扩大、保障水平稳步提高，城乡居民养老保险制度实现了全覆盖，新型农村合作医疗制度基本上实现了全员参保，城乡居民最低生活保障制度得到完善，城乡居民最低生活保障、农村五保等社会保障对象待遇水平不断提高。综合来看，河南省城乡社会保障体系建设正在逐步完善，已经逐渐从补缺型向普惠型社会保障制度转型。但我们也要清醒地认识到河南省社会保障制度建设中存在着突出矛盾，这种矛盾具体表现为"制度内容上存在着城乡之间发展的不均衡，现有制度结构上存在着城乡之间、群体之间的碎片化，制度保障待遇水平上存在着待遇低、不公平等问题"。由此，在河南省完善城乡社会保障体系的过程中，随着农村社会保障制度建设在"制度补缺"方面得到根本性突破，完善城乡社会保障体系的重点已由"制度补缺"开始转换为城乡社会保障体系的协调发展和待遇水平的进一步提高，即重点在进一步"增强公平性、保证可持续性"方面加以完善，建立更加公平更可持续的社会保障制度。

# 第一节　社会保障相关理论

## 一　公共产品理论

公共产品问题的提出可以追溯到英国资产阶级思想家霍布豪斯那里，他提出的以个人为基点的"大家的和平与共同防卫"是公共产品最早的影子。大卫·休谟的分析最早涉及"免费搭车"这个公共产品的核心问题。亚当·斯密最先将公共支出与市场失灵联系起来，他认为公共产品的存在必然导致市场失灵。约翰·缪勒更进一步分析了公共性的经济内容，认为公共服务的提供是重要的，但没有人感兴趣，因为这些服务的提供，并不必然会获得适当的报酬。

一般认为，新古典综合派代表人物萨缪尔森于1954年发表的《公共支出纯理论》一文，标志着现代公共产品理论的诞生。他将产品明确地区分为私人消费品和集体（公共）消费品。公共产品具有消费上的非竞争性和非排他性。萨缪尔森还进一步给出了公共产品的最优消费状态，即公共产品供求中的"萨缪尔森条件"：在假定用非扭曲性税收为公共产品融资的情况下，生产中私人产品与公共物品的边际转换率，等于消费者私人产品与公共产品的边际替代率之和，即生产上的边际转换率等于消费上的边际替代率。

布坎南基于共有产权角度提出了"俱乐部产品"，并提出了准公共产品的概念，这是对公共产品概念的扩展，丰富了公共产品理论。奥尔森最早在他的著作《集体行动的逻辑：公共产品集群理论》中对布坎南的"俱乐部理论"进行了阐述，他认为大多数公共产品只有在某一特定的集团中才有意义，公共产品必须是某个集团的产品，对另外一个集团来说则是私人产品。奥尔森还提出"搭便车"问题，由于公共产品具有消费上的非排他性和非竞争性，这就使得人们可以消费某种公共产品而不需要付出成本或少支付成本，这就会产生"搭便车"现象，也会出现休谟论著中所说的"公共悲剧"。这是一种市场失灵现象，正是由于市场失灵的存在，需要政府来为公共产品和服务的供给承担起责任。

一般认为社会保障属于公共产品或准公共产品，公共产品理论对中国政府转换政府职能具有重要意义，为政府承担社会保障责任提供了指导方向。

## 二 福利经济学理论

福利经济学可以分为旧福利经济学和新福利经济学。1920 年英国经济学家庇古《福利经济学》的出版标志着福利经济学的正式诞生，新福利经济学诞生的标志是 20 世纪 30 年代末卡尔多等人提出并论证的"假想的补偿原理"。

庇古以边际效用价值论为分析工具，确立了社会福利最大化的标准。庇古认为，实际收入的边际效用是递减的，收入大则边际效用小，收入小则边际效用大。庇古从收入的边际效用递减原理得出了国民收入平均分配的结论。

庇古福利经济学的核心思想是：每个人获得的效用总和构成了全社会的效用总和，而效用总和也就是全社会的经济福利。根据边际效用递减法则，要增进社会福利，就必须实现收入均等化，因为市场机制对收入均等化无能为力。国家应该通过征收累进税的方法把富人的一部分收入用来举办社会保障事业，让低收入者享用，以缩小贫富差距、增大社会福利。当所有人的收入均等从而使货币的边际效用相等时，社会福利就会达到最大化。

针对国民收入极大化和收入均等化这两个福利经济学的重要命题，庇古在西方经济学说中做了一项开创性的工作，即首次将社会保障问题与国家干预收入分配问题结合起来作为一个重要的专门领域加以研究。庇古以边际效用价值论为基础，主张通过国家干预来达到收入分配的均等化这一思想，成为每个国家实行社会保障的思想基础之一。

20世纪30年代末，卡尔多等人提出并论证了"假想的补偿原理"。新福利经济学的主要内容包括帕累托最优原理、函数效用论、无差异曲线的分析方法等。新福利经济学的实质是：如果一些社会成员经济状况的改善不会同时造成其他社会成员状况的恶化，或者一些社会成员状况的改善补偿了其他社会成员状况的恶化，社会福利就会增加，就会出现帕累托改善。根据这一原理，政府的某些政策措施或立法会使一些人受益而使另一些人受损，如果受益总额超过损失总额，那么政府使用适当政策向得利人征收特定税收，以补偿受损者，这样对任何人都没有不利而对一些人有利，因而增进了社会福利。

## 三 公平理论

### （一）公平的定义

公平既有经济学的含义，也具有伦理学的含义。公平包括两方面的含义：第一是横向公平，即对同等经济地位的人实行同等待遇，这是经济学上的含义；第二是纵向公平，即对不同经济地位的人实行差别待遇，抑制经济地位高的人而照顾经济地位低的人，这是伦理学上的含义。不同的学者对公平有不同的理解，比较有代表性的是罗尔斯和米勒的观点。

罗尔斯（Rawls）认为，社会公平是每个国家和社会追求的基本目标。所有社会成员都拥有基本的公平权利，而且这些基本公平权利是不受侵犯的。社会公平有双重含义：一是在道德层面上的社会公平，即每个社会成员所追求和拥有的社会公平；二是在制度层面上的社会公平，即某一个制度必须保证社会公平，只有这样这个制度才能维持下去。同时，他进一步得出社会公平的两条基本原则：一是平等原则，所有社会成员在广泛的基础上享有平等的权利，而不与其他人的权利相冲突；二是优先原则，当社会和经济出现不平等时资源和福利将被重新分配，一方面优先给予社会中处境不利的人们最大利益，另一方面在机会均等条件下，使所有人获得最大利益。

米勒（Miller）认为，社会公平包括三个基本要素，即权利、赏罚和必需品。权利是所有社会成员都能够享有的一种平等权利，如自由平等、就业平等。赏罚是对每个社会成员行为的奖励和处罚，如对工作表现好的人给予奖励等。必需品是每个社会成员生活的前提条件，即保证每个社会成员都能维持基本生活。米勒进一步认为，社会公平总是与一定的社会、经济、政治制度和社会文化相联系，对社会公平的不同认识或者基于不同价值观会引导出不同的社会公平原则。因此，社会公平的真实含义在很大程度上依赖于每个社会的制度类型，只有在一定的社会制度下，才能得出具体化的社会公平原则。不同社会制度下的社会公平原则中社会公平三要素的构成与组合也就不同。

**（二）公平的主要内容**

公平的内容有许多，但在社会保障制度中，将公平可以分为权利公平、机会公平和结果公平。

权利公平是指所有社会成员人人都享有公平的权利。在社会保障制度中，所有人享有的权利都是相同的，不允许某一些人享有特权，同时也不允许存在歧视。

机会公平是指所有社会成员都享有公平的机会。在社会保障制度中，所有人都同等地享有社会保障待遇的权利。在获得机会上公平，即在机会的获得上不应该具有限制条件。

结果公平是指所有社会成员获得的最终结果是公平的。如每一个妇女儿童只要符合条件都可以享受相关的同等社会保障待遇。

在社会保障制度中需要对权利公平、机会公平和结果公平同时加以考虑，因为有时权利公平、机会公平和结果公平相互分离并不一致，权利公平并不意味着机会公平，而机会公平也不一定能保证结果公平。如每一个人都享有社会保障待遇的公平权利，但实际上有些人可能享受更多的社会保障待遇，导致机会不公平和结果不公平。因此，在设计社会保障制度时，需要尽可能对三种公平加以平衡和综合[①]。

## 四　公共财政理论

### （一）公共财政职能

公共财政是政府活动的一种形式，公共财政职能应该是政府活动所固有的经济功能。一般认为，政府公共财政的职能分为三个方面：资源配置职能、收入分配职能和经济稳定职能。

1. 资源配置职能

公共财政的资源配置职能，是指政府在微观领域内解决"生产什么"和"如何生产"的问题，也就是政府公共财政如何在公共部门和私人部门之间及其内部配置人力、物力、财力，以达到资源合理、高效利用的目的。公共产品、外部效应、垄断和信息不对称等在微观领域内的市场失灵，是公共财政履行资源配置职能的逻辑起点。

"生产什么"和"如何生产"是经济学的两个基本问题，资源配置的公共财政机制可以通过公共财政对"生产什么"和"如何生产"的影响来加以解决。

2. 收入分配职能

收入分配理论认为，由市场决定的初次收入分配肯定极为不公平，在市场机制框架内不能解决再分配问题。市场对初次分配的失灵又要求社会进行再分配，而只有依靠政府公共财政的手段来完成这一任务。这是政府公共财政履行收入分配职能的理论依据。

根据公共财政调节收入分配的对象和实现社会公平的目标，政府可以选择税收、公共支出和公共管制等政策手段。

3. 经济稳定职能

公共财政的经济稳定职能，是指政府公共财政通过宏观领域内的资源配置和收入分配作用，对总供给和总需求产生影响，解决市场自发不能解决的宏观经济问题，以达到促进经济稳定增长，缓解通货膨胀和失业压力

---

① 钟仁耀编《社会救助与社会福利》，上海财经大学出版社，2005，第11～12页，第203～204页。

的目的。宏观领域的经济稳定通常包含就业率的稳定、物价水平的稳定和经济的稳定发展等内容。市场自身难以实现宏观领域内的经济稳定，客观上要求政府公共财政活动加以调节。公共财政稳定经济的政策工具主要有相机决策的财政政策、自动稳定器和税收政策等。

**（二）公共财政支出公平理论**

1. 公平的标准分析

作为公共财政目标的"公平"所注重的是实际收入分配的公平。对于"什么是公平"这一问题的回答从来都是见仁见智的，对其标准的分类至少可分为过程标准和结果标准两大类（两大类标准下还有若干小类标准）。

（1）过程标准

过程标准强调收入分配过程的不偏不倚，在这一标准下没有单一的结论，大体有四种观点值得介绍。

①有人认为任何市场过程都是公平的，主张应维护私人在市场上按要素禀赋和要素价格能够挣得的一切收入，即可毫无保留地听之任之。

②有人则认为只有竞争的市场过程才是公平的，只应维护私人在竞争市场上的收入，对垄断性收入应予反对。

③还有人更进一步认为，只有劳动过程才是公平的，主张只维护劳动所得，对非劳动所得应予歧视。

④有人坚持考虑过程的公平应有一个前提，只有在初始阶段有关各方具有同等地位的情况下，才有可能通过竞争的市场实现公平。所以，反对财产世袭、教育机会不平等。

（2）结果标准

结果标准强调收入分配的结果能够让所有人都满意，大体上也有四种代表性观点。

①功利主义标准

功利主义起源于边沁的学说，它追求的是个人效用总和的最大化。最简单的功利主义标准认为任何个人效用的增加都会使社会福利增加。

②罗尔斯主义标准

罗尔斯主义标准认为社会福利应仅仅取决于境况最差的个人的福利状况，只有这样的人福利状况得到了改善，社会福利才会得到增进。它意味着只有境况最差的个人的效用得到改进，社会福利才会提高，而与境况优者无关。

③平均主义标准

平均主义标准主张在分配问题上平等地对待每一个人，做到结果的平等。较好的办法是等分配完成后每个人的效用水平相等，这时，社会福利水平等于每一个成员的效用水平。

④无嫉妒标准

前三项标准虽然被表示为不同的社会福利函数形式，但都有一个共同点，就是都假定个人效用函数是独立的，未考虑个人效用函数之间的相互影响，放松这一假定，可以得到"结果公平"的第四项标准：无嫉妒标准。它指的是在一种收入分配格局中，没有任何一个人嫉妒另一个人的境况，在这种情况下，所有人都满意于现行分配格局，对别人毫无嫉妒之心。

2. 公共财政支出的公平含义

收入分配的第一阶段是市场机制作用下所决定的收入初次分配。功能收入分配理论认为，如果资源市场是竞争性的且运转良好的话，那么，每一种生产要素的收入就来自其对生产的贡献，且等于它的边际产品。

显然，由于人们所占有财产情况的不同以及劳动能力的差别，由市场决定的初次收入分配状况肯定极为不公。这样，客观上就要求有一种有助于实现公平目标的再分配机制。然而，在市场机制框架内，有效的再分配很难得以实现，主要原因就在于在市场中通常不存在以公平分配为目标的再分配机制。既然在市场框架内不能解决再分配问题，而市场对初次分配的失灵又要求社会进行这种再分配，因此，只有依靠政府公共财政的手段来完成这一任务。这就是政府公共财政支出履行收入分配职能、实现社会公平的理论依据。

3. 实现公共财政支出公平的财政机制

收入分配可以从不同层次上进行分析，可以将整个社会分成若干群体，考察政府公共财政活动对各群体之间收入分配的影响。具体来讲，公共财政调节收入分配的对象主要有以下几个。

①生产者和消费者之间的收入分配关系。

②部门之间的收入分配关系。

③地区之间的收入分配关系。

④代际收入分配关系。

总之，政府公共财政活动对不同群体社会成员收入份额的影响都是财政为了实现公平的目标而进行收入再分配的反映。根据公共财政调节收入分配的对象和实现社会公平的目标，政府可以选择税收、公共支出和公共管制等政策手段。

## 第二节　河南完善社会保障制度的现实发展情况

### 一　河南省社会保障制度发展现状

#### （一）各项制度参保人数持续增加

社会保障制度建设的首要任务就是扩大覆盖面，将更多的社会成员纳入保障范围。截至 2014 年底河南省城镇基本养老保险参保人数达 1431.55 万人，比 2010 年增加了 352.22 万人；城镇基本医疗保险参保人数达 2340.03 万人，比 2010 年增加了 296.28 万人；失业保险参保人数达 773.30 万人，比 2010 年增加了 76.84 万人；工伤保险参保人数达 805.71 万人，比 2010 年增加了 253.97 万人；生育保险参保人数达 590.17 万人，比 2010 年增加了 177.3 万人（见表 9 - 1）。城乡居民基本养老保险参保人数达 4844 万人，比 2011 年增加了 1537 万人（见表 9 - 2）。农民参加新农合人数达 8262 万人，参合率达 98.77%。城镇居民享受最低生活保障人数 117.23 万人，农村居民享受最低保障人数 400.78 万人（见表 9 - 3），城乡医疗救助 74.33 万人次；农村五保集中供养人数 18.69 万人，农村五保分散供养人数 30.03 万人。

表 9 - 1　2010 ~ 2014 年河南省城镇各项社会保险参保人数

单位：万人

| 项　　目 | 2010 年 | 2011 年 | 2012 年 | 2013 年 | 2014 年 |
|---|---|---|---|---|---|
| 养老保险 | 1079.33 | 1168.38 | 1270.63 | 1349.99 | 1431.55 |
| 医疗保险 | 2043.75 | 2122.26 | 2222.20 | 2297.20 | 2340.03 |
| 失业保险 | 696.46 | 701.19 | 735.50 | 741.29 | 773.30 |
| 工伤保险 | 551.74 | 655.54 | 720.56 | 773.09 | 805.71 |
| 生育保险 | 412.87 | 460.69 | 520.29 | 569.60 | 590.17 |

资料来源：根据《河南省统计年鉴》历年数据整理所得。

表9－2　2011～2014年河南省城乡居民基本养老保险参保人数

单位：万人

| 项　　目 | 2011 年 | 2012 年 | 2013 年 | 2014 年 |
|---|---|---|---|---|
| 参保人数 | 3307 | 4719 | 4843 | 4844 |

资料来源：根据《河南省统计年鉴》历年数据整理所得。

表9－3　2010～2014年河南省城乡居民享受最低生活保障人数

单位：万人

| | 2010 年 | 2011 年 | 2012 年 | 2013 年 | 2014 年 |
|---|---|---|---|---|---|
| 城　　镇 | 149.71 | 141.95 | 133.44 | 131.06 | 117.23 |
| 农　　村 | 369.55 | 366.95 | 372.97 | 389.83 | 400.78 |

资料来源：根据《河南省统计年鉴》历年数据整理所得。

### （二）社会保障待遇水平持续提高

近年来，河南省经济保持着持续健康发展态势，河南省地方财政对社会保障的投入力度持续加大（见表9－4），各项社会保障待遇水平持续提高，实现了社会经济发展成果共享。2014年河南省地方财政人均社会保障支出达到838.14元，比2010年增加了347.74元，增长了70.91%（见表9－5）。

表9－4　2010～2014年河南省地方公共财政预算收支额

单位：亿元

| 项　　目 | 2010 年 | 2011 年 | 2012 年 | 2013 年 | 2014 年 |
|---|---|---|---|---|---|
| 财政总收入 | 2293.70 | 2851.91 | 3282.48 | 3686.81 | 4094.78 |
| 公共财政预算收入 | 1381.32 | 1721.76 | 2040.33 | 2415.45 | 2739.26 |
| 公共财政预算支出 | 3416.14 | 4248.82 | 5006.40 | 5582.31 | 6082.69 |
| 社会保障和就业支出 | 461.22 | 547.96 | 631.61 | 731.41 | 790.87 |
| 社会保障和就业支出占公共财政预算支出的比例（%） | 13.50 | 12.90 | 12.62 | 13.10 | 13.01 |

资料来源：根据《河南省统计年鉴》历年数据整理所得。

表9－5　2010～2014年河南省地方财政人均社会保障支出情况

单位：元

| 项　　目 | 2010 年 | 2011 年 | 2012 年 | 2013 年 | 2014 年 |
|---|---|---|---|---|---|
| 人均社会保障支出 | 490.40 | 583.68 | 671.50 | 777.02 | 838.14 |

资料来源：根据《河南省统计年鉴》历年数据整理所得。

2014 年河南省企业平均退休费达到 1942 元，比 2010 年增加了 655 元，增长了 50.89%；机关平均退休费达到 2312 元，比 2010 年增加了 289 元，增长了 14.28%；事业单位平均退休费达到 2080 元，比 2010 年增加了 530元，增长了 34.19%（见表 9-6）。

表 9-6　2010~2014 年河南省参保人员基本养老保险待遇水平

单位：元/月

| 项　　　目 | 2010 年 | 2011 年 | 2012 年 | 2013 年 | 2014 年 |
|---|---|---|---|---|---|
| 企业平均退休费 | 1287 | 1357 | 1600 | 1766 | 1942 |
| 机关平均退休费 | 2023 | 1841 | 1903 | 2176 | 2312 |
| 事业单位平均退休费 | 1550 | 1643 | 1790 | 1975 | 2080 |

资料来源：根据《河南省统计年鉴》历年数据整理所得。

2014 年城镇居民医保和新农合人均政府补助标准将提高 40 元，达到 320 元。城镇居民最低生活保障金年补助标准达到 2688 元，农村居民最低生活保障金年补助标准达到 1251 元。

**（三）社会保险基金收支结余规模持续增长**

近几年，随着制度覆盖面的扩大和享受待遇人数的增长，河南省社会保险基金的收支结余规模不断增长，对社会经济的影响也越来越大。

2014 年河南省社会保险基金收入达到 1440.14 亿元，基金支出为 1210.84 亿元，基金累计结余达到 1734.19 亿元，分别比 2010 年增加 830.74 亿元、725.94 亿元和 1069.49 亿元（见表 9-7）。

表 9-7　2010~2014 年河南省社会保险基金收支

单位：亿元

| 项　　　目 | 2010 年 | 2011 年 | 2012 年 | 2013 年 | 2014 年 |
|---|---|---|---|---|---|
| 基金收入 | 609.40 | 723.60 | 872.46 | 1304.45 | 1440.14 |
| 基金支出 | 484.90 | 581.25 | 702.51 | 1043.23 | 1210.84 |
| 累计结余 | 664.70 | 806.68 | 977.21 | 1505.51 | 1734.19 |

资料来源：根据《河南省统计年鉴》历年数据整理所得。

**（四）社会保险经办服务体系进一步完善**

完善社会保险经办服务体系是建设服务型政府的重要组成部分。整体来看，河南省社会保险信息化程度相对较高。截止到 2012 年底，河南省各类经办机构综合联网率达到 91%，其中街道、乡镇、社区联网率分别达到 100%、100%、92%。截止到 2013 年 6 月，河南省通过信息系统实现参保登记 5215.6 万人，领取待遇 1233.58 万人。从机构设置来看，河南省社会保险以分散管理模式为主，除郑州市和洛阳市实现"五险合一"外，从省到县基本上都按险种不同单独设立经办机构，各机构分别管理相关社会保险业务，分散办公。截止到 2012 年底，河南省共有社会保险经办机构 657 个。从经办机构人员编配情况来看，近年来，河南省全省各险种经办机构人员数量都呈逐年上升趋势，截止到 2012 年底，河南全省社会保险经办机构系统编制总人数 14327 人，实有总人数 14032 人。从经办机构经费来源及支出来看，河南省各级社会保险经办机构经费来源均为财政拨款。截止到 2012 年底，河南省各级社会保险经办机构经费支出总额为 4.15 亿元①。

**（五）稳步推进社会保障重大制度改革**

1. 先于全国出台城乡居民养老保险制度整合办法

为了促进城乡统筹和制度公平，根据《国务院关于开展新型农村社会养老保险试点的指导意见》（国发〔2009〕32 号）及《国务院关于开展城镇居民社会养老保险试点的指导意见》（国发〔2011〕18 号），结合河南省实际，河南省人民政府于 2011 年 7 月颁发了豫政〔2011〕58 号文，将新型农村社会养老保险和城镇居民社会养老保险制度合并实施，先于全国开展城乡居民社会养老保险试点工作。2014 年 11 月，按照党的十八大精神和十八届三中全会关于整合城乡居民基本养老保险制度的要求，依据《中华人民共和国社会保险法》和《国务院关于建立统一的城乡居民基本养老保险制度的意见》（国发〔2014〕8 号），在总结河南省试点工作经验的基础上，河南省又出台了《河南省人民政府关于建立城乡居民基本养老保险制度的实施意见》（豫政〔2014〕84 号），在全省范围内建立统一的城乡居民基本养老保险制度。截止到 2015 年底，全省参加城乡居民基本养老保险人数达到 4854.43 万人。

---

① 郑秉文：《中国养老金发展报告 2013——社保经办服务体系改革》，经济管理出版社，2013，第 128～129 页。

**2. 机关事业单位养老保险制度改革正式实施**

为统筹城乡社会保障体系建设，建立更加公平、可持续的养老保险制度，根据《国务院关于机关事业单位工作人员养老保险制度改革的决定》（国发〔2015〕2 号）、《国务院办公厅关于印发机关事业单位职业年金办法的通知》（国办发〔2015〕18 号）等文件精神，河南省人民政府于 2015 年 11 月正式下发《河南省机关事业单位工作人员养老保险制度改革实施办法》（豫政〔2015〕68 号），确立了机关事业单位与企业实行统一的基本养老保险制度、五项改革同步开展的改革思路，该办法已于 2014 年 10 月 1 日起实施。

**3. 大力推进居民大病保险**

为进一步解决城乡居民因病致贫、因病返贫问题，进一步体现互助共济、促进社会公平正义，河南省人民政府办公厅于 2013 年 3 月下发了《关于开展城乡居民大病保险工作的实施意见（试行）》（豫政办〔2013〕22 号）。文件要求从城镇居民医保基金、新农合基金中划出一定比例或额度作为大病保险资金，不再额外向居民收取费用；合理确定城乡居民大病保险的补偿政策，按照医疗费用高低分段确定支付比例，原则上医疗费用越高则支付比例越高，实际支付比例不低于 50%；大病保险要求政府主导、专业运作，发挥商业保险机构的专业优势，由商业保险机构具体承办；2013 年选择郑州市、新乡市开展农村居民大病保险试点，选择洛阳市、安阳市开展城镇居民大病保险试点，从 4 月 1 日起启动实施。根据试点情况，逐年扩大试点范围，2015 年基本实现城乡居民大病保险制度全省覆盖。

为进一步完善河南省城镇居民医疗保障体系，提高重特大疾病保障水平，根据《河南省人民政府办公厅转发关于开展城乡居民大病保险工作实施意见（试行）的通知》（豫政办〔2013〕22 号），结合河南省实际，河南省人民政府办公厅于 2014 年 10 月下发了《河南省城镇居民大病保险实施方案（试行）》（豫政办〔2014〕159 号）。大病保险保障对象为河南省城镇居民基本医疗保险当年参保人员。新生儿自享受城镇居民基本医疗保险待遇之日起享受大病保险待遇。大病保险资金采取从各省辖市、省直管县（市）城镇居民基本医疗保险基金中划拨的方式筹集，不再额外向城镇居民收取。大病保险实行省级统筹，全省统一筹集、管理和使用大病保险资金。大病保险起付线参照河南省上年度城镇居民人均可支配收入情况确定。2015 年度起付线为 1.8 万元。一个保险年度内住院累计发生的合规自付医疗费用超出起付线以上部分由大病保险资金按比例分段支付：1.8 万 ~ 5 万元支付 50%，5 万 ~ 10 万元支付 60%，10 万元以上支付 70%，年度最高支付限额为 30 万元。2015 年 1 月 1 日起按照此方案全面启动大病保险工作。

4. 城镇居民医保异地就医即时结算实现全覆盖

异地就医结算能够有效解决参保人员异地就医垫付医疗费用负担重、往返报销手续繁琐等问题。2016 年 7 月，河南省这项工作取得重大进展。2016 年 7 月 7 日，河南省人力资源和社会保障厅对外公布，截至 7 月 4 日，随着全省城镇居民基本医疗保险核心 3 版系统与省异地就医即时结算平台成功对接，全省 18 个省辖市和 10 个省直管县（市）城镇职工、城镇居民基本医疗保险已全部接入省异地就医即时结算平台。这标志着全省异地就医即时结算平台互联互通建设全面完成，实现了省内异地就医即时结算全覆盖。河南省的城镇职工和城镇居民通过转诊审批后，持社会保障卡即可在全省异地就医即时结算定点医疗机构之间实现即时结算。参保人员异地就医费用结算就像在本地持卡就医一样，只需要交付自己负担的费用，基金报销的费用由省医保中心拨付给定点医疗机构①。

## 二　河南省社会保障制度存在的主要问题

### （一）存在的主要问题

1. 制度设计及覆盖率——城镇职工和居民基本覆盖，农村居民覆盖率较低

城镇职工的养老、医疗、失业、工伤、生育等社会保险项目已经全部建立，实际覆盖率达到 80% 左右，城镇居民医疗保险、城镇低保、城镇医疗救助也已经实现制度全覆盖。相比较而言，农村社会保障制度建设远落后于城镇，有些项目在农村还是空白（见表 9 – 8）。新农合为近年来发展最快的项目，2014 年参合率已经达到了 98.77%；城乡居民养老保险（2011 年由新农保和城居保合并组成）已经实现了制度的全覆盖，2014 年参保人

---

① 《河南省城镇居民医保 异地就医即时结算实现全覆盖》，中原经济网—河南经济报，http://www.zyjjw.cn/news/henan/2016 – 07 – 09/351149.html。

数达 4844 万人；农村低保、农村五保、农村医疗救助正在加快推进，但制度实际覆盖率还不够高。

表 9 - 8　河南省城乡社会保障项目对比

| 类　　别 | 社会保障项目 | 城　　镇 | 农　　村 |
|---|---|---|---|
| 社会保险 | 基本养老保险 | 普遍建立 | 基本建立 |
| | 医　疗　保　险 | 普遍建立 | 普遍建立 |
| | 失　业　保　险 | 普遍建立 | 无 |
| | 工　伤　保　险 | 普遍建立 | 无 |
| | 生　育　保　险 | 普遍建立 | 无 |
| 社会福利 | 社　区　服　务 | 普遍建立 | 正在建立 |
| | 敬　老　院 | 普遍建立 | 普遍建立 |
| | 福　利　院 | 普遍建立 | 无 |
| 社会救助 | 职　工　福　利 | 普遍建立 | 无 |
| | 最低生活保障 | 普遍建立 | 普遍建立 |
| | 扶　贫　项　目 | 普遍开展 | 普遍开展 |
| 社会优抚 | 优　　抚 | 普遍开展 | 普遍开展 |
| | 安　　置 | 普遍开展 | 普遍开展 |

资料来源：胡家：《河南省社会保障支出的改革路径选择》，硕士学位论文，甘肃农业大学，2016，第 11 页。

2. 社会保障待遇水平——城镇农村差距大

与覆盖率相比较，农村和城镇社会保障待遇水平的差距更为显著。2014年的统计资料显示：农村居民基本养老保险每人每月的平均支付额为 88 元左右（因为大多数农村居民选择的是最低档缴费），而城镇平均退休费分别为企业单位每人每月 1942 元、机关单位每人每月 2312 元和事业单位每人每月 2080 元，绝对值是农村的 20 多倍；农村低保年支付额为 1251 元，城镇低保的年支付额为 2688 元，绝对值是农村的 2.15 倍左右。

3. 各级财政社会保障支出——主要用于城镇

按照现行政策，城市各项社会保障项目中，养老保险、医疗保险、失业保险、工伤保险、生育保险、城市居民社会养老保险、城市居民最低生活保障、城市医疗救助制度等保障项目享有财政补助；农村享有财政补助的社会保障项目主要有新型农村养老保险、新型农村合作医疗、农村最低生活保障、农村医疗救助等项目。相比而言，农村是社会保障中政府财政投入的薄弱环节。以最低生活保障制度为例：2014 年，河南省的城镇化水平为 45.2％，全年共发放城镇居民最低生活保障资金 31.97 亿元，城镇享受最低生活保障人数 118.9 万人，人均 2688 元；发放农村最低生活保障资金 49.47 亿元，农村享受最低保障人数 395.26 万人，人均 1251 元。

4. 经办管理服务能力——农村远落后于城镇

河南省城镇社会保障经办管理服务能力建设近几年有了明显的改善，制度化、规范化、社会化程度有了很大提高，运行机制已趋成熟。特别是城镇企业养老保险规范化管理取得明显成效，80％以上的县区实现规范达标，137 个养老保险经办机构通过国家业务档案规范化管理达标验收。但整体上农村社会保障管理服务能力还比较弱，缺乏专业化的管理队伍和技术，而且职能分散在人社、民政、卫生等部门，相互之间缺乏配合，无法形成工作合力。

5. 基金支付能力——可持续性风险逐步增加

近年来，虽然河南省社保基金收支结余规模不断扩大，但基金支付风险也在不断增加。以城镇职工基本养老保险基金为例：2014 年城镇职工基本养老保险基金收入为 922.80 亿元，比 2013 年增长 10.67％，但增速比 2013 年下降 3.75 个百分点；基金征缴收入占基金收入的比例为 73.89％，比 2013 年下降 0.80％；基金支出为 830.73 亿元，比 2013 年增长 16.76％，增速比 2013 年上升 0.51 个百分点；基金结余 92.07 亿元，比 2013 年下降 24.73％，降速比 2013 年上升 29.53 个百分点；基金累计结余 931.29 亿元，比 2013 年增长 10.87％，但增速比 2013 年下降 6.18 个百分点；基金累计结余的备付月数为 13.45 个月，比 2013 年减少 0.71 个月。由以上数据可以看出，如果不改变现行政策的技术参数，那么养老保险基金的可持续风险将会持续加大，从而会影响到养老保险基金的支付能力[1]。

**（二）产生问题的原因**

1. 制度设计的系统性差，制度之间衔接难

河南省社会保障制度的发展和改革同全国的情况一样，改革后河南省

---

① 郑秉文：《中国养老金发展报告 2015——"第三支柱"商业养老保险顶层设计》，经济管理出版社，2015，第 58～79 页。

的社会保障制度建设最初也是围绕为国企改革的配套而起步的，制度覆盖对象主要是城镇正规部门的就业人员，以后又逐步扩展到非正规单位、灵活就业人员、农民工、城镇其他居民和农村居民。因此，制度设计的"碎片化、条块化"特征明显，制度系统性较差，各项制度之间衔接困难，保险关系转移接续难。

2. 保险待遇有失公平，社会保险统筹层次低

以养老保险为例，机关事业单位的待遇明显高于企业，而农村居民的养老保险才刚起步。社会保障待遇的不公平，一方面削弱了社会保障制度的收入分配调节功能，另一方面又引起了新的社会不公平感，降低了社会保障制度在群众中的公信力。

社会保险统筹层次低，城乡居民养老保险由于刚实施不久，还没能实现省级统筹管理；医疗、失业、工伤、生育保险现在还停留在县级统筹阶段；省级调剂金制度还未建立起来，从而造成社会保险管理运营效率的低下。

3. 现行社会保障制度还不能适应人口老龄化、新型城镇化和就业形式多样化的需要

河南省经济发展还处于工业化中期阶段，2014 年 GDP 总量为 3.4938 万亿元，人均为 37072 元（合 5500 多美元），但河南省人口老龄化的速度并不慢，2014 年河南省 60 岁及以上人口已达到 14.8%，65 岁及以上人口已达到 9.3%，正跑步进入老龄化社会。人口老龄化对社会保障的直接挑战就是收不抵支的财务危机。河南省是中国做实个人账户的试点省份，按 2014 年中国社会科学院世界社会保障研究中心的资料，河南省已连续几年出现了基本养老保险基金的收支缺口。职工退休年龄和享受养老保险的缴费年限明显偏低，但又未能调整和延长。作为省级单位，目前河南省又缺乏建立社会保障战略储备基金的条件。

河南省是农业人口大省，随着城镇化进程的加快，河南省产生了全国最大规模的农民工群体以及庞大的失地农民群体。河南省失地农民和农民工的社会保障工作近年来取得了长足的进展，但总体的覆盖率还不能令人满意。以农民工参加养老保险为例，2014 年河南省有农民工 2700 多万，省内就业的农民工的数量约 1500 万，但是真正参加养老保险并能持续缴纳保费

的比重不足 1/3。据估算，已参保的农民工中，退保率大约为 40%[①]。

河南省的就业形势在劳动力长期供大于求的格局下一直比较严峻，就业总量压力和结构性矛盾并存，重点群体就业问题突出，由此不可避免地导致就业形式的多样化。正规部门的稳定就业大幅度减少，灵活就业成为新生劳动力就业的主要渠道，而这个群体的社会保障问题解决得还很不充分。目前城镇职工社会保险扩面的重点就是这个群体，而现行的制度安排在一定程度上因缴费门槛过高而阻碍了他们的参保进程。

4. 老工业城市和农村贫困地区社会保障筹资困难

河南省各地市经济发展不平衡。2014 年郑州市人均 GDP 最高，为 73808 元，周口市人均 GDP 最低，只有 22679 元。河南省国家级贫困县和省级贫困县数量也较多，而大部分未能实施社会保障的群体都集中在老工业城市和贫困农村。这些地区经济发展水平低，人均收入低下，无法靠个人缴费来筹集大量的社保资金，同时由于社会保险的统筹层次低，无法实现纵向和横向的资金调剂，从而无法以再分配的方式均衡各地社会保障资金的运行。

5. 社会保障管理服务能力不足

近年来河南省社会保障的经办管理能力得到了很大提高，特别是城镇社会保障管理服务的制度化、规范化、社会化程度有了很大提高，在信息化管理方面还走在了全国前列。但总体来看，农村社会保障还存在管理职能分散、机构与组织建设相对滞后，以及管理服务能力不足等突出问题。

## 三　河南省完善覆盖城乡社会保障体系的基本条件分析[②]

研究表明，各国都是在工业化发展到以工养农阶段，经济发展水平总体较高时，才有条件建立农村社会保障制度。由此可见，覆盖城乡居民的社会保障体系与一定的经济和社会条件存在路径依赖。基于这样的判断，就需要研究河南现阶段是否具备完善覆盖城乡社会保障体系的条件，以及在这样的条件下应该如何推进这一体系的制度建设。

---

① 岳红伟：《河南省农民工养老保险问题研究》，《兰州教育学院学报》2016 年第 3 期。
② 王利军、龚文海：《河南省建立覆盖城乡社会保障体系的基本条件及对策分析》，《人才资源开发》2013 年第 6 期。

### （一）典型国家建立覆盖城乡的社会保障体系的时点和条件

#### 1. 建立的时点和社会背景

一般来讲，养老保险是最早实现覆盖城乡的社会保障项目。根据养老保险覆盖城乡的状况，各国建立覆盖城乡居民的社会保障体系的时点和社会背景存在很大差异。从各国社会保障制度覆盖城乡的社会背景来看，有些国家是为了应对经济危机，如美国；有些国家是为了缓和各种社会矛盾、稳定社会，如英国、日本；有的是为了实现政治诉求，如智利等。

#### 2. 经济条件

根据世界各国的经验，经济发展水平是社会保障制度建立与发展的重要约束条件。从国外一些典型国家发展的情况来看，社会保障制度覆盖城乡时，经济和社会发展都具备了一定的基础和条件。首先，经济发展属于中等收入国家或者高收入国家的水平。这些国家社会保障制度覆盖城乡时，人均 GDP 在 1055 美元 ~3075 美元。其次，工业化进程处于中后期发展阶段。社会保障制度覆盖城乡时，这些国家的工业产值比重在 41.3% ~49.6%，农业产值比重在 5.7% ~14.6%。最后，城镇化水平较高。各国社会保障制度覆盖城乡时，农村人口比重在 18.5% ~56.9%。

#### 3. 工农业关系

典型国家的发展经验表明，社会保障制度覆盖农村的时点基本与以工补农的大规模反哺期的开始时点相接近，并且这一政策与其他促进农村和农业发展的经济和社会政策工具同步发生，共同形成对农村地区的政策支持。一般来讲，工业与农业 GDP 的比值要在 3：1 以上；城市化水平要在 50% 以上；农业就业人员的比重要在 30% 以下，并且国家要制定支持农业和农村发展的典型政策。

#### 4. 简要结论

从典型国家建立覆盖城乡的社会保障体系的经验来看，一个国家或地区建立覆盖城乡的社会保障体系，除了要由一定社会背景和政治决策驱动外，至少要满足以下基本条件：一是经济发展水平达到或超过中等收入国家，人均 GDP 在 1000 美元以上；二是工业化进程处于中后期发展阶段，三次产业结构合理且农业产值比重低于 15%，城镇化水平一般超过 50%；三是覆盖城乡的社会保障体系的建立与工业大规模反哺农业基本同步，农村社会保障制度与其他政策一起共同形成支持农业和农村发展的政策体系，形成扇面政策支持。

### （二）河南完善覆盖城乡的社会保障体系的条件

#### 1. 社会背景

中国正处在经济转轨和社会转型的发展阶段，城乡二元结构亟待转换，普遍存在城乡差距扩大、收入差距扩大等突出的社会矛盾和问题，目前中国经济已进入"新常态"，河南省也不例外。这些问题的解决，既要依靠发展经济和提高产出，又要依靠城乡社会保障体系的建立与完善。因此，完善覆盖城乡居民的社会保障体系是形势所迫和大势所趋。首先，科学发展观和建设社会主义和谐社会是建立覆盖城乡居民的社会保障体系的政治基础。其次，改革开放30多年来经济的高速发展为建立覆盖城乡居民的社会保障体系奠定了坚实的物质基础。最后，社会结构正在进一步分化，人口流动、收入差距、老龄化等诸多现实问题迫切需要通过完善覆盖城乡居民的社会保障体系来加以缓解或解决。

#### 2. 经济条件

能否建立覆盖城乡居民的社会保障体系的关键还是取决于经济发展水平，这是何时建立以及如何完善覆盖城乡居民的社会保障体系的重要条件和出发点。2014年河南GDP总量为3.4938万亿元，人均GDP约37072元，按1970年价格计算已超过1000美元，已达到中等收入国家水平。三次产业的GDP结构为11.9%∶51.2%∶36.9%，接近工业化进程的中期，但产业结构不尽合理。城镇化水平45.2%，农村就业人口比重超过了40%。如果与典型国家建立覆盖城乡的社会保障体系时的经济条件进行比较，河南现阶段经济发展尚未达到典型国家社会保障制度覆盖城乡时的最高条件。除工业产值比重之外，其余指标与平均条件也存在较大差距，但已基本达到最低条件。由此可以判断，河南目前已经基本具备完善覆盖城乡居民的社会保障体系的经济条件，但是与发达国家建立这一体系时的条件相比尚有很大差距。

#### 3. 工农业关系

河南省在经济发展过程中，已经接近或进入工业化的中期发展阶段。近年来，为加强社会主义新农村建设和发展工业反哺农业，省政府出台了多项支持农业和农村发展的政策。其中，加快农村社会保障制度建设就是重要内容之一。根据国际经验，典型国家工业大规模反哺农业期的国际参照值如下：人均 GDP 高于 1935 美元（以 1970 年不变价格计算），农业产值比重低于 15%，工农业增加值比大于 3，农业部门就业比例低于 30%，城镇人口比重高于 50%。河南省 2014 年各项指标中农业产值比重、工农业增加值比已超过典型国家工业大规模反哺农业期的国际参照值，其余指标尚未达到，但除人均 GDP 之外，其余指标差距较小，表明河南省已经基本进入工业化中期的工业反哺农业阶段。2004 年中央经济工作会议明确提出"我国现在总体上已到了以工促农、以城带乡的发展阶段"的基本论断，2004～2014 年连续发布以"三农"为主题的中央一号文件，强调"三农"问题在中国建设社会主义现代化时期"重中之重"的地位。这表明中国将进入工业大规模反哺农业阶段，这将为河南省完善覆盖城乡居民的社会保障体系创造十分重要的条件。

（三）结论

根据国际比较经验以及河南经济发展现实，河南现阶段已经基本具备了完善覆盖城乡居民的社会保障体系的基本条件，但一些指标与发达国家建立覆盖城乡居民的社会保障体系时相比还存在较大差距，其中个别指标只能达到最低条件，比如人均 GDP 较低、城镇化水平较低、农业就业比重较高等。这就表明，河南具备的条件还是低水平的，完善覆盖城乡居民的社会保障体系必须依据这些条件做出审慎和理性的选择，立足省情循序渐进地推进。

## 第三节　河南完善社会保障制度的未来路径选择

### 一　指导思想和基本原则

要按照党的十八大报告提出的"坚持全覆盖、保基本、多层次、可持续方针，以增强公平性、适应流动性、保证可持续性为重点，全面建成覆盖城乡居民的社会保障体系"的基本要求，坚持改革创新、适度保障、权利与义务相结合、互助共济、统筹协调的基本原则，实现基本制度逐步定型、体制机制更加完备、法定人群全面覆盖、基本保障稳固可靠、基金运行安全有效、管理服务高效便捷，基本建成全面覆盖、更加公平、更可持续的社会保障制度。

完善覆盖城乡的社会保障体系建设要遵循以下原则。

**（一）　基于省情实际，量力而行原则**

社会保障制度平台设计要立足于河南省的经济实力，目前河南省财力还不充足，生产力发展水平不算太高，当务之急是发展生产力。因此，建立覆盖城乡的社会保障体系要充分考虑现实条件，标准既不能定得过高，过高会给河南省经济的发展带来巨大压力，也不能定得过低，过低会损害劳动者的生产积极性和基本利益，导致社会保障很可能成为有名无实的摆设。

**（二）　政府引导与居民自愿相结合的原则**

由于城镇社会保障制度已基本成熟，因此应把提高社会福利作为未来的发展方向，不断完善城镇社会保障制度。政府引导与居民自愿相结合原则主要是针对城镇无正规职业人员和农民而言，他们参与养老及医疗保险需要个人缴纳一定的社会保险金。由于河南省农村社会保险事业起步较晚，还没有产生规范性的社会收益效应，因此这些人对参保可能持观望态度，这就需要政府正确引导，消除他们的顾虑，本着自愿原则，让他们积极参加到社会保险中来，这样才能促进城乡社会保障事业的发展。如果强行发展社会保险势必会加重参保人的思想负担，进而影响他们的积极性。

**（三）　坚持效率与公平相结合的原则**

建立社会保障制度要以人为本，将公平、正义、共享的理念融入具体的制度设计中，正确处理好效率与公平的关系。不能搞过去的大锅饭、平均主义，但我们在追求社会主义市场经济效率、适当体现激励措施的同时，要兼顾公平。这是确保公民享有平等的社会保障权利、维护社会安定团结，最终完善覆盖城乡的社会保障体系建设的重要条件。

**（四）　坚持政府主导、社会参与的原则**

切实履行政府在规划指导、政策扶持、市场培育、服务示范、监督管理等方面的职责，鼓励全社会（包括政府、企业、个人、社会组织）兴办社会保障项目，积极参与养老服务，形成全民社会保障全民参与的良好局面。

《河南省"十三五"人力资源和社会保障事业发展规划》中明确提出，河南省在"十三五"期间，社会保障制度改革进一步推进，覆盖城乡居民的社会保障体系全面建成，实现法定人员全覆盖。建立社会保障待遇正常调整机制，实现基金的安全可持续运行。到"十三五"期末，城镇职工基本养老保险、城镇职工基本医疗保险、城乡居民基本医疗保险、失业保险、工伤保险、生育保险参保人数分别达到 1910 万人、1300 万人、8970 万人、830 万人、950 万人、680 万人，基本养老保险参保率达到 90%，基本医疗保险参保率稳定在 95% 以上（见表 9－9）。

表 9－9　河南省社会保障"十三五"规划主要指标

| 社会保障指标 | 2015 年基数 | 2020 年目标 | 属　　性 |
|---|---|---|---|
| 基本养老保险参保率（%） | — | 90 | 预期性 |
| 基本医疗保险参保率（%） | — | ＞95 | 约束性 |
| 失业保险参保职工人数（万人） | 783.3 | 830 | 约束性 |
| 工伤保险参保人数（万人） | 856.7 | 950 | 约束性 |
| 生育保险参保人数（万人） | 609.5 | 680 | 约束性 |

## 二　实施路径和对策建议

在城镇社会保障制度基本建立并不断完善的背景下，完善覆盖城乡的社会保障体系的主要路径有两条：一是致力于"更加公平"，统筹整合城乡社会保障制度；二是致力于"更可持续"，实现社会保障制度的长期稳定运行。

完善覆盖城乡的社会保障体系的对策建议主要有以下几点。

### （一）制定、完善相关政策，不断完善社会保障制度

1. 积极稳妥推进机关事业养老保险制度改革

机关事业单位养老保险制度改革是统筹推进城乡养老保险体系建设、打破"双轨制"、化解"待遇差"问题的重大决策，河南省机关事业单位养老保险制度改革涉及 360 多万机关事业单位工作人员的切身利益，为了保障

制度平稳过渡，达到预期目的，必须积极稳妥地推进各项工作。下一步要按照中央和河南省委省政府要求，认真贯彻落实《国务院关于机关事业单位工作人员养老保险制度改革的决定》（国发〔2015〕2号）和《河南省机关事业单位工作人员养老保险制度改革实施办法》（豫政〔2015〕68号）的文件精神，坚持实行"一个统一、五个同步"："一个统一"即建立与企业职工等城镇从业人员统一的社会统筹和个人账户相结合的基本养老保险制度；"五个同步"即机关与事业单位同步改革、职业年金与基本养老保险制度同步建立、养老保险制度改革与完善工资制度同步推进、待遇调整机制与计发办法同步改革、改革在全国范围同步实施。在改革过程中严格界定机关事业单位养老保险的参保范围，同时还要妥善处理好机关、事业、企业单位养老保险制度改革的衔接工作。

2. 继续推动整合城乡居民基本医疗保险

整合城乡居民基本医疗保险制度是打破我国基本医疗保险制度城乡分割"二元结构"的重要举措。2016年1月，国务院印发了《关于整合城乡居民基本医疗保险制度的意见》（国发〔2016〕3号），明确了整合城乡居民基本医疗保险制度的总体要求、基本原则和主要内容。河南省近年来在整合城乡居民基本医疗保险方面也做了很多有益的尝试和努力，整合的关键点和难点是整合管理职能。《中华人民共和国社会保险法》在第一章总则第7条中明确规定人力资源和社会保障部门是社会保险的主管部门，从全国整合城乡居民基本医疗保险的情况来看，截止到2016年6月底，全国有14个省份（含兵团）实现了全省范围的城乡医疗保险整合，在地市级层面有165个地市全面整合了城乡居民基本医疗保险。在已经实现了整合的这些单位中，14个省级单位全部由人力资源和社会保障部门管理，165个地市中有162个由人力资源和社会保障部门管理。因此，河南省也应该依托人力资源和社会保障部门进行城乡居民基本医疗保险整合。这不仅能够实现城乡居民医疗保险的整合，而且能够实现城乡居民基本医疗保险与城镇职工基本医疗保险的统一管理，最终还会实现城乡基本医疗保险管理体制、政策框架与经办服务的"三统一"①。

---

① 刘燕斌编《中国劳动保障发展报告（2015）》，社会科学文献出版社，2015，第193页。

### 3. 完善失业保险制度

修订《河南省失业保险条例》，总结借鉴东部七省市实施扩大失业保险基金支出范围试点经验，完善失业保险制度。加强失业保险预防失业和促进就业的功能，完善失业保险保障生活、促进就业、预防失业三位一体的制度功能体系。要进一步完善失业保险费率动态调整机制，适当降低失业保险费率，减轻企业负担。完善失业保险金发放标准与物价水平上涨挂钩的联动机制，适当提高失业保险待遇水平。提高失业保险统筹层次，在全面落实失业保险基金市级统筹的基础上，推进失业保险基金省级统筹。完善省级调剂金制度，加大省级调剂金筹集和调剂使用力度。根据《社会保险法》的要求，尽快出台失业保险关系转移接续政策，特别是要明确农民工失业保险关系处理办法。

### 4. 深化工伤保险制度改革

继续扩大工伤保险制度的覆盖面，努力建立和完善覆盖全部职业人群的工伤保险制度。修订《河南省工伤保险条例》，建立工伤保险药品目录、诊疗目录和辅助器具配置目录。建立健全工伤预防、工伤补偿、工伤康复相结合的工伤保险制度体系。完善工伤保险浮动费率制度，细化行业风险和行业差别费率，拉开行业内部费率档次，形成合理的风险分担机制，并在此基础上完善浮动费率办法，建立浮动费率定期调整机制，充分发挥费率的经济杠杆作用，引导用人单位加强工伤预防工作。完善工伤保险基金管理机制，提高工伤保险基金统筹层次，实现工伤保险基金省级统筹。

### 5. 逐步增加农村社会保障项目，建立完整的农村社会保障体系

目前，农村五保供养制度、农村最低生活保障制度已基本建立与完善，新型农村合作医疗制度、医疗救助制度也得到普及，在此基础上，重点要推进农村新型养老保险制度的广泛开展。在有条件的地区，探索实施针对农村居民的农村就业保障体系和农村生育保障体系，逐步扩大农村居民的福利项目。另外，要采取有力措施，实现社会保障项目对农民工群体的覆盖，具体做法包括：有稳定工作的农民工也享受城镇职工基本养老保险；用人单位不得擅自停止为已享受城镇职工养老保险的农民工缴费；灵活就业的农民工有权利选择参加城镇职工、居民或农民的社会保障体系；从事建筑业和其他危险性行业的农民工应得到强制性工伤保险。

6. 整合城乡社会救助制度

救助体系要面向各类特困群众，覆盖城乡，体现城乡共性特点，做到政策逐步统一，标准相互衔接，工作整体推进，城乡协调发展。

**（二）继续扩大覆盖面，实现法定人员应保尽保**

摸清底数，开展全民参保登记，以基层社会保障经办机构和街道、乡镇、社区劳动就业社会保障平台为主，建立全面、准确的社会保险业务基础数据库，并实现全省乃至全国联网和及时动态更新，对全民参加社会保险情况进行全程跟踪，实现源头管理和精确管理，为全民参保提供基础支持。完善政策，实施全民参保计划，促进和引导各类单位和符合条件的人员长期持续参保，基本实现法定人员全覆盖。完善居民、个体从业人员、被征地农民、农民工等群体参保政策，可以通过适当增加政府补贴、增发基础养老金等政策，通过利益引导鼓励他们积极参保、持续缴费，大幅提高灵活就业人员、农民工等群体参加社会保险的比例。依照《社会保险法》要求依法开展扩面征缴工作，加大执法力度，完善目标考核机制，做到应保尽保、应收尽收。

**（三）加大农村社会保障投入，提高农村社会保障待遇**

省、市两级财政要不断加大农村社会保障投入。在增加社保投入额度的前提下，各市县应当为农村社会保障资金建立动态调整机制，并根据经济发展水平增加保障资金，使各级财政补助金及时拨付和就位；稳步提升农村居民最低生活保障、新农合补助、五保户和农民养老的待遇标准；加快农村基本公共服务体系建设，了解并研究新农合制度的资金匹配状况、资金统一运作和个人付费标准等问题，同时较大程度地提升报销占比和报销上限。

**（四）统筹兼顾，合理确定社会保障待遇确定机制和正常调整机制**

研究出台合理的确定社会保障待遇水平的科学方法，实现社会保障待遇的正常调整，使保障水平持续、有序、合理增长。继续提高企业退休人员基本养老金，坚持和健全"多缴多得、长缴多得"的机制，努力建立企业退休人员基本养老金正常增长机制。在全面实施城乡居民养老保险制度的基础上，稳步提高基础养老金待遇水平，并向高龄老人适当倾斜。逐步提高基本医疗保险最高支付限额，进一步推进城镇居民医保、新农合门诊医疗费用统筹，逐步将门诊常见病、多发病纳入保障范围。在提高整体水平的同时，要合理界定各类群体的待遇差距，发挥社会保险调节社会分配的功能，逐步形成各类人员社会保险待遇的合理关系。

**（五）强化社保基金监督管理，提高社保基金的安全性和运行效率**

按照"社会保险法"的要求，尽快实现医疗、失业、工伤、生育保险基金的全省统筹。完善社保基金预算制度，建立正常的社会保障经费保障机制，加大政府公共财政对社会保障的投入，努力实现财政对社会保障投入的制度化和规范化。扩大社会保障基金筹资渠道，研究制定划转部分国有资本充实社会保险基金的总体方案。建立健全社会保险基金投资运营制度，推进基金市场化、多元化投资运营，加强投资风险管理，努力提高社会保险基金收益率。切实加强基金监督管理，加强社会保险基金监督机构建设，配备专业人员，提升社会保险行政监督能力，确保社保基金安全和保值增值。

**（六）加快提升社会保障经办管理能力，建立高效便捷的服务体系**

要进一步理顺社会保障行政管理体制，建立与统筹层次相适应的社会保险经办管理体制，更加有效地利用各种管理资源。要加快社会保障制度特别是农村社会保障制度规范化、信息化、专业化建设，规范和优化社会保障管理服务流程，推进标准化建设，实行精确管理，提高管理服务水平，加快推行"网上社保"业务。要按照社保大系统的思路，规划设计社会保障管理信息平台，实现信息资源的整合、系统资源的整合、业务需求的整合，发挥社会保障信息管理系统的整体效应①。

---

① 王利军、龚文海：《河南省建立覆盖城乡社会保障体系的基本条件及对策分析》，《人才资源开发》2013年第6期。

# 第十章
# 共享河南医疗服务：推进健康河南建设

## 第一节　推进健康河南建设的相关理论

健康是发展的根本目的，是人类生存发展的永恒主题，是社会进步的重要标志，是人民幸福的基础。健康是一种生产力，国民健康对于国家的意义不仅局限于国民的生活质量问题，而且涉及国家发展和国家安全。健康是一笔最大的财富，人口健康是生产力与经济繁荣的先决条件。健康也是发展的基本源泉，是劳动力和人力资本的基础。经济学研究表明，健康对经济增长有巨大促进作用，因此"投资于健康"正成为世界各国在对公共支出进行投入产出考量时优先考虑的战略。习近平强调，没有全民健康，就没有全面小康。要把人民健康放在优先发展的战略地位，加快推进健康中国建设。全民健康，强国之基。让人人享有基本医疗卫生服务，关系千家万户幸福，体现社会公平正义。推动将健康融入所有的政策，以健康作为考核政府经济、社会、文化、生态发展的一个新的考核指标。健康不只是身体没有病，也指心理、生理和社会福利的一个完美的状态，这是国际上公认的。健康是考核经济、社会综合发展的一个优良指标。

自然，没有河南人民的健康，也就没有河南的全面小康，为此，必须加快推进健康河南建设。"健康河南"是河南发展的新理念，是把河南人民健康作为发展目标，真正落实为人民服务的宗旨。作为全国第一户籍人口大省和农业大省，打造"健康河南"、解决好 1 亿中原百姓的健康问题任务艰巨。深化医改、建设"健康河南"正在进行：积极鼓励社会办医；开展区域医疗联合试点；在全国率先启动发放首批居民健康卡……可以想见，随着下一步城市公立医院综合改革的全面推开、基层医疗机构的日益强大、分级诊疗模式的真正建立，群众"看病难""看病贵"问题将在一项项医改惠民实践中得到有效破解。

## 一 个人能力平等理论

阿马蒂亚·森提出了个人能力平等理论。他认为，创造福利的并不是商品本身，而是它带来的那些机会和活动，这些机会和活动建立在个人能力的基础上。他认为，单纯用效用指标来衡量社会福利仍然存在缺陷，并提出了"能力"中心观，即社会福利水平的提高来自个人能力的培养和提高，个人的幸福是他所能做的各种事情的函数。森提出机会均等是指"一个人的生活应该是他努力和才能的结果，而不是由他所拥有的背景决定"。阿马蒂亚·森特别强调个人主体地位的重要性，并认为这种主体地位主要通过参与公共讨论，并对选择公共政策目标和优先主次产生实质影响来实现。为此他又指出："公共政策的作用不仅在于实施那些从社会价值标准和认同中产生的优先顺序，而且在于推广和保障更充分的公共讨论。"

阿马蒂亚·森的观点对公共卫生服务均等化的影响尤为重要。首先，他更加强调个人能力的提高，并将其作为经济增长、效率提高以及收入均等化、合理化的基础。培养和提高个人的能力，必须关注个人的生存和发展环境，并要通过公共服务及其配置来创造和维护。因此，政府为社会公众提供基本的、在不同阶段具有不同标准的、最终大致均等的公共服务，是社会成员能力提高、社会福利增进的保障。其次，在把提高社会福利水平看作政府主要职责的基础上，阿马蒂亚·森认为，政府在制定经济政策时不应只着眼于政策的经济激励作用，政府政策应具有保障居民基本生存和生活条件、提高居民社会生活能力的机制，而公共卫生服务均等化便是这样的政策。最后，城乡基本公共卫生服务均等化保障了机会均等，有利于实现对社会弱势群体的有效保护和照顾。一般来说，健康是重要的机会均等工具，直接影响了一个人的生存能力、经济参与能力、收入和财富的创造能力。而社会保障体系主要通过为人们提供安全网的方式改变或增强人们的机会，从而帮助人们管理风险。总而言之，阿马蒂亚·森个人能力平等理论告诉我们，坚持以能力平等作为公共卫生服务均等化的长期导向，公共卫生服务均等化要兼顾结果平等与程序平等，强调公共卫生服务均等化实现过程中以公共扶持为主导的多元主体作用。

## 二　公平正义理论

罗尔斯的公平正义理论是说，人类所身处的社会充满竞争与合作，因此，正义在这种环境下发挥着承担社会负担并保障人们合理行使权利、履行义务的作用。社会的基本结构就是正义的对象，即正义是社会制度的首要准则，是用以分配公民的基本权利和义务、划分由社会合作产生的利益和负担的主要制度。因为，经济、社会条件会影响或限制人们的生活前景，而正义原则要能够调节主要的社会制度，从多角度处理、解除各种不平等，尽量消除对人们生活所带来的影响。

罗尔斯把他的公平正义观概括为两个原则："第一个原则：每个人对与所有人所拥有的最广泛平等的基本自由体系相容的类似自由体系都应有一种平等的权利。第二个原则：社会和经济的不平等应这样安排，使它们：在与正义的储存原则一致的情况下，适合于最少受惠者的最大利益；并且依系于在机会公平条件下的职务和地位向所有人开放。"第一个原则可概括为平等自由原则，第二个原则可概括为机会的差别原则与公平原则。放在中国公共卫生服务领域，第一个原则即无论公立或者私立公共卫生服务对社会的贡献大小，都应当完全平等地享有基本权利；而按照第二原则，社会应当不平等地分配公立和私立公共卫生服务的非基本权利。

从本质上讲，公平正义是人们的一种生存理念，是作为调节人们之间社会关系的一种价值评价标准，属于社会价值评价体系，是利益关系的衡量尺码。公平是指按照一定的社会标准（法律、道德、政策等），正当地、合理地待人处事，是制度、系统、重要活动的重要道德品质。正义则是指公正的义理，包含社会正义、政治正义和法律正义等。公平正义在西方思想文化中具有深厚的渊源和阶级局限性。然而，公平正义是千百年来人类不懈追求的一种美好的社会理想和愿望，是社会主义的核心价值，也是中国共产党一贯坚持的政治主张和价值追求。公平正义始终是中国共产党保持先进性纯洁性的基本追求。促进社会公平正义对于当下中国具有突出的现实性和紧迫性。

### 三　基本需求理论

公民有享受教育、健康和最低生活保障的基本福利权利。联合国《人权宣言》中对这一权利进行了明确规定。如第 22 条"每个人，作为社会的一员，有权享受社会保障，并有权享受他的个人尊严和人格的自由发展所必需的经济、社会和文化方面各种权利的实现"。第 25 条"人人有权享受为维持他本人和家庭的健康和福利所需的生活水准，包括食物、衣着、住房、医疗和必要的社会服务等。在遭到失业、疾病、残废、守寡、衰老或其他不能控制的情况下丧失谋生能力时，有权享受保障"。第 26 条"人人都有受教育的权利，教育应当免费，至少在初级和基本阶段应如此"。总之，公民享受教育、健康和最低生活保障等权利主要体现了生存价值，每个人的某些生存价值需要运用公共资源来满足，以达到一种社会确定的最低值，不应使任何人跌落到教育、医疗、营养、住房等方面的最低值以下。基本公共服务的城乡平等是实现人与人和谐发展的重要内容。

### 四　公共价值理论

1995 年，马克·莫尔在《创造公共价值：公共部门的战略管理》中提出了"公共价值"这一概念。他认为，政府的首要任务是根据环境的变化和他们对公共价值的理解，改变组织职能和行为，创造新的价值。政府管理的最终目的是为社会创造公共价值。公共价值是公民对政府期望的集合，是公众所获得的一种效用。这种效用应该通过公平公正地给服务的使用者分配服务来传递和实现。实现这种效用最重要的现实路径就是公共服务，公共服务为公共价值的输出提供了渠道和载体。公共价值也是用来衡量公共服务的尺度，是公共服务的价值。人们尽管对实现公共价值的公共服务的理解有所不同，但对"基本公共服务"中的公共卫生核心价值还是形成了基本共识，因为它们既是公共价值实现的一个重要目标，又是其到达目标的重要手段①。

公共卫生服务的最终目标是保障全体公民的健康，特别是延长期望寿命。公共卫生的实质在于它的"公共性"，这就在根本上与具有公共权力和权威的"政府"直接相关，需要由政府建立健全公共卫生体系，制定公共卫生政策，颁布公共卫生法律。公共卫生政策实质是一项公共政策，是要通过制定和实施旨在投资于公众健康的基本公共卫生服务政策，目的是使有限的卫生资源得到充分利用，促进公众健康发展，保障公众健康安全，缩小健康差距，消除健康贫穷。

## 第二节 河南推进 "健康河南" 建设的现实发展情况

所谓"健康河南"是指以服务城乡居民健康为宗旨，深化医药卫生体制改革，理顺药品价格，实行医疗、医保、医药联动，建立覆盖城乡的基本医疗卫生制度和现代医院管理制度；全面推进公立医院综合改革，坚持公益属性，破除逐利机制，建立符合医疗行业特点的人事薪酬制度；优化医疗卫生机构布局；鼓励社会力量兴办健康服务业；坚持中西医并重；完善基本药物制度；倡导健康生活方式，加强心理健康服务；实施食品安全战略；促进人口均衡发展，坚持计划生育的基本国策，完善人口发展战略，全面实施一对夫妇可生育两个孩子政策；积极开展应对人口老龄化行动；彻底消除贫困县。

截至2015年底，全省共有医疗卫生机构71397个，病床48.96万张，其中：医院1521所、疾病预防控制中心179个、卫生监督所179个、妇幼保健院（所、站）164个、采供血机构22个；卫生院2064个、村卫生室56918个，计划生育技术服务机构1872所。目前，全省共有卫生计生人员77.13万人，城市卫生计生技术人员21.7万人，农村卫生计生技术人员30.2万人，其中乡村医生和卫生员11.7万人；全省执业（助理）医师19.9万人，注册护士20.5万人；全省每千人口医疗卫生机构床位数、执业医师

---

① 张力文、高博、李宁秀：《推进基本公共卫生服务均等化与全民健康》，曙光网，2011年12月28日，http://www.scge.gov.cn/Item/17144.aspx。

数、注册护士数分别为 5.16 张、2.10 人和 2.17 人，比 2008 年的 2.54 张、1.2 人、0.97 人有显著增长，与全国差距明显缩小。全省人均期望寿命超过 76 岁，婴儿死亡率、5 岁以下儿童死亡率、孕产妇死亡率分别下降到 4.35‰、5.91‰、10.46/10 万，主要健康指标均优于全国平均水平，位居中西部地区前列①。过去的五年，全省卫生计生系统紧紧围绕经济社会发展大局，以深化医药卫生体制改革和完善落实生育政策为主线，从以治病为中心转变为以人民健康为中心，扎实推进"健康河南"建设，卫生与健康事业发展良好：率先推开城乡居民大病保险，全面推开县级公立医院综合改革……亿万城乡居民在看病就医、健康保障上享受到诸多改革红利，居民健康素养水平稳步提升，1 亿中原儿女共同迈向"决胜全面小康，让中原更加出彩"的美好新征程②。

## 一 公共卫生普惠百姓

自 2014 年起，河南省持续开展"健康中原行·大医献爱心""健康中原中医行""健康中原疾控行"等系列公益活动，覆盖全省 18 个省辖市和 10 个省直管县（市）。围绕居民膳食指南、运动与健康等主题开展的科普知识讲座、全民健身等活动，传递着"健康生活，预防疾病"的生活理念，吸引了广大群众的积极参与。

随着《"健康中国 2030"规划纲要》的发布，"健康河南"建设备受关注。在"大卫生、大健康"观念的引领下，河南省自 2009 年启动基本公共卫生服务，人均基本公共卫生经费由 15 元增加到目前的 45 元，扩展至 13 类 47 项的免费基本公共卫生服务项目正在惠及亿万城乡居民。截至目前，全省居民健康档案电子化建档率达到 92.2%，儿童、孕产妇、65 岁以上老年人等重点人群的健康得到了有效管理。

2014 年 10 月 1 日，河南省在全国率先全面推开新农合大病保险，对基本医保报销后仍要承担高额医疗费用的患者，由大病保险提供"二次报

---

① 参见"河南省卫生计生事业发展概况"，http://www.henan.gov.cn/hngk/system/2011/03/04/010233549.shtml。

② 参见"近五年来河南卫生与健康事业发展成就综述"，http://mt.sohu.com/20161212/n475578755.shtml。

销"。这项"福利"再次为重大疾病患者看病"减负"，也让医保日益发挥出强大的"兜底"功能。近年来，河南省新农合制度不断创新，基本医保覆盖面不断扩大，大病医保病种增至 35 种。按费用设置的"分段补偿"，使更多百姓"看得起病"的愿望正成为现实。截至目前，全省参合农民人数增至 8285.06 万人，参合率达 99.12%；新农合筹资水平提高至每人每年 470 元，住院补偿封顶线增至 20 万元。随着多层次医疗保障体系的建立健全，越来越多的河南人将从这张越织越密的"健康保障网"中受益。

预防接种是防控传染病的重要环节。河南省从 2002 年的"5 苗防 7 病"到如今的"9 苗防 12 病"，免疫规划范围不断扩大，常规疫苗接种率连续 10 年保持在 98% 以上，儿童健康得到更充分的保护。对结核病、乙肝、艾滋病等重大疾病的规范防治，河南省一直在扎实推进；麻疹、甲肝、乙脑、流脑等传染病发病率持续下降；全省连续 22 年维持无脊灰状态，17 年无白喉病例报告。河南省还建立了 11 个国家慢性病综合防控示范区，30 个省级慢性病综合防控示范区，高血压、糖尿病、脑卒中等慢性病防治逐步规范。

为保障"全面两孩"政策的顺利实施，河南省着力提升妇幼健康服务能力，强化出生缺陷三级预防措施，提高出生人口素质。在 2016 年 5 月底河南省出台的新版计生条例中，河南省率先实施对参加免费婚检的夫妻可多享 7 天婚假的"福利"。全省免费婚检率升至 74.9%，群众疾病预防保健意识不断增强。全省农村孕产妇住院分娩补助、妇女免费"两癌"检查等重大公共卫生服务项目也取得了新的进展。数据显示，目前河南省婴儿死亡率、5 岁以下儿童死亡率、孕产妇死亡率分别下降到 4.35‰、5.91‰、10.46/10 万，低于全国平均水平。

通过爱国卫生工作的扎实推进、食品饮用水三级安全风险监测体系的着力构建，广大城乡居民拥有了整洁宜居的生活环境，"舌尖上的安全"要求从源头上严格把关，"全民健康"理念正在深入千家万户。根据最新统计，河南省人均期望寿命达 75.6 岁。可以说，今天的河南，人民更健康、更长寿。

## 二　医改攻坚破解看病难

自新一轮医改启动至今，步入深水区和攻坚期的河南省医改，始终坚持"保基本、强基层、建机制"的基本原则，努力让城乡百姓享受到更安全有效、方便价廉的医疗卫生服务。

基本医保保底作用充分发挥。2014 年 10 月 1 日，河南省全面推开新农合大病保险，城镇居民大病保险自 2015 年起全面实施。参保患者将享受到"二次报销"的"福利"，大病就医负担切实减轻。截至 2015 年底，河南省城镇居民医保、新农合参保人数分别达 1145 万人、8285 万人，城乡居民政府补助标准提高到每人每年 420 元，全民医保制度基本实现全覆盖，1 亿人口"病有所医"，有了"兜底线"的制度保障。河南省还建立了基本医保、大病保险、医疗救助、慈善救助等多层次的医疗保障体系，着力为百姓织就一张多渠道、广覆盖的"疾病保障网"，曾经"一人得大病、全家陷困境"的现象大大缓解①。

作为新医改的关键环节，河南省自 2014 年 11 月 1 日起，全面推动县级公立医院综合改革，10 个试点县（市）的改革成效已经显现。其中，以"取消药品加成"为切入点，让当地百姓看病更省钱；而改革后的"落实政府办医责任"，让更多"家门口"医院迎来了硬件投入、学科建设等方面的大发展。伴随着县级公立医院改革的步伐，河南省积极推进县级医院服务能力"倍增计划"，不少基层医疗卫生机构的规模得到扩充；近五年来，通过"369 人才工程"的大力实施，河南省共为基层培养引进专科以上学生31275 名，为乡镇卫生院招录本科医学定向生 2589 名，从根本上解决基层医疗机构的人才瓶颈问题。2016 年 7 月，河南省政府办公厅印发《河南省深化医药卫生体制改革 2016 年重点工作任务》（以下简称《工作任务》），从全面深化公立医院改革、巩固完善全民医保体系、推进卫生信息化建设等 9 个方面，对 2016 年河南省深化医改重点工作任务作出安排部署。

### 三 健康扶贫精准发力

根据最新统计，河南省因病致贫、因病返贫的贫困户占建档立卡贫困户总数的 42%，其中患大病和慢性病的贫困人口看病负担仍然较重，贫困地区的卫生与健康状况依然是"健康河南"建设最为突出的"短板"。

---

① 参见"近五年来河南卫生与健康事业发展成就综述"，http://mt.sohu.com/20161212/n475578755.shtml。

2016 年 6 月，河南省下发《河南省医疗卫生脱贫专项方案》，通过实施医疗卫生脱贫攻坚工程，实现贫困地区百姓看病就医有保障、医疗服务能力明显提升、人民群众健康水平明显提高三大目标。这意味着，河南省将调集更多优质医疗资源，"对准"最需要帮助的困难群体，让贫困人口享有公平可及的健康服务，斩断因病致贫、因病返贫的恶性循环链。从 2017 年 1 月 1 日起，河南省将率先全面建立困难群众大病补充医疗保险制度，对困难群众住院医疗费用经基本医保、大病保险报销后，由大病补充保险再次给予分段式的"高标准"报销，最大限度地减轻贫困人口看病就医负担。河南省将针对贫困地区推进"五个一"标准化建设，实现"每个县（市）要办好 1 所综合医院、1 所中医院、1 所妇幼保健院，每个乡镇要有 1 所政府主办的乡镇卫生院，每个行政村有 1 个标准化的村卫生室"的目标。同时，还要大力支持贫困地区实施"369 人才工程""基层骨干医师培养计划"等 7 项行动计划，对全省 53 个贫困县不设人员限额，按需保障。对贫困地区来说，百姓在"家门口"看病将会更加方便可及。

## 第三节　河南推进 "健康河南" 建设的未来路径选择

推进"健康河南"建设，加快建设卫生强省，全面深化医药卫生体制改革。其中推进"健康河南"建设是根本目标，而全面深化医疗卫生体制的改革则成为发展目的。推进"健康河南"建设，努力为河南人民提供均等化的基本医疗卫生服务，有利于促进社会的公平公正，实现发展成果由人民共享。推进"健康河南"建设将为卫生计生事业提供发展机遇，极大地推动解决制约河南人民健康改善的全局性、根本性和长期性问题，为发展智力和劳动密集、绿色低耗的健康服务业带来新机遇，医药、信息、装备制造等相关产业以及康复、老年护理、健康养生等新兴产业将迎来快速发展的黄金时期。这就要求，把人民健康放在优先发展的战略地位，以普及健康生活、优化健康服务、完善健康保障、建设健康环境、发展健康产业为重点，加快推进"健康河南"建设，努力全方位、全周期保障河南人民健康。

根据《"健康中原 2030"规划纲要》，河南作为人口大省要通过不懈努力，到 2030 年基本实现健康公平，居民主要健康指标超过全国平均水平，其中人均预期寿命达到 80 岁，人民更健康、更长寿、更幸福。

## 一　做到"四个重视"

### （一）重视重大疾病防控

加强重大疾病防治是重大民生问题。首先，要完善我国对重大疾病的综合信息监测。利用现代信息技术手段，收集和整合有关信息，促进信息的横向交流，确定危险因素和高危人群，从而指导卫生资源有效利用，及时调整疾病预防控制的决策支持，为重大疾病防治提供更为有力的保障。其次，构建针对重大疾病的预防性服务体系。建立公共营养政策体系，建立农村、社区健康教育网络，对高风险人群采取早期防治措施，倡导科学健康的生活方式。最后，发挥中医药在重大疾病防治中的作用。在重大疾病防治体系中重视发挥中医药的特色优势，以降低重大疾病的发病率、死亡率、致残率，减少医疗费用。

### （二）重视少年儿童健康

高度重视儿童医疗保健工作，加快儿科服务体系建设，提高儿科服务能力和保健水平，为儿童的健康幸福提供有力保障。保障儿童健康应该作为医疗卫生事业优先发展的领域。加强对儿童专科医院和综合医院儿科的扶持，加大儿童医学科研特别是对疑难杂症疾病的攻关力度，发挥其对提升县域和基层诊疗能力的辐射带动作用，让群众在家门口享受到优质医疗服务。要加强新生儿疾病筛查防治，减少出生缺陷发生，提高出生人口质量。要落实贫困地区儿童发展规划，实施营养改善项目和重大疾病医疗保障。要完善医保体系，切实减轻患儿家庭负担，从制度上筑牢、织密社会安全网，为困难家庭儿童送去温暖和希望。

### （三）重视特殊人群服务

将留守儿童困难家庭纳入最低生活保障，对留守儿童实施临时救助及医疗救助；对空巢老人及时实施救助帮扶，开展走访慰问，积极构建老龄工作平台，落实高龄补贴发放制度；推进儿童福利院建设进度，扎实抓好孤儿保障政策落实；全面保障五保老人生活；推进残疾人救助关爱工作；保障精神病患者及其他特殊群体的生活和医疗。

### （四）重视生活方式改善

健康有 15% 取决于遗传，10% 取决于社会条件，8% 取决于医疗条件，7% 取决于自然环境，而 60% 取决于自己习惯的生活方式。健康长寿取决于生活方式。现在有三种疾病威胁我们的生命，占死亡原因的 72%：一是心脑血管病，二是恶性肿瘤，三是呼吸道疾病。优质蛋白质摄入要足够，增加高钙饮食，多吃鱼和家禽，每天脂肪摄入适量，低盐多醋，不吸烟不熬夜，不喝浓茶少喝酒，遵守运动的"三五七"原则，睡眠前可以出去走走路，或睡前洗澡、泡脚都有助于睡眠，睡前喝温牛奶也有利于入睡。世界卫生组织认为：健康是一种躯体上、精神上和社会适应上的完好状态，"合理饮食、戒烟限酒、适当运动、心理平衡"乃"健康基石"。

## 二　抓好"四项改革"

### （一）抓好医疗改革

扩大医疗卫生领域对外开放。大力开展多种形式的对外合作，加强与国内外领先水平的医疗机构的技术交流，积极引进高水平医疗机构，加快推进区域医疗中心建设，不断提升优质医疗资源服务的供给能力。

加强河南省医疗机构建设。强化规划引领，促进医疗卫生资源存量调整、合理布局和资源整合，提高资源配置与使用的公平性和综合效率。加强国家重点实验室、国家工程技术研究中心、院士工作站、大师工作室等平台建设，组织实施重大技术攻关课题，力争在重点疾病、关键技术领域取得一流的科技成果，提升医疗核心技术水平。

加强人才培养教育。加强高层次人才队伍和公共卫生专业人才队伍建设，积极引进高层次急需人才，发展壮大医疗科研团队。加强医教协同，建立和完善以行业需求为导向的医学教育供需机制，推进院校医学教育与社会需求紧密衔接，大力培养儿科、精神科、老年医学、护理等急需紧缺人才。

### （二）抓好医保改革

把支付制度改革作为深化医改的一项重要内容，积极利用医保调控手段，规范诊疗行为，控制医疗费用不合理增长，提升医保基金使用效率，促进建立分级诊疗制度。同时，打造心血管、脑血管、肿瘤、儿童、器官移植和中医骨伤6个国家区域医疗中心。继续推进全省统一的城镇职工基本医疗保险政策。探索建立城乡大病保险对贫困对象、高额医疗费用患者倾斜的机制。开展困难群众大病补充医疗保险试点。将职工医保、城镇居民医保政策范围内的住院费用支付比例分别提高到80%、75%左右。

### （三）抓好医药改革

推行医疗、医保、医药联动，推进医药分开，建立健全覆盖城乡居民的基本医疗卫生制度。全面推进公立医院综合改革，坚持公益属性，破除逐利机制，降低运行成本，逐步取消药品加成，推进医疗服务价格改革，完善公立医院补偿机制。建立现代医院管理制度，落实公立医院独立法人地位，建立符合医疗卫生行业特点的人事薪酬制度。完善基本药物制度，深化药品、耗材流通体制改革，健全药品供应保障机制。鼓励研究和创制新药，将已上市的创新药和通过一致性评价的药品优先列入医保目录。鼓励社会力量兴办健康服务业，推进非营利性民营医院和公立医院享受同等待遇。强化全行业监管，提高医疗服务质量，保障医疗安全。优化从医环境，完善纠纷调解机制，构建和谐医患关系。

### （四）抓好医院改革

破除公立医院逐利机制，落实政府的领导责任、保障责任、管理责任、监督责任。充分发挥市场机制作用，建立起维护公益性、调动积极性、保障可持续的运行新机制；构建起布局合理、分工协作的医疗服务体系和分级诊疗就医格局，有效缓解群众看病难、看病贵问题。破除公立医院以药补医机制，建立公立医院运行新机制；改革公立医院管理体制，建立现代医院管理制度；强化医保支付和监控作用，支付方式改革要全覆盖；建立符合医疗行业特点的人事薪酬制度；构建各类医疗机构协同发展的服务体系；推动建立基层首诊、双向转诊、急慢分治、上下联动的分级诊疗模式；加快推进医疗卫生信息化建设。

## 三 推进"基层建设"

### （一）加强基层队伍建设

加大投入力度，切实强化政府责任。完善财政投入机制；进一步加大对农村卫生事业的投入；对县、乡（镇）两级医疗卫生机构要逐年增加差额拨款的比例，全面实施公共财政保障人员经费。改革用人制度，畅通人员进入渠道。改革现行卫生人才招考制度和办法；改进高层次人才引进办法；解决优秀人才、拔尖人才的储备工作；树立柔性引才引智理念，积极采取讲学、兼职、短期聘用、技术合作、人才租赁等方式灵活引进优秀卫生人才，建立有利于人才注入的引才机制。合理利用，盘活现有人才。培养现有人才；建立完善的卫生人才评价机制；充分发挥高层次人才的作用；加强人才的合理流动。政策吸引，有效激励人才。尽快实行人事分配制度改革；建立良好的人才竞争机制；建立"卫生人才专项基金"；改善高层次人才的生活和工作条件。

**（二）推进基层医院建设**

进一步加强县（市）级医院的建设，其目标任务是保证"大病不出县（市）"。尽快建立以县级医院为龙头、以乡镇卫生院为骨干、以村卫生室为基础的三级医疗辐射网络。县级医院除了承担对危重病人的治疗和抢救，还将承担对乡村卫生机构的业务技术指导和培训，形成乡镇医务人员定期到城市医院进行短期学习的制度。三甲医院应不间断地派出医疗技术人员到乡镇级医疗点出诊，实行对口支援，既看病，也接触到更多的病例，更培训了基层医务人员，每位医务人员必须支诊三到六个月，将其作为职称评定的硬指标。应用现代网络技术，为乡镇级医院建立电子医疗病例、视频病诊。定期派出医疗专用车将先进、常用的医疗设备送到村镇为农民治疗、检查。要加强综合医院能力建设，推进医院标准化管理。

# 第十一章
# 共享河南可持续发展：促进人口均衡发展

## 第一节　河南促进人口均衡发展的相关理论

### 一　人口均衡理论发展与演变

历经两百余年发展历程的人口均衡理论是一种以经济学中的均衡分析为视角研究人口问题的理论流派，其理论目标是探索在各种社会经济条件下，人口数量与经济增量的动态制衡关系，以寻求人口与经济协调发展。1798 年马尔萨斯在《人口原理》中建立了以"两个原理""两个级数"和"三个命题"为主体的人口理论体系，以及以"两个抑制"为核心的人口控制论，为后世相关人口均衡思想的诞生奠定了初步的思想基础和理论铺垫。1874 年瓦尔拉斯在《纯粹经济学要义》中研究经济要素变动趋于零的稳定状态，并第一次提出了一般均衡理论，将人口作为经济体系中的重要因素之一，众多学者开始将目光聚集到人口均衡发展的研究上。坎南于 1888 年首次明确提出适度人口论，阿尔弗雷德·索维继承并发展了适度人口论，他在 1952 年的《人口通论》中将适度人口概念扩展到经济领域之外，人口均衡思想此时已初具雏形。1972 年罗马俱乐部发表的《增长的极限》可以视为人口均衡思想的里程碑，从此如何正确处理经济发展同人口、资源及环境问题的关系成为了全世界各国发展中所必须认真考虑的中心议题。我国学者从 20 世纪 70 年代人口学学科恢复之后就开始进行人口与资源、环境、经济与社会综合协调发展的早期研究，并为完善具有中国特色的人口均衡理论体系、为我国建设人口均衡型社会奠定了初步的理论基础。

## 二　人口均衡的含义

在生态学和系统学的视野中，"均衡"是指生态系统各个要素和谐共生的状态。"人口均衡"是人口发展的一种优良状态。"人口均衡"的提出让我们将注意的目光投向了人口系统可持续的协调发展。

一是科学意义。国内提的"人口均衡"同国外提的"人口平衡"（population balance）实际上是一个概念，都注意到了人口自身的协调发展。"人口均衡"是指人口系统构成要素相互匹配、互为依存、动态协调和协同发展的状态，其外延包括人口的性别结构、年龄结构和分布结构相对平衡的状态。

从供求关系来评判人口均衡的话，人口的供给和对人口的需求达到一致的程度，就是人口均衡，否则人口失衡。换言之，当人口的供给和对人口的需求在数量或者结构上处在相对平衡、动态协调的状况时，人口就进入均衡的状态。"人口均衡"可以分类分层理解，例如，高水平人口均衡、低水平人口均衡、人口强均衡、人口弱均衡、人口大均衡、人口小均衡、人口性别均衡、人口年龄均衡、人口就业供求均衡等。低水平的人口均衡是数量意义上的供求均衡，高水平的人口均衡是结构意义上的契合均衡。

20世纪80年代初以来，我国逐渐出现和恶化的出生人口性别比失衡现象导致了未来的性别失衡，就是一个典型的可婚女性人口供给不能满足可婚男性人口需求的人口失衡现象。在可以婚配的年龄段中，女性人口资源短缺，男性婚配遭遇困难。2010年5月19日，在中国人口与发展研究中心举办的"人口研究前沿与展望"国际研讨会上，美国德州农工大学社会学教授鲍思顿（Dudley L. Poston Jr.）认为2010年中国的出生性别比是120，而且他认为21世纪的前十年一直会在这个危险的水平上运行。如果从现在起到2020年，中国不能将这一比例降低，则从1983年到2020年，中国的新生男婴将超过女婴5500万人。如果到2020年，出生性别比能从2010年的120下降到107，则从1983年到2020年，中国的新生男婴将超过女婴5100万人。而在事实上，1983年到2010年，中国已经出生的男婴比女婴多出了 4100 万<sup>①</sup>。

根据 2009 年国家统计局公布的数据，我国出生性别比为 119.45，比 2008 年下降了 1.1 个百分点，但依然在高位运行，也是高危运行。北京大学国家发展研究院中国经济研究中心预测，如果当前我国出生性别比在 120 左右高位波动的趋势得不到遏制，2020 年以后，婚龄男性多于女性的数字将超出 3000 万。在今后相当长的时期内，中国不得不忍受人口性别失衡带来的挑战和痛苦。现在采取的一切提高妇女地位、关爱女孩女婴的做法只是亡羊补牢。姜全保等研究认为，从 2000 年开始，中国就开始面临严重的男性婚姻挤压，2016 年至 2046 年平均每年过剩男性在 120 万～150 万，2060 年之后每年在 50 万之下。如果出生性别比得不到有效控制，则未来男性婚姻挤压情况将严重得多<sup>②</sup>。西安交通大学公共政策与管理学院人口与发展研究所预测，2013 年之后，中国每年的男性过剩人口将达到 10% 以上，平均每年约有 120 万男性在婚姻市场上找不到初婚对象。根据该所 2010 年对全国 28 个省份共计 369 个行政村的调查，平均每个行政村至少有 9 个"光棍"，平均年龄 41.4 岁。

国内外人口学家公认生育率的快速下降加重了出生人口性别比的失调。也就是说，1980 年 9 月 25 日后，从严控制人口的国家行动一开始就留下了人口失衡发展的历史伏笔。即使在出生性别比正常的情况下，依然有部分男性不能成婚；在出生性别比偏高的情况下，不能成婚的男性比例会增多。正常的出生性别比在 103～107，每出生 100 个女婴，对应的男婴应该大致是 103～107 个，这是一个生物学规律。

如果说人口均衡是人口要素匹配的状态，那么人口失衡就是人口要素短缺的现象。根据这个尺度衡量，人口老龄化并不一定是人口失衡，人口老龄化发展到一定的"度"，过了某个"拐点"，才会导致人口失衡。例如，计划生育家庭人口老龄化，因独生子女夭折，导致结构完整的三角形的独生子女家庭出现结构性的缺损，才会导致悲痛的"无后老龄化"，才会陷入

---

① 鲍思顿教授 2010 年 5 月 19 日在中国人口与发展研究中心举办的"人口研究前沿与展望"国际研讨会上提出的判断。

② 姜全保、果臻、李树茁：《论人口均衡发展及其政策含义》，《人口与计划生育》2010 年第 5 期，第 9～10 页。

长时期的微观人口生态失衡的状态中。宏观来说，老龄人口所需超过劳动人口所供，也可能导致人口失衡。

实际的人口发展总是在动态演变中从一个旧的均衡发展到新的均衡。换言之，人口发展的本质是非均衡到均衡再到新的非均衡过程的动态演进。经典的人口转变理论通过对生命统计指标人口粗出生率、粗死亡率和自然增长率三率类型的组合演变来描述人口从高位均衡向低位均衡的人口发展过程。先是"非均衡"，即人口死亡率率先对现代化做出反应，出生率居高不下，人口增长率放大，接着是"均衡化"，即到了人口转变的中后期，死亡率继续缓慢下降，出生率也下降并且速度加快，导致人口转变增长缺口缩小，人口发展向新的均衡状态演进。

二是人文意义。提出一个新概念不仅仅是为了帮助我们科学地认识社会变迁和人口问题，而且深藏着人文情怀和价值取向，我们追寻人口均衡发展是为了实现更健康、更和谐、更持续的发展。毫无疑问，人口均衡才可望达到人口持续、社会和谐。

人口发展是社会发展的中心议题。人口均衡型社会提法的重要性甚至超过了物质层面的资源节约型社会和环境友好型社会的提法。发展人口均衡型社会的提法具有强烈的人文价值，人口是社会人的集合概念，数量规模是它的表象，民心民权是它的内核。物质的贫困和收入的贫困并不可怕，可怕的是权利的贫困。科学讲理性，人文讲关怀。人口均衡发展需要凸显对生命尊严、人权保障、人类发展、家庭幸福、人口优化和社会和谐的价值追求。

人口均衡发展的人文含义取向有以下几个。①生命尊严。我们要维护健康胎儿平等的出生权以及新生婴儿平等的生存权和发展权。②家庭幸福。家庭是社会的细胞，我们要努力建设结构健全、成员健康、关系和谐的幸福家庭，保障家庭的生育权、发展权、幸福权和养老权。③社会和谐。只要社会细胞是健康的、人口关系是均衡的，社会的和谐可以说是不求自来。④持续发展。可持续发展是人类的共识，但只有协调均衡的发展才可能真正实现可持续发展，长期的均衡意味着牢固的持续①。

---

① 穆光宗：《构筑人口均衡发展型社会》，《北京大学学报》（哲学社会科学版）2010 年第 5期，第 32～34 页。

三是政策意义。人口均衡发展要求我们重构人口政策体系。国家意志引领下的人口发展，到底是为了追求人均收入的提高还是为了追求幸福安康的目标？人口均衡发展意味着我们要从人均经济目标转向更重要的幸福人文目标，从经济计生转向更温情的人文计生，这样的转变于国于民都有极重要的意义。

当前，理论界对人口长期均衡发展内涵的共识性观点是：人口均衡是指人口发展与经济社会发展水平相协调，与资源环境承载能力相适应，人口总量适度、人口素质全面提升、人口结构优化、人口分布合理及人口系统内部各个要素之间协调平衡发展。人口均衡至少包括两层含义：一是人口作为整体，应该与外部各方面因素的力量相平衡，人口发展既不能落后于经济、社会、资源、环境等因素的发展，也不能超出经济、社会、资源、环境等因素所能承受的范围；二是在人口内部，各个要素之间的力量作用要平衡，人口内部各要素相互作用，而且各要素都有自身的理想状态。

人口均衡发展的框架结构包括：一是人口自身的均衡发展，即内部均衡；二是人口与经济、社会、资源、环境的协调和可持续发展，即外部均衡。

人口内部均衡包括人口数量、人口质量、人口结构和人口分布四个维度。人口数量是指一定时期内人口自身繁衍所达到的人口规模。一定规模的人口数量要求人口作为生产者和资源消耗者的双重身份能够协调和统一；人口质量是指在一定的社会生产力、一定的社会制度下，人们所具备的身体素质和思想道德、科学文化素质的水平。人口质量要与经济、社会发展相适应，包括人口的身体素质、教育素质等；人口结构是指按不同的标准对人口进行划分得到的结果，就人口自身而言，主要包括人口性别结构和年龄结构；人口分布包括人口的地域分布、城乡分布等。人口自身均衡的基本评价目标就是人口规模恰当、人口质量优良、人口结构优化和人口分布合理，四者相互协调，能够支撑人类的自身繁衍以及人口系统自我演进至更高的层次。

人口外部均衡包括人口与经济、人口与社会、人口与资源、人口与环境四个维度。人口与经济发展之间的均衡要求人口再生产的数量增长、结构配置等须同产业结构的调整、劳动生产率的提高，以及就业人口的吸纳和增长保持适度；人口与社会发展的均衡具体表现在一定的人口数量之下，社会结构合理，生活质量和社会综合影响较高，社会基本建设完善；人口与资源之间的均衡是指人口对资源的消耗和再开发与资源的供给之间是协调的、可持续的；人口与环境之间的均衡发展就是实现人类生产生活系统与生态系统的良性循环，人口规模及增长必须维持在环境的承载能力之内，使人口规模与环境相协调。

人口的自身均衡与外部均衡之间的关系是二者相互影响，相互制约。人口自身均衡是实现人口外部均衡的基础和前提，而人口外部均衡通过人口内部系统的各个要素施加影响并间接地制约着人口自身均衡的实现。

### 三 人口均衡型社会的内涵及构建人口均衡型社会的现实意义

#### 1. 人口均衡型社会的内涵

人口均衡型社会是在稳定人口系统内部诸要素均衡发展的基础上，按照科学发展观和可持续发展理念的指导，探求与人口规模、结构分布等要素相关的人口发展与经济发展、社会稳定、资源承载和环境保护之间协调平衡的社会发展模式。人口均衡型社会有别于资源节约型和环境友好型社会，后者侧重于人口系统的外部平衡发展，而前者还包括人口要素之间的内部均衡，以及内外的动态博弈。具体而言，人口均衡型社会既要求人口系统内部各要素之间的均衡，如人口数量、结构、分布等要素的平衡稳定，又要求人口系统与经济、社会、资源、环境等外部诸多系统的协调发展。从这个角度说，建构人口均衡型社会，不但要考虑到人口系统内部各要素的相互制约，也必须要考虑到诸多外部条件对人口发展的限制，是一个多目标统筹决策的结果。建设资源节约型、环境友好型和人口均衡型社会的"三型社会"是缓解资源供给矛盾、保护生态环境、统筹解决人口问题、实现经济社会可持续发展的根本出路，也是在我国的社会经济条件、资源环境压力和人口现实状况下，坚持以人为本的理念，按照和谐社会的发展要求，实现人口与经济、社会、资源、环境等系统的协调发展的必然选择。

#### 2. 建设人口均衡型社会的现实意义

我国现阶段处于一个经济和社会高速发展的战略机遇期，人口转变超前于经济社会发展，具有相当的不稳定性。人口发展形势依然严峻，一方面，在人口总量矛盾仍然存在的同时，人口红利期已逐渐减弱，以粗放型、密集型为特征的产业模式已经表现出与我国的人口均衡发展不相适应的一面；另一方面，以老龄化为特征的人口抚养比上升，出生性别比严重失衡，流动人口、农村人口问题等人口发展的重点难点凸显。

落实以人为本的科学发展观，人口问题处于十分重要的位置。科学发展观要求在人口、资源、环境约束的条件下，实现经济社会健康快速且可持续的发展。人口均衡理论为这个发展提供有力的思想武器，建设人口均衡型社会这一战略决策成为坚持科学发展观的重要组成部分。建设人口均衡型社会作为具有中国特色的社会主义人口理论体系的新生长点，在整体战略规划上立足于我国人口多、底子薄的老国情及人口渐老、人力资本存量小的新国情，从长远和大局来思考我国的人口问题。从宏观上讲，建设人口均衡型社会将有利于构建人口均衡型、资源节约型和环境友好型"三维一体"的和谐社会，丰富新时期社会建设的深刻内涵，确保国家长期的人口安全，进而实现统筹解决人口问题的长远战略目标。在具体做法上，坚持计划生育的基本国策，按照科学发展观的总体要求，遵循以人为本的政策理念，既把稳定低生育水平作为现阶段人口计生工作的首要任务，又与构建和谐社会的宏伟目标相呼应，倡导与时俱进的新型人口公共政策体系——"控制人口数量、提高人口质量、优化人口结构、协调人口分布，促进人口与资源环境的可持续发展"，建立统筹解决人口问题的机制体制，为经济、社会、资源、环境协调和可持续发展创造良好的人口环境。

## 第二节　河南促进人口均衡发展的现实发展情况

2007年发布的《国家人口发展战略研究报告》预测，21世纪中叶我国将迎来总人口、劳动年龄人口、老年人口三大高峰，从人口转变的现实和未来长期发展的角度看，人口数量、结构、质量、分布以及人口自身系统与经济社会、资源环境的均衡发展问题将成为主要的、亟待解决的人口问题。新的人口国情要求在理论上提出论证，在实践中落实人口长期均衡发展的理念、思路和政策，构建人口均衡型社会。国家人口长期均衡发展依托各区域和各省际人口发展的均衡。

根据2011年国家人口计生委《关于中原经济区人口发展和人口计生情况的调研报告》（以下简称《报告》），作为上升为国家战略规划的中原经济区，人口不均衡发展的问题十分突出。《报告》提出，在中原经济区建设过程中，迫切需要建设一个人口规模适度、素质优良、结构优化、分布合理的人口均衡型社会，充分挖掘人口这一基础性和能动性的比较优势资源，实现中原经济区经济社会又好又快的发展。

本书认为，要评价一个区域的人口均衡发展状况，一个基础性的工作就是要构建科学的人口长期均衡发展评价指标体系，并通过对评价指标的测量和评价，发现人口发展过程中的不协调、不均衡因素和方面，从而制定针对性的政策措施。围绕这种思路，本书构建了河南省人口长期均衡发展的评价指标体系和评价模型，并依托区域18个地市的统计数据，对各地市的人口均衡发展状况进行测量评价。为了更好地对河南省的人口均衡状况进行分析，除进行相关指标测量分析外，采用与中原经济区其他地市进行比较分析的方法，以更好地展现河南省的人口均衡发展情况。

## 一　人口长期均衡发展评价指标体系的建立

### （一）指标体系构建的指导思想和原则

理论界关于人口发展理论指标体系构建的角度和思路主要包括：人口压力指标、人口承载力指标、人口发展评价监测指标体系、人口现代化指标体系。此外，还有与全面小康指标相适应的人口发展指标体系、人口安全动态评价指标体系等。实践中部分省市也尝试构建了本省际的人口发展指标。现有指标体系多是从某一侧面或某几个方面测量人口发展状况，没有对人口发展内部系统和外部系统进行全方位测量。

中原经济区人口长期均衡发展指标体系的构建要体现以下指导思想和原则。

一是指标体系要根据人口均衡发展的内涵及指标体系的基本框架，在人口自身发展特征分析和经济、社会、资源、环境发展基本要素分析的基础上构建。指标体系要能够满足三方面的功能：描述和反映区域内人口各方面均衡发展的水平或状况；评价和监测一定时期内系统各个组成部分协调发展的趋势和方向；综合衡量中原经济区人口与经济、社会、资源、环境之间的均衡程度，以及影响均衡目标达成的关键因素。

二是坚持科学性、全面性、系统性、可行性、目的性、可比性、数据可获得性等指标体系设置的基本原则，以目前可采集到的统计指标为基础。首先，指标构建要坚持科学性与系统性原则。人口长期均衡评价指标的选取必须从系统观点出发，按照科学发展观的理念，深入地研究人口发展与社会经济环境之间的相关关系，研究人口发展的各种因素及其机制，研究人口发展对社会经济发展起作用的方式方面，研究人口发展内部各因子之间的相互关系。在此基础上，选取人口均衡发展评价指标。其次，指标体系构建要具有目的性、针对性和可行性。本项目强调针对中原经济区的实际情况，强调对中原经济区发展决策起到科学的支撑作用，即对中原经济区的人口和社会经济发展决策具有实用性。再次，指标要具有可比性。由于人口的迁移，社会经济发展不仅有本地人口的支撑，也获得其他地区人口的支撑，是一个明显的大区域性的体现。本地的人口发展均衡评价基本上针对本地人口，但人口发展政策和社会经济发展政策则需要考虑人口迁移的影响与作用。人口均衡发展评价指标的选取应该适当考虑大区域背景，这就要求人口均衡发展评价在某种程度上对不同地区具有可比性，以便从"互通有无"的角度来考虑问题、解决问题。最后，指标的选取要考虑数据可获得性。设置的评价指标要能够得到数据的检验和支撑，为了检验指标的有效性和合理性，不能找到数据进行支持检验的指标将被迫"有所丢弃"，以保证指标设置不是由简单的所谓专家拍脑袋、领导拍脑袋"制定出来"的。这就要求指标应当有准确可靠的统计数据来源。指标体系数据要求能够从已有的统计报表中直接获取，或者通过必要的计算方法获得。

**（二）指标体系构建**

首先，根据人口均衡发展的基本内涵和结构维度，将指标体系分为两个一级指标：人口自身均衡、人口与外部系统均衡。两个一级指标分成八个二级指标：人口数量、人口素质、人口结构、人口分布、人口与经济、人口与社会、人口与资源、人口与环境。体系框架如图11-1所示。

其次，根据人口均衡发展的内涵和指标体系设置的原则，参考目前国内外学者与权威机构在人口发展水平评价方面的所用指标，结合相关统计制度及统计指标获取的可能，并结合中原经济区的实际情况，本研究选取17个统计指标作为三级指标。详见表11-1。

应该指出的是，指标的选取是一个"妥协"的过程，即在反映信息的全

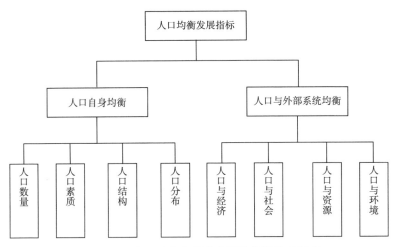

**图 11 -1　人口均衡发展综合评价指标体系框架**

面性和指标的精练性之间、反映信息的精确度和数据的可获得性之间反复权衡、比较、取舍的过程，最终形成的指标体系是一个折中的结果。另外，该评价体系也是一个开放的体系，可以根据相关指标的变化情况和数据可获得性进行纳入或舍弃调整，以更好地反映区域人口长期均衡发展的实际情况。

指标具体构成及含义如下。

1. 人口数量指标

人口数量的统计指标一般有人口出生率、人口自然增长率、总和生育率等。总和生育率是指该国家或地区的妇女在育龄期间，每个妇女平均的生育子女数。一般来讲，如果总和生育率小于 2.1（对发达国家来说），新生人口是不足以弥补生育妇女和其伴侣数量的。总和生育率是表征人口数量的较好指标之一，由于缺乏规范科学的统计调查制度和有效的数据来源，故不将总和生育率纳入评价指标体系。

人口自然增长率是反映人口自然增长的水平与速度的综合性指标，是指一定时期内（通常为一年）人口自然增长数（出生人数减死亡人数）与该时期内平均人口总数之比。人口自然增长率与人口出生率具有很强的相关性，依据指标体系的简便原则，本研究选取人口自然增长率指标。

2. 人口素质指标

人口素质包括身体素质、文化素质、道德素质。反映身体素质的指标一般有出生缺陷发生率、婴儿死亡率和人口平均预期寿命。出生缺陷率被公认为人口身体素质的统计指标，但是面临数据统计制度的约束而不得不放弃。婴儿死亡率也因统计原因不纳入本研究的评价指标。故只选择平均预期寿命作为判断经济社会的发展使得人口身体素质提高的情况。

反映人口教育素质的指标一般用人均受教育年限、受过高等教育人口比例等指标反映。目前统计年鉴资料没有公布人均受教育年限指标数据，但是根据已公布的 6 岁以上人口中不同学历层次的人数，可以推算获得"6岁以上人口平均受教育年限"数据，本研究将其纳入人口发展评价体系。人口道德素质因难以量化，而无法纳入评价指标体系。

3. 人口结构指标

人口结构指标一般有性别比、老少比、抚养比、老年系数、人口文化构成、人口职业构成、人口民族构成等。本研究选择三个最能够反映当前我国和中原经济区人口结构问题的指标。一是出生婴儿性别比。这是反映人口性别结构的重要指标，是指某一时期出生的活产婴儿中男婴与女婴的人数之比，是人口发展过程中决定总人口性别比变化的基础。之所以选择性别比作为人口自然结构的指标，是考虑到性别比失衡问题将是中原经济区未来几十年人口再生产过程中比较突出的问题之一。二是老龄化指数。这是反映人口年龄结构类型的重要指标，是指 65 岁及以上人口在人口总数中所占的比重，反映人口是否老化以及老龄化的程度。三是总抚养比。这是反映人口社会结构的一个基本指标，是指人口总体中非劳动年龄人口数与劳动年龄人口数之比，说明每 100 名劳动年龄人口需要负担多少非劳动年龄人口。

4. 人口分布指标

一般而言，人口密度是反映人口分布的综合指标。但是，目前人口发展功能区仍处于研究、讨论阶段，定量评价还面临诸多困难。此外，鉴于我国土地相当部分属于高原地带，且荒漠化、盐碱化严重，简单以人口密度衡量人口分布过于牵强。本研究从统筹城乡的角度，选择城镇人口比率作为评价中原经济区人口分布的指标。

5. 人口与经济指标

本研究主要从经济发展水平和就业两个核心层面确定人口与经济指标。人均 GDP 是全社会产出效益的综合反映，最能够科学地反映各地经济发展水平，因此纳入评价指标；就业方面的指标一般从就业参与程度确定，就业参与程度取决于产业结构。在一、二、三次产业中，第三产业是就业吸纳能力最强的产业，是产业结构发展的方向，因此把第三产业就业人数占比纳入评价体系。尽管失业也是劳动力参与经济活动程度的直接表现，但是国内并没有统计全社会的失业情况，只有城镇进行失业情况统计。因此，本研究舍弃该指标。

6. 人口与社会指标

本研究选取两个最能够反映人口与社会发展状况的指标进行评价。

（1）城乡居民收入比。该指标反映区域内城镇居民可支配收入和农村居民人均纯收入的差距，是衡量收入公平度的一个指标。

（2）基本养老保险覆盖率。养老保险是社会保障的最重要项目，该指标能够反映区域内保障制度的状况。鉴于我国农村养老保险处于试点阶段，各地推进进度不一，故本研究采用参加城镇基本养老保险的比率进行衡量。

7. 人口与资源指标

我国资源人均占有量少的国情在未来 50 年内不会有所改变，非再生性资源储量和可用量不断减少的趋势也不会改变，资源对经济社会发展乃至人的发展的制约作用将越来越明显，其中，水、土地、能源表现得最为突出。鉴于中原经济区的实际，人口均衡发展评价体系中的"资源约束"评价选取人均农用地、单位 GDP 能耗两个指标。

8. 人口与环境指标

本研究选取空气质量二级以上天数占比、人均公共绿地面积和森林覆盖率三个指标进行评价。

（1）空气质量二级以上天数占比。该指标源于《中华人民共和国环境保护法》和《中华人民共和国大气污染防治法》的有关界定，也是当前通行的环境监测指标。主要适用于城镇规划中确定的居住区、商业交通居民混合区、文化区、一般工业区和农村地区。

（2）人均公共绿地面积。城镇人均公共绿地面积指城镇公共绿地面积的人均占有量，以"平方米/人"表示，生态市达标值为"≥11 平方米/人"。具体计算时，公共绿地包括：公共人工绿地，天然绿地，以及机关、企事业单位绿地。城市非农业人口每人拥有的公共绿地面积的计算公式为：人均公共绿地面积＝城市公共绿地面积/城市非农业人口。

（3）森林覆盖率。森林覆盖率是指一个国家或地区森林面积占土地面积的百分比。计算公式为：森林覆盖率（%） = 森林面积/土地总面积 × 100%。按照联合国粮农组织的定义，把森林覆盖率低于 10% 的国家定义为低森林覆盖率的国家。

**（三）指标权重确定**

综合运用德尔菲和层次分析法确定指标的权重，根据指标体系设计三级判断矩阵式问卷，选取 30 名专家进行赋权评定，然后进行层次排序与检验，得到各级指标的权重（见表 11 - 1）。

**（四）第三级指标标准值**

参照国际上通行的一些评价标准，考虑我国以及中原经济区的人口发展实际，并与专家意见确定相结合，分别确定 17 个第三级指标的评价标准区间值（见表 11 - 1）。

表 11 - 1　人口长期均衡发展评价指标体系

| 一级指标及其权重 | 二级指标及其权重 | 三级指标及其权重 | 单位 | 指标类型 | 评价标准 |
|---|---|---|---|---|---|
| 人口自身均衡 "0.4036" | 人口数量 "0.0817" | 人口自然增长率 "0.0655" | ‰ | 适度 | 3 ~ 5 |
| | 人口素质 "0.1360" | 平均受教育年限 "0.0486" | 年 | 正向 | 3 ~ 15 |
| | | 高等教育人口比例 "0.0281" | % | 正向 | 0 ~ 100 |
| | | 平均预期寿命 "0.0439" | 年 | 正向 | 60 ~ 85 |
| | 人口结构 "0.1251" | 性别比 "0.0431" | % | 适度 | 1.03 ~ 1.07 |
| | | 总抚养比 "0.0546" | % | 适度 | 35 ~ 68 |
| | | 老龄化指数 "0.0274" | % | 适度 | 0.15 ~ 0.40 |
| | 人口分布 "0.0608" | 城镇人口比率 "0.0455" | % | 正向 | 20 ~ 60 |
| 人口与外部系统均衡 "0.5964" | 人口与经济 "0.1518" | 人均 GDP "0.0726" | $／人 | 正向 | 200 ~ 5000 |
| | 人口与社会 "0.1623" | 第三产业就业占比 "0.0612" | % | 正向 | 10 ~ 70 |
| | 人口与资源 "0.1306" | 城乡居民收入比 "0.0828" | % | 逆向 | 1 ~ 2 |
| | | 基本养老保险覆盖率 "0.0730" | % | 正向 | 5 ~ 100 |
| | | 人均耕地 "0.0533" | 亩/人 | 正向 | 0 ~ 5 |
| | 人口与环境 "0.1337" | 人均能耗 "0.0571" | 吨标煤/人·年 | 逆向 | 0.2 ~ 3 |
| | | 人均公共绿地面积 "0.0362" | m²/人·年 | 正向 | 6 ~ 11 |
| | | 森林覆盖率 "0.0331" | % | 正向 | 10 ~ 30 |
| | | 空气质量优良天数占比 "0.0542" | % | 正向 | 80 ~ 100 |

## 二　河南省人口长期均衡发展状况测量评价

### （一）评价模型构建

对应构建的人口长期均衡发展评价指标体系，本书分别对中原经济区28个地市的人口均衡发展子指标和综合指标进行评价，并建立三个层级的指标评价模型。

模型一：$Y_3 = V_i$

公式中，$Y_3$表示第三级指标的评价得分，$V_i$表示各个地市的第$i$个三级指标的评价值。

鉴于中原经济区区域内人口特征的同质性，本书设定，人口均衡发展的三个层级指标在28个地市的权重没有显著差别。这样，各级指标的评价测量便无需考虑地区间的权重差别。

由于上述16个指标间没有统一的度量标准且数值大小差异很大，难以进行比较。因此，在进行综合评价以前，将各指标属性值统一变换到 $[0，1]$ 范围内，即对评价指标属性值进行无量纲化处理。然而，由于评价指标的类型往往不同，因此，各指标转化成评价值的方法也不同。人口均衡发展指标分成正向指标（越大越好型）、逆向指标（越小越好型）和适度指标（既不能太大也不能太小为好型）。如用 $u_i$（$i = 1，2，3$）分别代表评价指标集，则对于 $u$ 中的 $n$ 个指标来说，一般可分解为下列三个子集：

$$u = \bigcup_{i=1}^{3} u_i ur \cap us = \phi r，s \in \{1，2，3\}$$

对于评价指标 $U_i \in u$，设其论域为 $d_i = [m_i，M_i]$，其中 $m_i$ 和 $M_i$ 分别表示评价指标 $U_i$ 的最小、最大值，定义：

$$V_i = Ud_i（x_i）\quad i = 1，2，\cdots，n$$

为决策者对评价指标 $U_i$ 的属性值 $x_i$ 的无量纲化值，其中 $Ud_i$（·）是定义在论域 $d_i$ 上的指标 $U_i$ 无量纲化的标准函数。本书根据第三级评价指标的属性类型，给出下列三种无量纲化评价函数。

1. 正向型指标无量纲化的评价标准函数（$u_i \in U_1$）：

$$V_i = Ud_i（x_i）\frac{x_i - M_i}{M_i - m_i} = \begin{cases} 1 & x_i \geqslant M_i \\ x_i \in d_i \\ 0 & x_i \leqslant m_i \end{cases}$$

2. 逆向型指标无量纲化的评价标准函数（$u_i \in U_2$）：

$$V_i = U d_i \ (x_i) \ \frac{M_i - x_i}{M_i - m_i} = \begin{cases} 1 & x_i \leqslant m_i \\ x_i \in d_i \\ 0 & x_i \geqslant M_i \end{cases}$$

3. 适度型指标无量纲化的评价标准函数（$u_i \in U_3$）：

$$V_i = U d_i \ (x_i) \ \frac{2 \ (x_i - M_i)}{M_i - m_i} = \begin{cases} x_i \in \ (m_i, \ M \ (d_i)) \\ x_i \in \ (M \ (d_i), \ M_i) \\ 0, \ x_i \leqslant m_i \text{或者} \ x_i \geqslant M_i \end{cases}$$

其中：$M \ (d_i) \ = \ (M_i + m_i) \ /2$

模型二：$Y_2 \ = \ \sum\limits_{i=1}^{n} W_i W_i \ (i = 1, \ 2, \ \cdots, \ n)$

公式中，$Y_2$ 表示二级指标评价得分，$W_i$ 表示第 $i$ 个三级指标的权重，$V_i$ 表示第 $i$ 个三级指标的评价值，$n$ 表示每个二级指标对应的三级指标的数量。

模型三：$Y_1 \ = \ \sum\limits_{j=1}^{m} \sum\limits_{i=1}^{n} W_i W_i \ (i = 1, \ 2, \ \cdots, \ n), \ (j = 1, \ 2, \ \cdots, \ m)$

公式中，$Y_1$ 表示一级指标评价得分，$W_i$ 表示第 $i$ 个三级指标的权重，$V_i$ 表示第 $i$ 个三级指标的评价值，$n$ 表示每个二级指标对应的三级指标的数量，$m$ 表示每个一级指标对应的二级指标的数量。

模型四：$Y_0 \ = \ \sum W_f * Y_{1f} (f = 1, 2)$

公式中，$Y_0$ 表示每个地市的综合评价得分值，$W_f$ 表示两个一级指标的权重，$Y_{1f}$ 表示对应的第一级指标的评价值。

### （二）数据来源和评价测量方法

实证分析采用 2009 ~ 2014 年中原经济区 28 个地市的统计数据，数据来源于统计年鉴、统计公报和地方政府工作报告等。根据"模型一"设定的评价标准函数，结合第三级指标评价标准，可以得到各地市 2009 ~ 2014 年的各指标评价分值。进行第三级指标百分值计算后，结合表 11 - 1 中的人口均衡发展指标权重，根据"模型二"，即可得出 2009 ~ 2014 年中原经济区 28 个地市的人口均衡发展的第二级指标综合评价的时间序列值，限于篇幅，仅列出 2014 年度各地市的二级指标评价值进行分析比较（见表 11 - 2）。同理，根据"模型三"可得出各地市第一级指标综合评价的时间序列值（见表11-3）。在此基础上根据"模型四"可以计算出各个地市总的人口均衡发展综合评价值（见表11-4）。

表11-2　2014年中原经济区人口均衡发展二级指标评价值比较分析

| 所辖地市 | 人口数量 | 人口素质 | 人口分布 | 人口与经济发展 | 人口与社会发展 | 人口与资源协调 | 人口与环境协调 |
|---|---|---|---|---|---|---|---|
| 区域均值 | 0.6408 | 0.5579 | 0.5019 | 0.6347 | 0.5925 | 0.5578 | 0.6593 |
| 郑　　州 | 0.7489 | 0.6202 | 0.6349 | 0.7285 | 0.6787 | 0.6213 | 0.7668 |
| 开　　封 | 0.5855 | 0.6301 | 0.4961 | 0.5811 | 0.5693 | 0.5356 | 0.5872 |
| 洛　　阳 | 0.7028 | 0.6313 | 0.5428 | 0.6379 | 0.6162 | 0.5597 | 0.6589 |
| 平 顶 山 | 0.6874 | 0.5935 | 0.5187 | 0.6537 | 0.6289 | 0.5535 | 0.5734 |
| 安　　阳 | 0.6732 | 0.5772 | 0.4892 | 0.649 | 0.6363 | 0.5208 | 0.6523 |
| 鹤　　壁 | 0.6477 | 0.5701 | 0.596 | 0.6088 | 0.6058 | 0.6024 | 0.6159 |
| 新　　乡 | 0.6997 | 0.6059 | 0.5193 | 0.6397 | 0.6154 | 0.609 | 0.6693 |
| 焦　　作 | 0.6911 | 0.5823 | 0.5726 | 0.6195 | 0.6109 | 0.5603 | 0.6843 |
| 濮　　阳 | 0.6236 | 0.6081 | 0.4547 | 0.5989 | 0.5828 | 0.5742 | 0.6628 |
| 许　　昌 | 0.6309 | 0.6079 | 0.4936 | 0.6422 | 0.629 | 0.5907 | 0.6557 |
| 漯　　河 | 0.6122 | 0.5798 | 0.4936 | 0.6737 | 0.6302 | 0.5874 | 0.6746 |
| 三 门 峡 | 0.6714 | 0.6276 | 0.5541 | 0.6517 | 0.6096 | 0.5911 | 0.6604 |
| 南　　阳 | 0.6581 | 0.6233 | 0.4667 | 0.6429 | 0.6153 | 0.5856 | 0.6634 |
| 商　　丘 | 0.6475 | 0.624 | 0.4349 | 0.6309 | 0.5533 | 0.5479 | 0.6468 |
| 信　　阳 | 0.6307 | 0.6264 | 0.4418 | 0.668 | 0.6514 | 0.6341 | 0.6707 |
| 周　　口 | 0.6069 | 0.5911 | 0.3953 | 0.6201 | 0.5989 | 0.5462 | 0.6572 |
| 驻 马 店 | 0.5913 | 0.5837 | 0.3953 | 0.6222 | 0.5771 | 0.5438 | 0.6815 |
| 济　　源 | 0.6987 | 0.5811 | 0.5908 | 0.6826 | 0.5627 | 0.5317 | 0.6968 |
| 邯　　郸 | 0.6999 | 0.3957 | 0.6062 | 0.6412 | 0.5818 | 0.5336 | 0.6521 |
| 邢　　台 | 0.6254 | 0.4026 | 0.5437 | 0.5826 | 0.5766 | 0.5576 | 0.6557 |
| 菏　　泽 | 0.5912 | 0.3961 | 0.3466 | 0.6324 | 0.5524 | 0.4621 | 0.6871 |
| 聊　　城 | 0.6075 | 0.5087 | 0.4291 | 0.6132 | 0.5516 | 0.5291 | 0.687 |
| 运　　城 | 0.5676 | 0.5911 | 0.4955 | 0.6266 | 0.5597 | 0.5427 | 0.6486 |
| 晋　　城 | 0.6186 | 0.569 | 0.5072 | 0.6243 | 0.5509 | 0.549 | 0.6508 |
| 长　　治 | 0.629 | 0.6138 | 0.5156 | 0.6176 | 0.5573 | 0.5621 | 0.6423 |
| 亳　　州 | 0.5479 | 0.4019 | 0.4319 | 0.6298 | 0.5485 | 0.5428 | 0.6482 |
| 淮　　北 | 0.6995 | 0.5193 | 0.6614 | 0.6287 | 0.6016 | 0.5033 | 0.6673 |
| 阜　　阳 | 0.5474 | 0.3597 | 0.4246 | 0.6229 | 0.5381 | 0.5394 | 0.643 |

表11-3 中原经济区人口均衡发展一级指标评价时间序列值比较分析

| 所辖地市 | 人口自身均衡发展 | | | | | | | 人口外部均衡发展 | | | | | | |
|---|---|---|---|---|---|---|---|---|---|---|---|---|---|---|
| | 2009 | 2010 | 2011 | 2012 | 2013 | 2014 | 均值 | 2009 | 2010 | 2011 | 2012 | 2013 | 2014 | 均值 |
| 区域均值 | 0.2128 | 0.2183 | 0.2223 | 0.2261 | 0.2296 | 0.2329 | 0.2237 | 0.3550 | 0.3591 | 0.3631 | 0.3642 | 0.3654 | 0.3670 | 0.3623 |
| 郑州 | 0.2584 | 0.2638 | 0.2677 | 0.2721 | 0.2796 | 0.2807 | 0.2704 | 0.3967 | 0.4055 | 0.4126 | 0.4152 | 0.4163 | 0.4182 | 0.4108 |
| 开封 | 0.1989 | 0.2073 | 0.2119 | 0.2190 | 0.2224 | 0.2271 | 0.2144 | 0.3419 | 0.3447 | 0.3476 | 0.3478 | 0.3494 | 0.3507 | 0.3470 |
| 洛阳 | 0.2387 | 0.2469 | 0.2501 | 0.2557 | 0.2582 | 0.2606 | 0.2517 | 0.3666 | 0.3683 | 0.3728 | 0.3811 | 0.3807 | 0.3872 | 0.3761 |
| 平顶山 | 0.2213 | 0.2279 | 0.2328 | 0.2395 | 0.2416 | 0.2453 | 0.2347 | 0.3501 | 0.3519 | 0.3557 | 0.3518 | 0.3567 | 0.3579 | 0.3540 |
| 安阳 | 0.2207 | 0.2291 | 0.2347 | 0.2393 | 0.2443 | 0.2474 | 0.2359 | 0.3526 | 0.3572 | 0.3611 | 0.3622 | 0.3643 | 0.3662 | 0.3606 |
| 鹤壁 | 0.2133 | 0.2186 | 0.2213 | 0.2276 | 0.2308 | 0.2353 | 0.2245 | 0.3511 | 0.3583 | 0.3635 | 0.3681 | 0.3723 | 0.3774 | 0.3651 |
| 新乡 | 0.2328 | 0.2370 | 0.2401 | 0.2468 | 0.2511 | 0.2545 | 0.2437 | 0.3622 | 0.3691 | 0.3747 | 0.3750 | 0.3758 | 0.3776 | 0.3724 |
| 焦作 | 0.2316 | 0.2359 | 0.2433 | 0.2490 | 0.2526 | 0.2575 | 0.2450 | 0.3619 | 0.3672 | 0.3690 | 0.3697 | 0.3694 | 0.3720 | 0.3682 |
| 濮阳 | 0.2187 | 0.2304 | 0.2256 | 0.2282 | 0.2318 | 0.2348 | 0.2283 | 0.3422 | 0.3515 | 0.3568 | 0.3580 | 0.3576 | 0.3604 | 0.3544 |
| 许昌 | 0.2124 | 0.2177 | 0.2216 | 0.2290 | 0.2347 | 0.2351 | 0.2251 | 0.3626 | 0.3717 | 0.3821 | 0.3809 | 0.3842 | 0.3870 | 0.3623 |
| 漯河 | 0.2044 | 0.2099 | 0.2125 | 0.2167 | 0.2215 | 0.2230 | 0.2147 | 0.3678 | 0.3713 | 0.3760 | 0.3759 | 0.3762 | 0.3804 | 0.3746 |
| 三门峡 | 0.2291 | 0.2282 | 0.2367 | 0.2370 | 0.2448 | 0.2499 | 0.2376 | 0.3629 | 0.3685 | 0.3707 | 0.3688 | 0.3712 | 0.3722 | 0.3691 |
| 南阳 | 0.2118 | 0.2169 | 0.2208 | 0.2313 | 0.2240 | 0.2241 | 0.2215 | 0.3567 | 0.3606 | 0.3651 | 0.3633 | 0.3641 | 0.3664 | 0.3627 |
| 商丘 | 0.1996 | 0.2111 | 0.2076 | 0.2142 | 0.2134 | 0.2148 | 0.2101 | 0.3453 | 0.3482 | 0.3531 | 0.3557 | 0.3573 | 0.3592 | 0.3531 |
| 信阳 | 0.2006 | 0.2132 | 0.220 | 0.2109 | 0.2156 | 0.2182 | 0.2131 | 0.3580 | 0.3627 | 0.3694 | 0.3705 | 0.3696 | 0.3738 | 0.3673 |
| 周口 | 0.1951 | 0.1955 | 0.1946 | 0.2010 | 0.2047 | 0.2098 | 0.2001 | 0.3507 | 0.3548 | 0.3624 | 0.3637 | 0.3663 | 0.3701 | 0.3613 |
| 驻马店 | 0.1887 | 0.1929 | 0.2010 | 0.1917 | 0.2024 | 0.2075 | 0.1974 | 0.3461 | 0.3532 | 0.3617 | 0.3612 | 0.3629 | 0.3655 | 0.3584 |

续表

| 所辖地市 | 人口自身均衡发展 | | | | | | | 人口外部均衡发展 | | | | | | |
|---|---|---|---|---|---|---|---|---|---|---|---|---|---|---|
| | 2009 | 2010 | 2011 | 2012 | 2013 | 2014 | 均　值 | 2009 | 2010 | 2011 | 2012 | 2013 | 2014 | 均　值 |
| 济源 | 0.2416 | 0.2473 | 0.2542 | 0.2599 | 0.2615 | 0.2657 | 0.2550 | 0.3507 | 0.3550 | 0.3587 | 0.3589 | 0.3593 | 0.3603 | 0.3572 |
| 邯郸 | 0.2277 | 0.2293 | 0.2331 | 0.2368 | 0.2409 | 0.2444 | 0.2354 | 0.3528 | 0.3586 | 0.3627 | 0.3620 | 0.3633 | 0.3657 | 0.3609 |
| 邢台 | 0.2016 | 0.2086 | 0.2122 | 0.2171 | 0.2251 | 0.2254 | 0.2150 | 0.3469 | 0.3477 | 0.3508 | 0.3523 | 0.3530 | 0.3544 | 0.3509 |
| 菏泽 | 0.1879 | 0.1904 | 0.1981 | 0.1972 | 0.1980 | 0.2002 | 0.1953 | 0.3466 | 0.3497 | 0.3529 | 0.3523 | 0.3556 | 0.3584 | 0.3526 |
| 聊城 | 0.1982 | 0.2011 | 0.2077 | 0.2090 | 0.2143 | 0.2180 | 0.2081 | 0.3468 | 0.3506 | 0.3540 | 0.3547 | 0.3541 | 0.3556 | 0.3526 |
| 运城 | 0.2027 | 0.2092 | 0.2145 | 0.2203 | 0.2224 | 0.2289 | 0.2163 | 0.3410 | 0.3438 | 0.3483 | 0.3506 | 0.3504 | 0.3530 | 0.3479 |
| 晋城 | 0.2096 | 0.2136 | 0.2192 | 0.2224 | 0.2275 | 0.2325 | 0.2208 | 0.3413 | 0.3441 | 0.3492 | 0.3487 | 0.3491 | 0.3537 | 0.3477 |
| 长治 | 0.2125 | 0.2213 | 0.2267 | 0.2311 | 0.2308 | 0.2395 | 0.2270 | 0.3425 | 0.3477 | 0.3501 | 0.3490 | 0.3522 | 0.3529 | 0.3491 |
| 亳州 | 0.1853 | 0.1876 | 0.1904 | 0.1930 | 0.1921 | 0.1933 | 0.1903 | 0.3431 | 0.3438 | 0.3450 | 0.3468 | 0.3476 | 0.3499 | 0.3460 |
| 淮北 | 0.2331 | 0.2388 | 0.2457 | 0.2501 | 0.2555 | 0.2580 | 0.2469 | 0.3577 | 0.3624 | 0.3657 | 0.3683 | 0.3690 | 0.3765 | 0.3666 |
| 阜阳 | 0.1829 | 0.1831 | 0.1795 | 0.1844 | 0.1869 | 0.1898 | 0.1844 | 0.3404 | 0.3426 | 0.3429 | 0.3438 | 0.3441 | 0.3460 | 0.3433 |

表 11 - 4　中原经济区人口均衡发展评价的时间序列值

| 所辖地市 | 2009 | 2010 | 2011 | 2012 | 2013 | 2014 | 平均值 |
|---|---|---|---|---|---|---|---|
| 区　域 | 0.2976 | 0.3023 | 0.3063 | 0.3067 | 0.3082 | 0.3129 | 0.3064 |
| 郑　州 | 0.3468 | 0.3543 | 0.3571 | 0.3567 | 0.3599 | 0.3627 | 0.3541 |
| 开　封 | 0.2842 | 0.2900 | 0.2941 | 0.2946 | 0.2964 | 0.3008 | 0.2935 |
| 洛　阳 | 0.3150 | 0.3193 | 0.3233 | 0.3305 | 0.3313 | 0.3361 | 0.3259 |
| 平顶山 | 0.2981 | 0.3019 | 0.3061 | 0.3065 | 0.3079 | 0.3125 | 0.3059 |
| 安　阳 | 0.2994 | 0.3055 | 0.3101 | 0.3114 | 0.3128 | 0.3183 | 0.3103 |
| 鹤　壁 | 0.2985 | 0.3042 | 0.3121 | 0.3132 | 0.3152 | 0.3200 | 0.3084 |
| 新　乡 | 0.3100 | 0.3158 | 0.3204 | 0.3216 | 0.3231 | 0.3279 | 0.3205 |
| 焦　作 | 0.3093 | 0.3142 | 0.3183 | 0.3186 | 0.3205 | 0.3258 | 0.3185 |
| 濮　阳 | 0.2924 | 0.3026 | 0.3038 | 0.3026 | 0.3038 | 0.3097 | 0.3035 |
| 许　昌 | 0.3020 | 0.3095 | 0.3173 | 0.3196 | 0.3220 | 0.3129 | 0.3069 |
| 漯　河 | 0.3019 | 0.3062 | 0.3112 | 0.3116 | 0.3138 | 0.3169 | 0.3101 |
| 三门峡 | 0.3089 | 0.3119 | 0.3166 | 0.3156 | 0.3190 | 0.3228 | 0.3160 |
| 南　阳 | 0.2982 | 0.3026 | 0.3069 | 0.3100 | 0.3064 | 0.3090 | 0.3057 |
| 商　丘 | 0.2865 | 0.2929 | 0.2944 | 0.2958 | 0.2956 | 0.3009 | 0.2954 |
| 信　阳 | 0.2963 | 0.3042 | 0.3097 | 0.3043 | 0.3071 | 0.3110 | 0.3051 |
| 周　口 | 0.2879 | 0.2905 | 0.2947 | 0.2962 | 0.2981 | 0.3054 | 0.2963 |
| 驻马店 | 0.2826 | 0.2885 | 0.2968 | 0.2928 | 0.2969 | 0.3017 | 0.2934 |
| 济　源 | 0.3067 | 0.3115 | 0.3165 | 0.3160 | 0.3168 | 0.3221 | 0.3159 |
| 邯　郸 | 0.3059 | 0.3070 | 0.3110 | 0.3115 | 0.3128 | 0.3167 | 0.3102 |
| 邢　台 | 0.2883 | 0.2916 | 0.2967 | 0.2977 | 0.3003 | 0.3023 | 0.2960 |
| 菏　泽 | 0.2843 | 0.2884 | 0.2928 | 0.2897 | 0.2898 | 0.2946 | 0.2891 |
| 聊　城 | 0.2880 | 0.2921 | 0.2950 | 0.2941 | 0.2965 | 0.3001 | 0.2943 |
| 运　城 | 0.2917 | 0.2942 | 0.2967 | 0.2980 | 0.2987 | 0.3029 | 0.2948 |
| 晋　城 | 0.2929 | 0.2956 | 0.2979 | 0.2977 | 0.3000 | 0.3042 | 0.2965 |
| 长　治 | 0.2936 | 0.2979 | 0.3003 | 0.3014 | 0.3014 | 0.3065 | 0.2998 |
| 亳　州 | 0.2794 | 0.2808 | 0.2826 | 0.2847 | 0.2848 | 0.2867 | 0.2832 |
| 淮　北 | 0.3074 | 0.3125 | 0.3173 | 0.3146 | 0.3172 | 0.3227 | 0.3183 |
| 阜　阳 | 0.2768 | 0.2782 | 0.2764 | 0.2795 | 0.2813 | 0.2830 | 0.2792 |

（三）结果分析

根据中原经济区人口均衡发展的综合评价值以及区域 28 个地市的综合评价值，可以得出以下分析结论。

第一，不管是从人口均衡发展评价总的时间序列值还是一级指标评价的时间序列值来看，区域28个地市2009～2014年的人口发展水平是逐渐提高的，其中个别年份出现一些波动情况，但总体趋势是上升的。2014年全区域28个地市人口均衡发展综合评价值均高于以前年度的评价值，代表了各地人口发展达到的最新水平。

第二，2009～2014年区域内28个省辖市人口均衡发展综合评价平均值较大的前9个地市依次为郑州（0.3541）、洛阳（0.3259）、新乡（0.3205）、焦作（0.3185）、淮北（0.3183）、三门峡（0.316）、济源（0.3159）、安阳（0.3103）、邯郸（0.3102）；人口均衡发展综合评价平均值较小的后10个地市依次为周口（0.2963）、邢台（0.296）、商丘（0.2954）、运城（0.2948）、聊城（0.2943）、开封（0.2935）、驻马店（0.2934）、菏泽（0.2891）、亳州（0.2832）、阜阳（0.2792）。其中，郑州、洛阳、新乡、焦作、淮北、三门峡、济源、安阳、邯郸、漯河、鹤壁、许昌12地市的人口均衡发展水平高于整个区域的平均值。

第三，从2009～2014年区域内28个省辖市人口均衡发展2个一级指标综合评价看，人口自身均衡发展综合评价平均值较大的前10个地市依次为郑州（0.2704）、济源（0.255）、洛阳（0.2517）、淮北（0.2469）、焦作（0.245）、新乡（0.2437）、三门峡（0.2376）、安阳（0.2359）、邯郸（0.2354）、平顶山（0.2347）；人口自身均衡发展综合评价平均值较小的后10个地市依次为漯河（0.2147）、开封（0.2144）、信阳（0.2131）、商丘（0.2101）、聊城（0.2081）、周口（0.2001）、驻马店（0.1974）、菏泽（0.1953）、亳州（0.1903）、阜阳（0.1844）。其中，高于区域平均值的地市有14个，包括郑州、济源、洛阳、淮北、焦作、新乡、三门峡、安阳、邯郸、平顶山、濮阳、长治、许昌、鹤壁。

人口外部均衡发展综合评价平均值较大的前10个地市依次为郑州（0.4108）、洛阳（0.3761）、漯河（0.3746）、新乡（0.3724）、三门峡（0.3691）、焦作（0.3682）、信阳（0.3673）、淮北（0.3666）、鹤壁（0.3651）、南阳（0.3627）；人口外部均衡发展综合评价平均值较小的后10个地市依次为商丘（0.3531）、聊城（0.3526）、菏泽（0.3526）、邢台（0.3509）、长治（0.3491）、运城（0.3479）、晋城（0.3477）、开封

（0.347）、亳州（0.346）、阜阳（0.3433）。其中，郑州、洛阳、漯河、新乡、三门峡、焦作、信阳、淮北、鹤壁、南阳以及许昌市的综合评价值高于区域平均值。

第四，从人口均衡发展的第三级指标情况来看，以 2014 年的评价值为例，在人口自身均衡方面，人口数量的评价值最高，达到 0.6408，其次是人口结构，评价值为 0.6144，人口素质和人口分布的评价值分别为 0.5579、0.5019。这反映出，经过几十年的严格计划生育政策，人口规模得到了有效控制，而随着社会经济的进一步发展，人口素质、人口结构和人口分布的问题开始凸显出来，也反映出在人口自身均衡发展的四个要素中，当前人口素质和人口分布对中原经济区人口均衡发展的制约最大。表 11 - 3 中 28 个地市的评价值也完全反映了这种情况。这种现状提示我们，在继续控制人口总量的同时，更应通过加大人力资本投资，提高人口健康水平和人口文化素质，并采取积极有效的措施解决人口老龄化、出生性别比等导致人口内部结构失衡的问题，同时还应加强人口功能区规划建设，加快城镇化发展步伐，促进人口分布的合理。

从人口与外部系统均衡发展的实现程度来看，人口与环境均衡发展程度最高，区域评价值达到 0.6593，人口与经济次之，为 0.6347，人口与社会、人口与资源的发展程度分别为 0.5925、0.5578。这说明各地在重视环境保护、促进经济改革发展方面取得了较大的成效，而人口与社会、人口与资源成为当前制约人口均衡发展的主要因素。因此，在以后的发展中，应加大力度，不断缩小城乡收入差距，提高社会保障和福利水平及其均衡度，增加社会投入，同时，还应加强资源的充分利用，突破发展中的资源约束，以实现人口与外部均衡发展。另外，应该看到，尽管各地在环境保护和经济发展方面取得了较大成效，但落后地市与发达地市之间的差距仍然较大，提高经济发展水平和环境保护水平的空间很大。

## 第三节　河南促进人口均衡发展的未来路径选择

河南省在新的历史时期，要充分利用人力资源最为丰富、社会抚养比最低、人口流动最为活跃的有利时机，不断完善人口与经济社会发展政策，实现人口数量、素质、结构、分布的动态平衡，以及人口与经济、社会发展水平相协调，与资源、环境承载力相适应，努力建设人口均衡型、资源节约型和环境友好型社会。

## 一 总体思路和原则

### （一）总体思路

坚持以科学发展观为指导，深入贯彻党的十七届五中全会精神、国家"十二五"规划纲要、全国主体功能区规划、国家人口发展"十二五"规划、国务院关于支持河南省加快建设中原经济区的指导意见以及河南省"十二五"规划纲要，探索中原经济区人口均衡型社会建设的政策支撑体系和制度创新思路模式，统筹解决人口发展的深层次矛盾和问题，促进中原经济区人口数量、素质、结构、分布协调发展，人口与经济、社会、资源、环境全面协调和可持续发展，为实现中原经济区的战略发展目标营造良好的人口环境。

### （二）基本原则

1. 坚持以人为本

在中原经济区人口均衡型社会建设过程中，以人为本是首要的核心原则。要把促进人的全面发展作为处理好人口与发展关系的出发点和落脚点，在解决人口问题的过程中，注重保障和改善民生，提高家庭发展能力。

2. 坚持统筹协调和系统推进

强化人口的基础地位，注意把握人口各要素之间、人口与经济社会发展及资源环境之间的互动关系，形成有利于促进人口长期均衡发展的政策体系。促进人口调控中长期政策导向和短期刚性政策约束相结合，管调并重，堵疏并举，统筹推动产业结构、主体功能区建设、城市规划、社会管理和公共服务的联动调整。

3. 坚持科学指导和战略思维

把握好人口与经济社会发展不同阶段的特点，适时完善促进人口长期均衡发展的政策，指导各地积极探索各具特色的统筹解决人口问题的有效方法和途径。要认识到人口长期均衡发展是一项长期的战略，战略最终目标的实现需要一个长期的过程，制度创新和政策制定要符合人口发展规律和经济社会发展实际，切忌急功近利。

### 4. 坚持制度创新

建设中原经济区人口均衡型社会综合配套改革试验区，基本的思路就是要创新、要试验。要以体制机制改革为动力，以政策创新为引领，着力解决人口发展中出现的新情况、新问题，探索人口均衡发展的新模式。要通过新的政策引领和支撑，建立综合配套改革试验区有效发展的政策体系。

## 二 路径选择

### （一）转变战略思路，统筹处理好人口与经济、社会、资源、环境的关系，创新人口工作服务机制

过去实行的人口政策无论是从政策目标来看，还是从政策手段来看，都是一种非均衡战略。在降低生育率和人口增长率方面，这种非均衡战略取得了巨大成功。在新形势下，非均衡发展方式已难以为继，更不能满足人口发展的需要，实现人口长期均衡发展，标志着人口发展方式从非均衡发展向均衡发展的转变。

第一，实现人口长期均衡发展必须转变人口发展方向，即从单一目标向多元目标转变。人口长期均衡发展的科学内涵要求我们以一种全局观、多视角来审视人口问题和人口发展规律。在战略选择上必须转变人口发展方向，从关注人口数量的单一目标转向人口适度、资源节约、环境保护、可持续发展统筹兼顾的多元目标。把握人口发展方向对经济发展的影响，积极提高人口素质，努力改善人口结构，合理引导人口分布，科学开发人力资源，统筹处理好人口与经济、社会、资源、环境的关系，实现人口长期均衡发展。

第二，实现人口长期均衡发展必须转变人口工作机制，即从部门行为向政府行为转变。人口工作机制转变的本质主要体现为政府动员机制的转变，要形成政府主导、部门协同和社会共识的体制机制。在人口工作动员机制上实现从人口计生部门的独立行动向政府动员下的多部门协调行动转变；在人口工作思路上实现由单纯控制人口数量向统筹解决人口问题转变；在人口工作方法上实现从"行政管理型"向"统筹服务型"转变。具体而言，人口计生工作机制要围绕"统筹协调、科学管理、优质服务、利益导

向、群众自治、人财保障"六大机制进行全方位、深层次、成系统、可持续的综合改革。

第三，实现人口长期均衡发展必须转变人口服务管理体系，即要实现从人口服务差别对待到人口服务均等化转变。虽然当前区域内各地市建立了惠及常住人口的公共财政和公共服务体制，提升了常住人口的公共服务水平，但是，由于长期以来形成了多层级二元社会的板块结构，制度及国家政策固化了其结构，它的基础是城乡隔离及相应的社会分配制度。社会资源、政治资源都是依据区域、行政级别和户籍来分配的，社会结构的二元化及其资源配置的不均等是人口均等化服务的障碍，所以，人口均等化服务是一个长期努力的工作目标。人口服务均等化既是每个公民的基本权利，也是人口长期均衡发展的基本要求。实现人口均等化服务在一定意义上体现了人口均衡型社会"公平与发展"的精神内核。赋权于民、还权于民和造福于民是人口均衡发展的人文目标和战略取向。

**（二）加强战略研究，设计与人口长期均衡发展相配套的公共政策体系**

要根据人口长期均衡发展的本质内涵和要求，依托人口长期均衡发展的指标体系，结合全省人口发展的现状和发展趋势，进行人口发展政策体系设计和创新，致力于实现人口发展的内部均衡和外部均衡。实现人口长期均衡发展的政策体系，就是要把所有对协调人口均衡发展有促进作用的各项政策和法律法规等统一纳入人口均衡发展的目标之下，使之服从于、服务于人口长期均衡发展，形成主次分明、层次清晰的公共政策体系。在其中，人口政策是核心。从政策设计的角度来看，以人口政策为中心的人口均衡发展公共政策体系，主要包括两大部分：一部分是以是否要控制人口数量、如何控制为核心的生育政策体系；另一部分是以如何统筹解决人口问题，实现人的全面发展，促进人口与经济、社会、资源、环境协调发展的人口公共政策体系。

目前的人口政策以"坚持计划生育基本国策，稳定低生育率水平，统筹解决人口问题"为基本方针，实现人口均衡发展这一主题的公共政策还很缺乏。根据建设人口均衡型社会的现实困境，并结合现有人口政策与人口均衡发展的适应程度，笔者认为除现行人口政策外，人口长期均衡发展的公共政策体系还应包括以下四个部分的内容。一是制定指导性政策纲领。主要是在准确分析和把握中原经济区经济社会发展进程、资源环境承载和人口工作体制机制的大背景的基础上，勾勒出人口长期均衡发展趋势，确定出人口均衡型社会中与经济、社会、资源、环境相适宜的人口数量、人口结构、人口分布等人口发展指标，为整个公共政策体系提供战略指导和基础框架。二是修订并完善特定人口领域和突出人口问题的政策条例，如人口数量政策、人口质量政策、人口分布政策、人口迁移政策、人口婚姻政策、人口资源政策、人口环境政策、人口老龄化政策、人口城市化政策等，以促进解决新时期纷繁复杂的人口问题。三是根据地域特征制定相应的人口均衡发展政策和规划。根据经济社会发展实际情况等制定相应的人口均衡发展政策和规划。人口问题的根本解决在于经济和社会的全面发展，在于社会发展制度的全面建设。人口发展不可能独立于社会和经济的发展，社会和经济的发展是人口发展的必要条件，也是人口发展的内在驱动力。人口均衡发展的进程最终决定于社会和经济发展的水平及质量。发展的本质是人的发展，是人的发展能力的发展。人口长期均衡发展的视野必须超越人口本身，人口长期均衡发展政策的视野必须超越人口问题本身，人口长期均衡发展应该建立在以人为本的基石之上。实现人口均衡发展有两条基本的路径：一条路径是通过调控人口变量，促进人口均衡发展；另一条路径是通过社会经济发展和科学技术进步，促进人口均衡发展。前者是"人口手段"，后者是社会经济手段和科学技术手段。这三种手段的运用一定要彼此协调，相互支持，相互补充，形成统一的合力。针对经济社会发展不平衡和人口分布的特点，设计有针对性的人口政策和规划，以实现统筹考虑人口均衡发展的目标，扶植和鼓励落后地区的人口与经济协调发展。四是设计人口长期均衡发展指标体系。首先通过完善现有的人口基础数据库，建立起与经济社会发展相适应的人口均衡发展数据体系；其次对数据体系进行建模分析，建立人口与发展综合决策信息系统，并设计阶段性目标及其相应的考核评估方法；最后综合利用人口长期均衡发展指标体系，为各级政府制定经济社会发展规划提供准确可靠的人口均衡发展数据，不仅包括人口数量、素质、结构和分布方面的数据，而且包括人口与经济、人口与社会、人口与资源、人口与环境等方面重大关系的数据。

**（三）以促进人口发展内部均衡为抓手，统筹解决人口问题，为实现人口长期均衡发展奠定基础**

第一，加强人口规模调控，保持人口适度增长，促进人口规模与城市科学发展相适应。

一是完善、落实人口和计划生育利益导向政策，加强计划生育优质服务。完善人口和计划生育利益导向政策体系，建立计划生育奖励扶助标准动态增长机制，在社会保障、就业培训、收入分配改革、征地补偿、社会救助等方面，对计划生育家庭实行优先优惠政策。加强计划生育优质服务，规范以长效措施为主的避孕节育知情选择，完善落实计划生育基本技术服务免费制度，拓宽免费避孕药具发放渠道，积极开展生殖健康、家庭保健系列服务。加强计划生育依法行政，规范行政执法环节，推进文明执法，提高便民维权服务能力。全面推行"诚信计生"，建立完善人口计生的基层群众自治长效机制。建立完善"统筹协调、服务均等、信息共享、区域协作、双向考核"的流动人口计划生育工作机制，提高流动人口计划生育服务管理水平。

二是完善户籍迁移调控管理，逐步实现由户籍登记向居住登记转变。根据人口发展规划目标和经济社会发展要求，制订实施分年度、分地区的户籍迁移调控目标，综合运用经济社会政策和有关工作措施，有计划地调控户籍人口迁移增长，形成人口发展规划、年度人口调控目标与人口准入条件协调衔接的机制。完善户籍准入政策体系，实行以有合法固定住所，并有合法稳定职业，同时按照国家规定参加社会保险达到一定年限为基本条件的准入制。对各类紧缺人才和大学生实行无条件落户。加强户籍准入审核管理，注重发挥人口、发改、教育、人保、房管等有关部门在户籍准入管理中的协调、监督作用。

三是加强流动人口调控管理，引导人口有序流动。逐步建立人力资源市场配置与政府宏观调控相结合的机制，形成"政府调控产业、产业带动市场、市场选择去留"的流动人口规模调控格局。加快经济发展方式转变，调整优化产业结构，有效调减经济增长对外来劳动力人口的过度需求。完善以居住证为核心的流动人口服务管理政策体系，为外来流动人口提供"自愿决策、自由选择、自主流动、自我发展"的制度保障。更大力度强化配套政策措施，创新服务管理模式，加强流动人口调控管理，引导人口有序流动。

第二，进一步优化人口结构，大力发展老龄服务业，积极应对老龄化问题。

一是加强舆论引导，强化机制建设，综合治理出生性别比偏高问题，营造有利于男性人口和女性人口平等发展的社会环境。继续深入开展"关爱女孩行动"，倡导男女平等，提高女性的政治、经济、社会地位，为女孩的生存与发展创造良好的社会环境。建立完善孕前监测、孕期保健、孕后随访服务和中期终止妊娠定点、报告、登记等各项规章制度，切实加强对 B 超、流产药物及医务人员的管理，坚决制止非法鉴定胎儿性别和选择性终止妊娠的行为。有效遏制外来人口新生儿性别比升高势头，依法严厉打击贩卖、残害、遗弃女婴的违法犯罪行为，采取综合有效措施促进出生人口性别比趋向正常。

二是完善养老保险制度，健全社会化养老服务体系，大力发展老年服务业，积极应对人口老龄化问题。以解决老年人口的基本生活保障、基本就医用药保障、基本养老保障为出发点，通过政策引导、体制规范、财政补贴、社会参与等形式，进一步完善城乡社会保障体系，保障老年人口的基本权益。倡导"积极老龄社会"，弘扬尊老爱幼传统，通过培育老年民间组织等方式，发挥老年人才优势，鼓励老年人继续参与经济社会发展，促进老年人健康养老。大力发展老龄服务产业，改进和强化社区老龄服务功能，提倡社会养老与家庭养老相结合、机构养老与居家养老相结合，最大限度地满足老龄人口在卫生保健、生活照料、文化娱乐、精神慰藉等方面的特殊需要。

第三，大力推进人口和产业结构调整互动提升，深入实施提升人口素质行动计划和人才强市战略，增强人才和人力资源竞争优势。

一是全面提高市民科学文化素质。在人才引进与培育层面，深入实施"科教兴市""人才强市"战略，建立完善人才培养引进政策体系，加快构建开放统一的人才市场体系，落实各项人才引进的优惠政策，促进人才动态流动，构建中原经济区人才高地，更大力度引进高层次人才，尤其是物联网、生物农业、现代服务业等领域的海外高层次人才。推进实施提高人口文化和劳动技能素质一体化战略，大力提升劳动者的科技素质、文化素质、技能素质和创业能力，推动人才资源开发从学历本位向能力本位转变，为中原经济区发展改革提供强大的人才支撑、知识贡献和智力支持。在教育规划层面，加快推进基础教育品牌工程，全面提高基础教育阶段各类学校的办学质量和竞争能力，实现义务教育高位均衡发展；大力发展职业教育，着力优化职业教育资源配置，全面提升办学层次和办学规模；大力发展高等教育，进一步提高高等教育规模和办学水平，优化教育层次和结构，不断提升高等学校自主创新能力。同时，积极构建终身教育体系，全面普及终身教育理念，努力营造"全民学习、终身学习"的浓郁氛围，提供多样化、个性化、终身化的优质教育服务，推动建立学习型、创新型社会。

二是全面提高社会居民健康素质。探索形成具有区域特色的"低成本预防、全过程保健、多部门联手、分层次推进"的提高出生人口素质的工作新模式，全面拓展人口和计划生育优质服务，建立健全以预防为主的公共卫生体系，不断提高人民群众的生活和生命质量，加快建立由政府牵头，学校、家庭、社区共同参与的青少年健康成长促进长效机制。大力开展全民健身运动，广泛普及健康生活知识，关注市民心理健康问题，引导社会成员养成健康的生活观念和行为方式，不断提高全社会医疗保障水平。

三是全面提高思想道德素质。深入贯彻《公民道德建设实施纲要》，大力开展公民基本道德行为规范和社会主义荣辱观教育，倡导尊老爱幼、文明礼让、诚信友爱等传统道德观念，着力营造文明高尚的社会氛围。切实加强和改进未成年人思想道德教育，培养青少年的良好道德、健康心理和高尚情操，及时预防和纠正青少年不良社会行为的发生。

第四，按照人口功能区规划，引导人口合理分布，建设和谐宜人的环境。

一是优化人口空间布局。加强区域人口规划。坚持生态约束、生活集聚、功能协调、效益兼顾的原则，根据经济社会发展和环境保护的需要，合理评估生产、生活、生态各项指标，明确各地分区功能，科学规划人口规模。按照人口重点增长区、适度增长区、控制增长区、适度调减区的总体规划，切实加强人口空间布局的调控。强化人口的资源意识和调控意识。统筹运用法律、经济、行政等手段，适度控制人口规模，加快推动人口向新城、新市镇（卫星城）集聚，引导中心城与周边城镇人口均衡增长。逐步建立城市规划、市场调节、政策推动、利益导向、产业布局、房地产建设、公共服务资源配置等多种杠杆有机结合的人口布局调整和优化机制。通过人口发展要素在城乡、区域间的有效配置，进一步优化人口空间布局，使人口分布与城市功能、形态、环境相适应，与经济、社会、资源、环境相协调。

二是引导人口有序流动。实施人口区域城市化战略。协调各地区城市化进程，协调中心城区与周边中小城镇的发展，加快构筑开放互补、有序流动、均衡发展的人口城镇化新体系。科学制定全市主体功能区规划，综合考量人口分布状况、资源环境承载力和生产力布局，在时间和空间上统筹配置发展资源，采取综合调控措施，引导人口迁移流动，实现人口的合理分布。加快调整产业结构，全力提升产业层次，积极优化产业政策，切实增强优质产业对高素质劳动者的集聚能力。健全完善有序竞争的劳动力市场，探索建立外来人口动态监测体系和就业用工信息预测预报制度，有效发挥市场机制对劳动力资源配置的基础性作用和宏观政策对外来人口的调控作用，促进人口和劳动力的合理有序流动。深化户籍制度改革，继续实行技术迁户和投资迁户政策，促进户籍人口机械增长向高素质人才倾斜，实现常住人口户籍管理法制化。促进人口均衡型、资源节约型、环境友好型社会的建设。

# 参考文献

## 一 著作

［1］《建国以来毛泽东文稿》第6册，中央文献出版社，1992。

［2］《建国以来毛泽东文稿》第7册，中央文献出版社，1992。

［3］《建国以来毛泽东文稿》第10册，中央文献出版社，1996。

［4］《建国以来重要文献选编》第5册，中央文献出版社，1993。

［5］《建国以来重要文献选编》第9册，中央文献出版社，1994。

［6］《建国以来重要文献选编》第11册，中央文献出版社，1995。

［7］《建国以来重要文献选编》第15册，中央文献出版社，1997。

［8］《建国以来重要文献选编》第16册，中央文献出版社，1997。

［9］《建国以来重要文献选编》第19册，中央文献出版社，1998。

［10］《建国以来重要文献选编》第20册，中央文献出版社，1998。

［11］《邓小平文选》（第2卷），人民出版社，1994。

［12］《邓小平文选》（第3卷），人民出版社，1993。

［13］《邓小平年谱》（上），中央文献出版社，2004。

［14］《邓小平年谱》（下），中央文献出版社，2004。

［15］《十八大以来重要文献选编》，中央文献出版社，2014。

［16］《习近平总书记系列重要讲话读本（2016年版)》，人民出版社，2016。

［17］国家人口发展战略研究课题组：《国家人口发展战略研究总报告》，中国人口出版社，2007。

［18］《傅立叶选集》（第2卷），商务印书馆，1959。

［19］薛晓源、陈家刚:《全球化与新制度主义》，社会科学文献出版社，2001。

［20］翟博:《教育均衡论》，人民教育出版社，2008。

［21］钟仁耀编《社会救助与社会福利》，上海财经大学出版社，2005。

［22］郑秉文:《中国养老金发展报告2013——社保经办服务体系改革》，经济管理出版社，2013。

［23］郑秉文:《中国养老金发展报告2015——"第三支柱"商业养老保险顶层设计》，经济管理出版社，2015。

［24］刘燕斌编《中国劳动保障发展报告（2015）》，社会科学文献出版社，2015。

［25］张岩松:《发展与中国农村反贫困》，中国财政经济出版社，2012。

［26］康晓光:《中国贫困与反贫困理论》，广西人民出版社，1995。

［27］李佳:《扶贫理论与实践》，首都经济贸易大学出版社，2010。

［28］汪三贵:《贫困问题与经济发展政策》，农村读物出版社，1994。

［29］叶普万:《贫困经济学研究》，中国社会科学出版社，2003。

［30］黄承伟:《中国农村反贫困的实践与思考》，中国财政经济出版社，2004。

［31］李小云:《中国财政扶贫资金的瞄准与偏离》，社会科学文献出版社，2006。

［32］童宁:《农村扶贫资源传递过程研究》，人民出版社，2009。

［33］张磊:《中国扶贫开发历程（1949～2005年）》，中国财政经济出版社，2007。

［34］范小建:《中国农村扶贫开发纲要（2011～2020年）干部辅导读本》，中国财政经济出版社，2012。

［35］佟新:《人口社会学》，北京大学出版社，2006。

［36］李建新:《中国人口结构问题》，社会科学文献出版社，2009。

［37］季文忠:《城镇化背景下农民工就业问题研究》，化学工业出版社，2015。

［38］黄彬云:《中国产业发展的就业效应》，中国财政经济出版社，2009。

［39］中国经济改革研究基金会、中国经济体制改革研究会编《收入分配与

公共政策》，上海远东出版社，2005。

[40] 张作云、陆燕春：《社会主义市场经济中的收入分配体制研究》，商务印书馆，2004。

[41] 〔美〕约翰·罗尔斯：《正义论》，何怀宏等译，中国社会科学出版社，1988。

[42] 〔美〕约翰·罗尔斯：《作为公平的正义：正义新论》，姚大志译，上海三联书店，2002。

[43] 〔美〕保罗·A·萨缪尔森、威廉·D·诺德豪斯著《经济学》，萧琛主译，人民邮电出版社，2004。

[44] 〔法〕皮埃尔·布迪厄、〔美〕华康德：《实践与反思：反思社会学导引》，李猛、李康译，中央编译出版社，2004。

[45] 〔法〕皮埃尔·布迪厄：《资本的形式》，载薛晓源、曹荣湘主编《全球化与文化资本》，武锡申译，社会科学文献出版社，2005。

[46] 〔英〕安东尼·B·阿特金森、〔美〕约瑟夫·E·斯蒂格利茨：《公共经济学》，蔡江南等译，上海三联书店，1992。

[47] 〔印度〕阿马蒂亚·森：《贫困与饥荒》，王宇、王文玉译，商务印书馆，2001。

## 二 期刊

[1] 王彦坤：《对党的十八届五中全会共享发展理念的思考》，《共产党员（河北）》2016年第3期。

[2] 叶南客：《共享发展理念的时代创新与终极价值》，《南京社会科学》2016年第1期。

[3] 王诗卉：《论共享是中国特色社会主义的本质要求》，《湖南师范大学社会科学学报》2016年第2期。

[4] 曹建萍：《以五大发展理念助力实现中国梦》，《产业与科技论坛》2016年第1期。

[5] 董振华：《共享发展理念的马克思主义世界观方法论探析》，《哲学研究》2016年第6期。

[6] 许飞琼：《论马克思的社会保障思想及其时代意义》，《政治学研究》

2013 年第 3 期。

［7］ 陆昱：《毛泽东发展思想探析》，《中共桂林市委党校学报》2016 年第
2 期。

［8］ 韩喜平、孙贺：《共享发展理念的民生价值》，《红旗文稿》2016 年第
2 期。

［9］ 陈浙闽：《充分发挥党总揽全局协调各方的领导核心作用》，《求是》
2016 年第 2 期。

［10］ 胡志平、甘芬：《国内共享发展若干问题研究述评》，《当代世界与社
会主义》2016 年第 4 期。

［11］ 赵振华：《关于共享发展的若干问题》，《理论探索》2016 年第 4 期。

［12］ 辛鸣：《论当代中国发展战略的构建》，《中国特色社会主义研究》
2016 年第 1 期。

［13］ 左鹏：《共享发展的理论蕴涵和实践指向》，《思想理论教育导刊》
2016 年第 1 期。

［14］ 蒋永穆、张晓磊：《共享发展与全面建成小康社会》，《思想理论教育
导刊》2016 年第 3 期。

［15］ 覃正爱：《关于历史唯物主义方法及其体系研究若干问题的思考》，
《广东社会科学》2001 年第 1 期。

［16］ 渠彦超、张晓东：《共享发展理念的理论特质》，《理论月刊》2016 年
第 5 期。

［17］ 马庆钰：《公共服务的几个基本理论问题》，《中共中央党校学报》
2005 年第 2 期。

［18］ 唐娟：《公共服务供给的多元模式分析》，《华中师范大学学报》（人
文社科版）2004 年第 3 期。

［19］ 段红波：《正义何以优先于效率——兼论罗尔斯的"正义原则"对我
国制度改革的启示》，《华东师范大学学报》2006 年第 3 期。

［20］ 王善迈：《教育公平的分析框架和评价指标》，《北京师范大学学报》
2008 年第 3 期。

［21］ 刘向荣、刘旭辉：《科南特教育机会均等思想述评》，《河北大学学
报》（哲学社会科学版）2006 年第 2 期。

［22］ 褚宏启：《关于教育公平的几个基本理论问题》，《中国教育学刊》2006 年第 12 期。

［23］ 卢乃桂、许庆豫：《我国 90 年代教育机会不平等现象分析》，《华东师范大学学报》（教育科学版）2001 年第 4 期。

［24］ 安晓敏、邬志辉：《教育公平研究：多学科的观点》，《上海教育科研》2007 年第 10 期。

［25］ 张冬毛：《教育公平基本理论的伦理视角》，《作家杂志》2007 年第 12 期。

［26］ 林永柏：《关于教育公平的涵义及其特征的再思考》，《辽宁教育研究》2006 年第 12 期。

［27］ 辛涛、黄宁：《教育公平的终极目标：教育结果公平——对教育结果公平的重新定义》，《教育研究》2009 年第 8 期。

［28］ 顾笑然：《教育产品属性发凡——基于公共产品理论的批判与思考》，《中国成人教育》2007 年第 12 期。

［29］ 厉以宁：《关于教育产品的性质和对教育的经营》，《教育发展研究》1999 年第 10 期。

［30］ 王善迈：《关于教育产业化的讨论》，《北京师范大学学报》（人文社会科学版）2000 年第 1 期。

［31］ 劳凯声：《社会转型与教育的重新定位》，《教育研究》2002 年第 2 期。

［32］ 袁连生：《论教育的产品属性、学校的市场化运作及教育市场化》，《教育与经济》2003 年第 1 期。

［33］ 张学敏：《义务教育的融合产品属性》，《西南师范大学学报》（人文社会科学版）2003 年第 4 期。

［34］ 宋小川：《教育的经济属性》，《经济学动态》2009 年第 2 期。

［35］ 邬志辉、马青：《中国农村教育现代化的价值取向与道路选择》，《中国地质大学学报》（社会科学版）2008 年第 11 期。

［36］ 戚务念：《多元化：当前农村教育目标的必然选择》，《江西教育科研》2006 年第 8 期。

［37］ 沈亚芳：《二元经济结构转换下的农村教育——一般理论与中国实

践》，《生产力研究》2008 年第 6 期。

[38] 林志伟：《我国城乡收入差距与教育差距的协整性分析》，《山西财经大学学报》2006 年第 4 期。

[39] 刘云忠、徐映梅：《我国城乡教育差距与城乡居民教育投入差距的协整研究》，《教育与经济》2007 年第 4 期。

[40] 赵力涛：《中国义务教育经费体制改革：变化与效果》，《中国社会科学》2009 年第 4 期。

[41] 闫坤、刘新波：《"以县为主"教育管理体制下农村义务教育非均衡发展的测算——基于历年省级数据的实证分析》，《中国社会科学院研究生院学报》2010 年第 4 期。

[42] 赵理峰：《对我国财政收支结构调整的若干思考》，《湖南财政与会计》2000 年第 7 期。

[43] 董泽芳、杨海松、陈文娇：《区域内义务教育均衡发展的阻碍因素分析》，《教育研究与实验》2010 年第 5 期。

[44] 成邦文：《基于对数正态分布的洛伦兹曲线与基尼系数》，《数量经济技术经济研究》2005 年第 2 期。

[45] 岳红伟：《河南省农民工养老保险问题研究》，《兰州教育学院学报》2016 年第 3 期。

[46] 王利军、龚文海：《河南省建立覆盖城乡社会保障体系的基本条件及对策分析》，《人才资源开发》2013 年第 6 期。

[47] 《人口研究》编辑部：《为什么要建设"人口均衡型社会"》，《人口研究》2010 年第 3 期。

[48] 李建民：《论人口均衡发展及其政策含义》，《人口与计划生育》2010 年第 5 期。

[49] 张车伟：《树立新的人口观　实现人口均衡协调发展》，《人口与计划生育》2010 年第 5 期。

[50] 陈仲常、张翠姣、章翔：《中国人口发展监测评价模型研究》，《中国人口科学》2007 年第 5 期。

[51] 王钦池：《促进人口均衡发展　建设人口均衡型社会——中国人口与发展咨询会（2010）观点综述》，《人口与计划生育》2010 年第 7 期。

［52］陈友华：《人口现代化评价指标体系研究》，《中国人口科学》2003 年第 3 期。

［53］王学义：《人口现代化的程度指标体系构建问题研究》，《人口学刊》2006 年第 4 期。

［54］陈凡：《中国扶贫资金投入对缓解贫困的作用》，《农业技术经济》2003 年第 2 期。

［55］陈薇：《河北省财政扶贫政策绩效评价实证研究》，《农业经济》2006 年第 1 期。

［56］门东梅：《生态移民瞄准精度实证研究——以宁夏为例》，《农业技术经济》2011 年第 9 期。

［57］丁谦：《关于贫困的界定》，《开发研究》2003 年第 12 期。

［58］陈云：《中国扶贫资金投入效益的计量分析》，《理论与当代》2007 年第 5 期。

［59］蒋斌：《贫困村村民参与式监测评估项目机制探讨》，《学术论坛》2005 年第 4 期。

［60］刘科伟：《关于区域发展目标问题的探讨》，《西北大学学报》（自然科学版）2002 年第 7 期。

［61］刘尧：《农村知识贫困与农村高等教育》，《清华大学教育研究》2002 年第 8 期。

［62］罗江月：《扶贫瞄准方法与反思的国际研究成果》，《中国农业大学学报》（社会科学版）2014 年第 12 期。

［63］欧海燕：《自然地理环境贫困效应实证分析——基于空间贫困理论视角》，《安徽农业大学学报》（社会科学版）2015 年第 11 期。

［64］邵延学：《我国农村贫困特点、成因及反贫困对策探讨》，《商业经济》2014 年第 23 期。

［65］王科：《中国贫困地区自我发展能力解构与培育——基于主体功能区的新视角》，《甘肃社会科学》2008 年第 5 期。

［66］汪三贵：《实现精准扶贫考核改进机制》，《时事报告》2014 年第 10 期。

［67］汪三贵、王姬、王萍萍：《中国农村贫困家庭的识别》，《农业技术经

济》2007 年第 2 期。

[68] 许源源：《扶贫瞄准问题研究综述》，《生产力研究》2008 年第 12 期。

[69] 余明江：《我国农村反贫困机制的构建》，《安徽农业大学学报》（社会科学版）2010 年第 3 期。

[70] 张立群：《连片特困地区贫困的类型及对策》，《红旗文稿》2012 年第 2 期。

[71] 帅传敏：《国家扶贫开发重点县投入绩效的实证分析》，《经济问题》2008 年第 7 期。

[72] 刘解龙：《经济新常态中的精准扶贫理论与机制创新》，《湖南社会科学》2015 年第 4 期。

[73] 贺东航：《精准扶贫成效的区域比较研究》，《中共福建省委党校学报》2015 年第 9 期。

[74] 邓维杰：《精准扶贫的难点、对策与路径选择》，《农村经济》2014 年第 7 期。

[75] 王国勇：《我国精准扶贫工作机制问题探析》，《农村经济》2015 年第 6 期。

[76] 黄承伟、覃志敏：《论精准扶贫与国家扶贫治理体系建构》，《中国延安干部学院学报》2015 年第 9 期。

[77] 马尚云：《精准扶贫的困难与对策》，《学习月刊》2014 年第 5 期。

[78] 王广州、王智勇：《人口结构优化的国际大都市经验和对北京的启示》，《北京行政学院学报》2011 年第 3 期。

[79] 王颖、黄进等：《人口长期均衡发展及其评价监测模型的构建与应用》，《中国人口资源与环境》2011 年第 4 期。

[80] 陆杰华、黄匡时：《关于构建人口均衡型社会的几点理论思考》，《人口学刊》2010 年第 6 期。

[81] 黄夏先：《株洲"两型社会"建设中的人口均衡发展对策研究》，《经济研究导刊》2011 年第 3 期。

[82] 蔡昉：《人口转变、人口红利与经济增长可持续性——兼论充分就业如何促进经济增长》，《人口研究》2004 年第 2 期。

[83] 宋林飞：《中国小康社会指标体系及其评估》，《南京社会科学》2010

年第 1 期。

[84] 张俊良、郭显超:《人口长期均衡发展的理论与实证模型研究》,《人口研究》2013 年第 5 期。

[85] 王颖、黄进、赵娟莹、张灿坤:《人口长期均衡发展:15 个国家的比较研究》,《人口与发展》2012 年第 6 期。

[86] 王杰玲:《人口安全动态评价指标体系及评价模型》,《统计与决策》2009 年第 20 期。

[87] 王加振、张晓青:《基于协同论的人口长期均衡发展评价研究——以山东省为例》,《山东师范大学学报》(自然科学版)2013 年第 4 期。

[88] 马红旗、陈仲常:《我国人口发展的指标体系建设及综合评价》,《南方人口》2012 年第 3 期。

[89] 王军平:《中国人口发展指数研究》,《人口学刊》2010 年第 2 期。

[90] 李强、唐壮:《城市农民工与城市中的非正规就业》,《社会学研究》2001 年第 4 期。

[91] 赖德胜:《创业带动就业的效应分析及政策选择》,《经济学动态》2009 年第 2 期。

[92] 吴江:《对我国实施以创业带动就业战略的探讨》,《人口与经济》2009 年第 2 期。

[93] 李永杰、刘欣:《对外贸易、经济结构与就业结构》,《华南师范大学学报》(社会科学版)2010 年第 6 期。

[94] 王承宗:《河南农民收入影响因素的实证分析》,《中国农学通报》2012 年第 20 期。

[95] 樊士德:《中国劳动力流动与收入差距的库兹涅茨效应研究》,《经济评论》2011 年第 4 期。

[96] 顾海英、史清华、程英、单文豪:《现阶段"新二元结构"问题缓解的制度与政策》,《管理世界》2011 年第 11 期。

[97] James G. March, Johan P. Olsen, The New Institutionalism: Organizational Factor in Political Life, *American Political Science Review*, 1984, Vol. 78, pp. 734 – 749.

[98] B. Guy Peters. *Institutional Theory in Political Science: the New Institutionalism*,

London, New York Pinter, 1999.

［99］M. Nabli, J. Nugent, The New Institutional Economics and Its Applicability to Development, *World Development*, Vol. 17, No. 9, 1989.

［100］Paul J. Dimaggio, Walter W. Powell, *The New Institutionalism in Organizations Analysis*, Chicago：The University of Chicago Press, 1991.

［101］Alny chua, Battle Hymn of the Tiger Mother, *the Wall Street Journal*, 2011.

### 三　报纸

［1］任理轩：《认识把握共产党执政规律的新飞跃》，《人民日报》2015年6月25日，第7版。

［2］任理轩：《认识把握社会主义建设规律的新飞跃》，《人民日报》2015年6月26日，第7版。

［3］任理轩：《认识把握人类社会发展规律的新飞跃》，《人民日报》2015年6月30日，第7版。

［4］汪克强：《马克思人本思想的重大现实意义》，《学习时报》2012年8月20日，第10版。

［5］《习近平在中共中央政治局第二十八次集体学习时强调：立足我国国情和我国发展实践，发展当代中国马克思主义政治经济学》，《人民日报》2015年11月25日，第1版。

### 四　学位论文

［1］孟雪静：《马克思的社会保障思想及其在中国的发展》，硕士学位论文，石家庄铁道大学，2013。

［2］王平：《转型期城市贫困家庭子女义务教育的比较研究》，博士学位论文，复旦大学，2011。

［3］陈杰：《我国农村扶贫资金效率的理论与实证研究》，博士学位论文，中南大学，2007。

［4］张峰：《昆山人口变迁研究：1978～2005》，博士学位论文，苏州大学，2008。

［5］关祯样：《四川新农村建设的人口结构问题研究》，硕士学位论文，西

南财经大学，2008。

［6］赵俊强：《河南省城市化中城乡人口结构和就业结构转变的协调性问题研究》，硕士学位论文，郑州大学，2006。

［7］梁强：《人口与经济、环境协调发展问题研究》，博士学位论文，东北财经大学，2010。


## 五　网上文献

［1］任俊华：《五大建设视阈中的共享发展》，人民网（理论版），http：//theory. people. com. cn/n1/2016/0222/c49150 - 28138314. html。

［2］《中共中央关于制定国民经济和社会发展第十三个五年规划的建议》，新华网，http：//news. cnr. cn/native/gd/20151103/t20151103_ 52037 9989. shtml。

［3］《中华人民共和国国民经济和社会发展第十三个五年规划纲要》，新华网，http：//www. china. com. cn/lianghui/news/2016 - 03/17/content_ 3805 3101. htm。

［4］国家人口和计划生育委员会：《人口发展"十一五"和2020年规划》，http：//www. chinapop. gov. cn/fzgh/sygh/200804/t20080430_ 42940. htm. 2009. 6。

［5］《河南省城镇居民医保异地就医即时结算实现全覆盖》，中原经济网——河南经济报，http：//www. zyjjw. cn/news/henan/2016 - 07 - 09/351149. html。

［6］张力文、高博、李宁秀：《推进基本公共卫生服务均等化与全民健康》，曙光网，http：//www. scge. gov. cn/Item/17144. aspx。

［7］《河南省卫生计生事业发展概况》，http：//www. henan. gov. cn/hngk/system/2011/03/04/010233549. shtml。

［8］《近五年来河南卫生与健康事业发展成就综述》，http：//mt. sohu. com/20161212/n475578755. shtml。

［9］《新常态下的精准扶贫要有新思维》，中国网，http：//opinion. china. com. cn/opinion_ 83_ 142983. html。

# 后　记

共享是中国特色社会主义的本质要求，只有实现共享发展，才能最终实现共同富裕。新中国成立以来，尤其是改革开放至今，发展中国特色社会主义，确立和完善社会主义市场经济，其最终目的就是实现共同富裕。共同富裕必然要求共享发展，没有共享发展也就谈不上共同富裕。共享发展理念回答了"发展目标是什么和发展成果如何共享"的问题，再次指明了共同富裕这一社会主义本质要求。共享发展理念的提出，在中国特色社会主义建设过程中有其必然性。

针对河南人口大省而非人才强省、农业大省而非农业强省、工业大省而非工业强省、经济总量靠前而人均靠后、城市人口多而城市化率低等多方面的实际，坚持共享发展，就要在国家总体方针、政策、规划的范围内走出一条河南省自己的路子。为此，河南将着力建设先进制造业强省、建设现代服务业强省、建设现代农业强省、建设网络经济强省。未来五年，河南省发展的外部环境依然严峻复杂，面临诸多困难和挑战，但仍处于可以大有作为的重要战略机遇期，战略地位更加凸显，战略格局更加完善，战略优势更加彰显，战略保证更加有力。围绕粮食生产核心区、中原经济区、郑州航空港经济综合实验区、郑洛新国家自主创新示范区、河南自贸区、中国（郑州）跨境电子商务综合试验区、中国（河南）国家大数据综合试验区等国家级发展战略，河南正在奋力建设中西部地区科技创新高地，成为创新型省份，基本形成内陆开放高地，融入国家"一带一路"建设取得新成效，加快构筑全国重要的文化高地。为此，只有坚持共享发展，才能增加广大人民的收入，才能提升内需水平，才能增强经济发展动力，才能全面建成小康社会，才能实现"中原梦"，才能托举"中国梦"。

作为集体智慧的结晶，本书由杨健燕教授、张宝锋教授总领提纲，王利军教授负责组织协调。全书共分十一章：第一章由杨健燕教授撰写；第二章由张宝锋教授撰写；第三章由王利军教授撰写；第四章、第六章由李军超副教授撰写；第五章、第十一章由龚文海副教授撰写；第七章、第八章由陈书伟副教授撰写；第九章由华北水利水电大学王晓燕博士撰写；第十章由李国锋教授撰写。全书由杨健燕教授、张宝锋教授审稿，王利军教授统稿，徐贵宏副教授校对。

在本书的撰写过程中，借鉴了国内外学者的很多重要观点和研究成果。在此对这些研究成果的作者表示衷心感谢！

鉴于本书作者的理论水平有限以及时间仓促，难免有疏漏和不当之处，恳请专家学者批评指正。

本书由河南财经政法大学政府经济发展与社会管理创新研究中心、现代服务业河南省协同创新中心共同出版，并得到了河南财经政法大学道德与文明研究中心的支持。

杨健燕

2017 年 1 月

**图书在版编目（CIP）数据**

河南共享发展：现实与未来 / 杨健燕等著 . -- 北
京：社会科学文献出版社，2017.7
ISBN 978 - 7 - 5201 - 0504 - 0

Ⅰ.①河… Ⅱ.①杨… Ⅲ.①区域经济发展－研究－
河南 Ⅳ.①F127.61

中国版本图书馆 CIP 数据核字（2017）第 056700 号

**河南共享发展：现实与未来**

著 者 / 杨健燕 张宝锋 等

出 版 人 / 谢寿光
项目统筹 / 周 丽 陈凤玲
责任编辑 / 陈凤玲 关少华 汪 涛

出 版 / 社会科学文献出版社·经济与管理分社 (010)59367226
地址：北京市北三环中路甲 29 号院华龙大厦 邮编：100029
网址：www. ssap. com. cn
发 行 / 市场营销中心 (010) 59367081 59367018
印 装 / 北京玺诚印务有限公司

规 格 / 开 本：787mm × 1092mm 1/16
印 张：16.5 字 数：262 千字
版 次 / 2017 年 7 月第 1 版 2017 年 7 月第 1 次印刷
书 号 / ISBN 978 - 7 - 5201 - 0504 - 0
定 价 / 85.00 元

本书如有印装质量问题，请与读者服务中心（010 - 59367028）联系

△ 版权所有 翻印必究